CRIMINOLOGIA FEMINISTA

Soraia da Rosa Mendes

CRIMINOLOGIA FEMINISTA

NOVOS PARADIGMAS

3ª edição
2024

saraiva
EDUCAÇÃO | **saraiva** *jur*

Av. Paulista, 901, Edifício CYK, 4º andar
Bela Vista – São Paulo – SP – CEP 01310-100

SAC | sac.sets@saraivaeducacao.com.br

DADOS INTERNACIONAIS DE CATALOGAÇÃO NA PUBLICAÇÃO
DE ACORDO COM ISBN
ODILIO HILARIO MOREIRA JUNIOR – CRB-8/9949

M538c Criminologia Feminista_Novos Paradig
/ Soraia da Rosa Mendes. - 3. ed. - São Pa
SaraivaJur, 2024.

262 p.

Inclui bibliografia.
ISBN: 978-65-5362-126-8 (impresso)

1. Criminologia. 2. Criminologia Crítica. 3.
lência contra mulher. 4. Epistemologia femir
5. Perspectiva de gênero. 6. Punitivismo pen
Título.

2023-1647
  CDD
  CDU 3

Índices para catálogo sistemático:

1. Direito : Criminologia
2. Direito : Criminologia
  3

Diretoria executiva	Flávia Alves Bravin
Diretoria editorial	Ana Paula Santos Matos
Gerência de produção e projetos	Fernando Penteado
Gerência de conteúdo e aquisições	Thais Cassoli Reato Cézar
Gerência editorial	Livia Céspedes
Novos projetos	Aline Darcy Flôr de Souza
	Dalila Costa de Oliveira
Edição	Deborah Caetano de Freitas Viadana
Design e produção	Jeferson Costa da Silva (coord.)
	Rosana Peroni Fazolari
	Camilla Felix Cianelli Chaves
	Lais Soriano
	Tiago Dela Rosa
Planejamento e projetos	Cintia Aparecida dos Santos
	Daniela Maria Chaves Carvalho
	Emily Larissa Ferreira da Silva
	Kelli Priscila Pinto
Diagramação	Claudirene de Moura S. Silva
Revisão	Amélia Ward
Capa	Tiago Dela Rosa
Produção gráfica	Marli Rampim
	Sergio Luiz Pereira Lopes
Impressão e acabamento	Gráfica Paym

Data de fechamento da edição: 1º-9-2023

Dúvidas? Acesse www.saraivaeducacao.com.b

Nenhuma parte desta publicação poderá ser reproduz
qualquer meio ou forma sem a prévia autorização da $
Educação. A violação dos direitos autorais é crime estab
na Lei n. 9.610/98 e punido pelo art. 184 do Código Pe

CÓD. OBRA | 16479 | CL | 607661 | CAE | 7

Quando nasci um anjo esbelto, desses que tocam trombeta,
anunciou: vai carregar bandeira.
Cargo muito pesado pra mulher, esta espécie ainda
envergonhada.
Aceito os subterfúgios que me cabem, sem precisar mentir.
Não sou tão feia que não possa casar, acho o Rio de Janeiro
uma beleza e ora sim, ora não, creio em parto sem dor.
Mas o que sinto escrevo. Cumpro a sina.
Inauguro linhagens, fundo reinos – dor não é amargura.
Minha tristeza não tem pedigree, já a minha vontade
de alegria, sua raiz vai ao meu mil avô.
Vai ser coxo na vida é maldição pra homem.
Mulher é desdobrável. Eu sou.

Com licença poética (Adélia Prado).

À Dona Mariana.
Ao Seu Jesus.
E ao Velho Rosa (*in memoriam*).

NOTA DA AUTORA
À 3ª EDIÇÃO

A segunda edição desta obra veio no contexto de uma efeméride: a promulgação da Lei n. 13.104, de 9 de março de 2015, mediante a qual foi inserido o inciso VI no § 2º do art. 121 do Código Penal, qualificando a conduta típica de matar uma "mulher por razões da condição de sexo feminino". O tema gerou debates intensos e sobre eles entendi por bem me posicionar.

Esta terceira edição de certo modo também vem em razão da necessidade de firmar posição. Agora, em decorrência da interposição da arguição de descumprimento de preceito fundamental relativa à chamada tese da "legítima defesa da honra", a ADPF 779.

Entretanto, por mais que sejam alongadas minhas considerações sobre esse odioso recurso retórico, entendo que esteja em minhas atuais reflexões sobre o que chamo de uma epistemologia feminista interseccional decolonial, o ponto mais importante desta nova roupagem do livro.

Digo isso porque lá se vão mais de dez anos desde que os originais deste livro foram escritos, sem que tenha eu qualquer pretensão (tampouco o desejo) de que meu pensamento chegue à maturidade.

Permitir-se interpelar, penso eu, é sublime para uma intelectual feminista. E aí está a razão pela qual e eu também ter trazido para esta terceira edição as reflexões a partir das quais nomeei, junto com Isadora Dourado, o *lawfare* de gênero como expressão de uma guerra jurídica contra as mulheres. Tema ao qual venho me dedicando há alguns anos e que em tudo relaciona-se com o sistema de custódia que eu já apresentara há cerca de uma década nesta obra.

Espero que minhas novas reflexões continuem a ser chaves de leitura para que você, que neste momento tem esse livro em mãos, sonhe comigo que um outro mundo, de justiça, liberdade e igualdade, é possível.

Boa leitura!

SUMÁRIO

Nota da autora à 3ª edição IX

Introdução XV

Capítulo 1
Criminologias 1

1.1. Uma criminologia medieval? 2

1.2. O pensamento criminológico ilustrado 10

1.3. O nascimento da criminologia moderna 17

    1.3.1. O paradigma etiológico 20

    1.3.2. A mulher no paradigma etiológico 23

1.4. O *labeling approach* e o interacionismo simbólico 29

1.5. A criminologia crítica 34

    1.5.1. Os elementos fundamentais do pensamento criminológico crítico 37

    1.5.2. As mulheres no paradigma da reação social 40

    1.5.3. Os limites da criminologia crítica 46

Capítulo 2
Epistemologia feminista 53

2.1. Uma tipologia das epistemologias feministas 55

    2.1.1. O empirismo feminista 56

    2.1.2. O ponto de vista feminista (*standpoint*) 56

    2.1.3. O feminismo pós-moderno 59

2.2. O conhecimento situado e a crítica à objetividade 62

2.3. A revolução epistêmica da categoria gênero 63

    2.3.1. Gênero ou patriarcado? 65

    2.3.2. Críticas ao conceito de gênero 70

2.4. A crítica feminista ao feminismo 75

2.5. O feminismo como teoria crítica feminista 81

2.6 A Epistemologia Feminista Interseccional Decolonial 89

Capítulo 3
Cenas da experiência histórica das mulheres frente ao
poder punitivo **94**

3.1. Cenas da construção do projeto de custódia durante o
período medieval 97

3.2. Os discursos da custódia 108

    3.2.1. O discurso teológico 110

    3.2.2. O discurso médico 112

    3.2.3. O discurso jurídico 114

3.3. A herança medieval 118

    3.3.1. As mulheres e a prisão 118

    3.3.2. Cenas do Brasil 123

3.4. Do medievo aos dias atuais: o *lawfare* de gênero como
a dimensão instrumental do patriarcado 132

Capítulo 4
Tecendo uma criminologia feminista **141**

4.1. O paradigma feminista como ponto de partida 143

4.2. Discutindo o controle social 150

4.3. O direito como campo de disputa 157

4.4. O direito penal e as mulheres 161

4.5. O modelo de direito penal mínimo 166

4.6. Os direitos fundamentais das mulheres como limites
ao direito penal (ou por um programa de direito penal
mínimo para as mulheres) 170

    4.6.1. O direito à autodeterminação 176

4.6.2. O direito à proteção	187
4.6.2.1. Lei Maria da Penha, poder e submissão	189
4.6.2.2. Feminicídio e crime passional	196
4.6.2.3. A Legítima Defesa da Honra	204
4.6.2.3.1. Das trevas à dignidade humana	204
4.6.2.3.2. O debate na esfera pública criminal e as retóricas da intransigência	209
4.6.2.3.3. O garantismo feminista, a soberania dos veredictos e a clemência como garantia............	216
4.6.2.4. Violência de gênero e direito à proteção	219
Considerações finais	221
Referências	225

XIII

INTRODUÇÃO

Nenhuma investigação científica nasce, ou deve nascer, sem uma inquietação que lhe anteceda. Enfim, como *nadie piensa en el vacío, y mucho menos una feminista* (Amorós e Miguel Alvarez, 2005, p. 86), no caso específico deste trabalho, a *inconformidade*, o *desassossego* e o *interesse* vieram 1) da constatação de ser a criminologia uma ciência sobre homens, de homens, mas que, pretensamente, se diz para "todos"; e 2) da ausência de uma produção brasileira que sustente a autonomia de uma criminologia feminista.

A maioria dos trabalhos, senão todos, encontrados no Brasil sobre a condição feminina, seja como autora de crimes, seja como vítima, encontram-se referenciados em paradigmas criminológicos conformadores de categorias totalizantes, que se distanciam muito (ou totalmente) do que produziu a epistemologia feminista. Paradoxalmente, embora existam feministas criminólogas, são poucas as que defendem a existência autônoma de uma criminologia feminista. Feminismo e gênero, na melhor das hipóteses, são encontrados nos textos como um mero "modelo aditivo" em criminologia.

A construção (ou reconhecimento) de um referencial autônomo que permita compreender os diferentes contextos de vitimização e de criminalização das mulheres, portanto, é necessária. Mas, sem que isso signifique uma rendição a matrizes ideológicas conservadoras. Reconheço, pois, criminologia crítica, com a qual dialogarei intensamente, sob determinado prisma, representou uma revolução epistemológica que não pode ser desconsiderada.

Todavia, como instiga Sandra Harding (1993), precisamos ir além dos modelos conhecidos, projetar novas questões, e nos colocarmos o desafio de construir novos paradigmas. E aí está o porquê de minha decisão de investigar, e de responder afirmativamente, que é possível uma criminologia feminista. Uma criminologia que não será "a" criminologia feminista, mas "uma" criminologia feminista, em respeito à diversidade de feminismos e suas correspondentes *epistemologias*. Uma criminologia a partir da qual a análise do proibir, do julgar e do condenar tem como pressuposto um processo de custódia que articula tanto o que está dentro, quanto o que está fora do sistema de justiça criminal.

Minha questão, portanto, está em saber qual a possibilidade de construção de um referencial epistemológico que, sem abrir mão da crítica ao direito penal, perceba, reconheça e trabalhe os processos de criminalização e vitimização das mulheres sob a perspectiva de gênero. Minha hipótese é a de que isso é possível, a partir de um giro epistemológico, de um outro paradigma, que a teoria feminista proporciona.

A toda vista produção deste tipo de conhecimento não se dá em um único campo, pois não é possível analisar com seriedade a violência de gênero, o encarceramento feminino, e/ou o direito a autodeterminação, no que concerne ao aborto, a partir de limites supostos. Eis a grande vantagem da teoria feminista, que, como veremos, fornece amplas possibilidades de construção do(s) objeto(s) da criminologia, e o reconhecimento das mulheres como sujeitos em todos os processos.

Nos dias atuais, para compreender o etiquetamento feminino, seja como autora, seja como vítima, é preciso compreender também como historicamente o poder patriarcal e poder punitivo articularam-se para sua custódia pela família, na sociedade e pelo Estado. Assim, para chegar ao nível de construção teórica que pretendo, busquei na análise bibliográfica no campo da história, da sociologia, da filosofia, do direito e, claro, da teoria feminista elementos que me possibilitassem a realização do trabalho *artesanal* de *coser* elementos para *uma* criminologia feminista.

Com este objetivo principal, tratei de revisar dialeticamente a literatura nacional e a estrangeira para, especificamente:

Um, recortar as cenas históricas que, desde o período medieval, demonstram tanto a construção da "mulher" como um grupo perigoso de características muito peculiares, quanto a consolidação de uma "didática" que ultrapassou aqueles tempos, e impulsiona o que se proíbe, como se julga e como se pune a mulher ainda em nossos dias;

Dois, traçar um panorama crítico tanto do paradigma etiológico, e a Criminologia Positivista, quanto do paradigma da reação social, e a Criminologia Crítica;

Três, evidenciar, a partir da metodologia e epistemologia feminista, o feminismo como uma teoria crítica, e o paradigma dela decorrente, que pretendo trazer para o campo criminológico;

Quatro, demonstrar como o paradigma feminista subverte, no campo da criminologia, a forma de pensar os processos de criminalização e vitimização das mulheres;

Cinco, discutir criticamente o controle social (compreendido na bifronte dimensão formal e informal) e apresentar a custódia como o conjunto de tudo o quanto se faz para reprimir, vigiar, encarcerar (em casa ou em instituições totais) as mulheres, mediante a articulação de mecanismos de exercício de poder do Estado, da sociedade, de forma geral, e da família;

Seis, por fim, formular a crítica ao direito penal, propondo um programa de direito penal mínimo específico para as mulheres, baseado em direitos fundamentais exclusivos no que concerne à liberdade/autodeterminação para decidir sobre ser, ou não, mãe, bem como ao direito de ser protegida contra a violência de gênero.

Como o/a leitor/a deve ter percebido não figurarei nesta tese como uma voz invisível e anônima de autoridade, mas como um indivíduo real, histórico, com desejos e interesses particulares e específicos. E, para sustentar minha opção recorro novamente à Sandra Harding para dizer que esta premissa corresponde ao reconhecimento de que as crenças e os comportamentos culturais das pesquisadoras feministas modelam os resultados de suas análises, da mesma forma como ocorre com os pesquisadores sexistas e androcêntricos. Como ela nos ensina, "devemos evitar a posição 'objetivista' que pretende ocultar as crenças e práticas culturais do pesquisador, enquanto manipula as crenças e práticas do objeto de investigação para poder expô-lo" (HARDING, 2002, p. 23).

XVII

O pensamento feminista, ensina Lourdes Bandeira (1997, p. 270), introduziu uma ética que se distingue da tradicionalmente estabelecida na ciência moderna. Não apenas pelo fato de ser construída pelo sujeito feminino que tenta refletir conscientemente os limites socioculturais que lhe são inerentes. Mas, acima de tudo por propor um saber crítico em relação a todas as formas de dominação entre os sexos.

A ética feminista não se constitui a partir de um sujeito moral, abstrato e livre, e sim de seres humanos reais em condições de dominação e subordinação. Nas palavras da autora (1997, p. 270), "essa ética traz o questionamento e uma tomada de consciência em torno da especificidade da mulher, de sua condição de exploração, de discriminação, de alienação, de exclusão etc. Elementos esses que constituem e possibilitam um saber inovador".

Eis aí meu pressuposto e objetivo maior. Ao longo deste trabalho espero fazer jus ao que aprendi não só com Harding e Bandeira, mas também com Zanotta, Fraser, Saffioti, Amorós, Rago, Navaz, Scott e tantas outras teóricas feministas que são o corpo e alma desta obra.

Feitas estas considerações, apresento, agora, sucintamente, o que o/a leitor/a encontrará nos próximos quatro capítulos.

Em *Criminologias,* primeiro capítulo do trabalho, parto do *Malleus Maleficarum,* ou Martelo das Feiticeiras, como o nascedouro da criminologia. Abordo os objetos do conhecimento criminológico da chamada Escola Clássica, no século XVIII. Assim como analiso as criminologias, Positiva e Crítica, e os paradigmas surgidos, respectivamente, nos séculos XIX e XX.

Ao final da apresentação de cada uma das linhas gerais do conhecimento criminológico a que se propõem as respectivas vertentes, busco, com olhar crítico, encontrar o papel que a mulher nestas desempenhou.

No segundo capítulo, que denominei *Epistemologia feminista,* traço as linhas fundamentais das três principais matrizes epistemológicas do feminismo; apresento o conceito de gênero como uma revolução epistêmica, sem descuidar das críticas a ele desferidas; por sinal, abro espaço para a crítica feminista ao próprio

XVIII

feminismo; assim como situo a teoria feminista como uma teoria crítica a partir da qual se constitui um novo paradigma em ciência, e que pretendo trazer ao campo criminológico.

No terceiro capítulo, *Cenas da experiência histórica das mulheres frente ao poder punitivo*, faço recortes históricos para demonstrar a construção histórica do processo de custódia da mulher. Com isso, encontro argumentos para compreender o exercício do poder punitivo em relação às mulheres como uma política multifária em atores e formas de atuação, mas una no que tem de "vigilante", perseguidora e repressiva.

Neste capítulo demonstro que a inquisição (muitas vezes lembrada nos manuais de direito penal), de fato, é de suma relevância para que se compreenda a mulher como uma "classe perigosa" a ser reprimida. Todavia, a herança do período medieval é ainda mais profunda do que o número de mortas nas fogueiras. Para as mulheres, no que concerne aos processos de criminalização e de vitimização, o ideário medieval inquisitorial ainda persiste. E isso, talvez se explique, pelo modo como o poder punitivo se consolidou ao longo dos tempos, sob as bases de um amplo esquema de sujeição, que teve nas mulheres seu principal alvo.

No quarto e último capítulo, *Tecendo uma criminologia feminista*, minha tarefa é a de trazer elementos capazes de contribuir com a tessitura de uma criminologia feminista. Principio, assim, pelo paradigma feminista, pois considero que, no que se refere à criminologia, assumi-lo implica a subversão da forma de produzir conhecimento, até então dado sob parâmetros epistemológicos distanciados das experiências das mulheres, e da compreensão do sistema sexo-gênero. Daí partindo, questiono a instrumentalidade do conceito de controle social na criminologia a partir da dicotomia entre formal e informal, que situo no seio de discussões, também já realizadas pela teoria feminista, quanto à esfera pública e privada.

Posiciono-me com relação ao direito, entendendo-o como um campo de disputas estrategicamente útil às mulheres, para, em consequência disso, abordar a relação entre as mulheres e o direito penal. Apresento os elementos fundamentais do garantismo, com Ferrajoli e Baratta. E, proponho a construção de um programa de direito penal mínimo sustentado nos direitos fundamentais exclusivos das mulheres em duas situações específicas: o respeito aos direitos reprodutivos e a violência de gênero.

Entendo que o caráter histórico, social, cultural e familiar perverso da violência de gênero justifica seja o direito à proteção contra este tipo de violação um direito fundamental exclusivo das mulheres, no mesmo sentido do direito à autodeterminação, no que concerne ao aborto. E, é sob esse ponto de vista que me parece ter de circunscrever-se aos limites de atuação da lei penal em relação às mulheres.

Encerro o capítulo com a afirmação de que, de forma crítica e realista, tratar o discurso feminista que recorre ao direito penal, a partir da violência concreta vivida historicamente pelas mulheres, é uma etiqueta injustificável e injustificada. Sendo tanto possível, quanto necessário, que as questões que envolvem as mulheres, seja como vítimas, seja como rés ou condenadas, precisam constar de um programa que se construa nos marcos de um direito penal mínimo.

Creio ser este um breve resumo sobre a obra.

1

CRIMINOLOGIAS

(...) agora que temos o conhecimento e a metodologia para trabalhar com enfoques de gênero, é necessário que demonstremos os erros, parcialidades e a falta de objetividade dos estudos e investigações que foram feitas sem eles, não em um de desvalorizar o trabalho realizado seguramente com honestidade, mas para demonstrar que o que se tomou como fato inquestionável, universal e paradigmático, é na realidade apenas uma de muitas variáveis da realidade humana e porque os paradigmas extraídos do mundo masculino das ciências sociais redundam na negação da humanidade da mulher. Se conseguimos demonstrar isto, é possível que juntos, homens e mulheres, possamos criar modelos, parâmetros e paradigmas que respondam a uma concepção de mundo, e de nosso papel nele, mais harmonioso, pacífico e enriquecedor. (Alda Facio e Rosália Camacho)

Não existe uma Criminologia, mas muitas criminologias[1]. Desta forma, diversos também são os conteúdos que conceitos como crime, criminoso, vítima, sistema criminal, ou controle,

---

1 Lola Aniyar Castro (2010), por exemplo, corroborando esta afirmação, relaciona existir a Criminologia Clássica, a Criminologia Biológica, a Criminologia Biotipológica, a Criminologia Frenológica, a Criminologia Antropológica, a Criminologia Psicológica, a Criminologia Clínica, a Criminologia Genética, a Criminologia Positivista, a Defesa Social, a Criminologia Prevencionista, a Criminologia Funcionalista, a Criminologia Organizacional, a Sociologia Criminal, a Teoria Crítica do Controle Social, a Sociologia da Conduta Desviada, a Criminologia Fenomenológica, a Criminologia Socialista, a Sociologia do Controle Penal, o Martelo das Feiticeiras, a Criminologia Vitimológica, a Criminologia Penitenciária, a Criminologia das Contradições, a Criminologia Ambiental, a Criminologia Garantista, a

Anticriminologia, a Criminologia Interacionista, a Criminologia da Reação Social, a Criminologia da Libertação e a Criminologia dos Direitos Humanos. Incluo, eu, também a Criminologia Dialética, de Roberto Lyra Filho, a Criminologia Radical, a Criminologia Analítica, a Criminologia Cultural e, obviamente, a Criminologia Feminista.

podem assumir. A depender da criminologia a que nos filiamos, como adverte Lola Aniyar Castro (2010), é que poderemos delimitar nossa compreensão sobre as funções tanto do sistema social como do sistema penal.

Assim, consciente de que não é possível, em um único capítulo, aprofundar um estudo sobre todas as vertentes, a tarefa a que me proponho é a de analisar a situação da mulher neste campo de saber em quatro momentos de construção do pensamento criminológico. São eles: I. a origem da criminologia e o processo de custódia da mulher a partir do período medieval; II. o pensamento criminológico ilustrado; III. a criminologia positivista e o estabelecimento do paradigma etiológico, no século XIX; e, IV. a virada epistemológica promovida com o paradigma da reação social e a criminologia crítica, no século XX.

1.1. UMA CRIMINOLOGIA MEDIEVAL?

Não há unanimidade entre os diversos autores que estudam a criminologia sobre o momento histórico de seu surgimento como um estudo científico. Zaffaroni, por exemplo, toma o *Malleus Maleficarum*, ou *Martelo das Feiticeiras,* como o primeiro discurso criminológico.

Segundo o autor, a Inquisição foi uma manifestação orgânica[2] do poder punitivo recém-nascido, a partir da qual, pela primeira vez, se expõe de forma integrada um discurso sofisticado de criminologia etiológica, direito penal, direito processual penal e criminalística. De maneira que, o *Martelo das Feiticeiras* deveria ser considerado o livro fundamental das modernas ciências penais ou criminais. Adiro a esta consideração.

---

2 Zaffaroni distingue a discriminação em formas orgânicas, inorgânicas e oficiais. As formas inorgânicas são as que se manifestam sem discursos ou instituições que as sustentem de modo pretensamente coerente. As formas orgânicas aparecem quando partidos ou instituições assumem os discursos que as sustentam. E as oficiais são as assumidas como políticas por Estados. Estas três categorias foram elaboradas por Michel Wieviorka no livro *El espacio del racismo* (Barcelona, 1992), mas que, como se pode comprovar, são plenamente válidas para todo o tipo de discriminação.

Embora o *Martelo das Feiticeiras* tenha tido seus antecessores[3], é neste texto que se estabelece uma relação direta entre a feitiçaria e a mulher a partir de trechos do Antigo Testamento, dos textos da Antiguidade Clássica e de autores medievais. Nele constam afirmações relativas à perversidade, à malícia, à fraqueza física e mental, à pouca fé das mulheres, e, até mesmo, a classe de homens que seriam imunes aos seus feitiços. Nas palavras de Kramer e Sprenger (2010, p. 114-115):

Não há veneno pior que o das serpentes; não há cólera que vença a da mulher. É melhor viver com um leão e um dragão que morar com uma mulher maldosa. E entre o muito que, nessa passagem escriturística, se diz da malícia da mulher, há uma conclusão: "Toda a malícia é leve, comparada com a malícia de uma mulher". Pelo que S. João Crisóstomo comenta sobre a passagem "É melhor não se casar" (*Mateus, 19*): "Que há de ser a mulher senão uma adversária da amizade, um castigo inevitável, um mal necessário, uma tentação natural, uma calamidade desejável, um perigo doméstico, um deleite nocivo, um mal da natureza, pintado com lindas cores. Portanto, sendo pecado dela divorciar-se, conviver com ela passa a ser a tortura necessária: ou cometemos o adultério, repudiando-a, ou somos obrigados a suportar as brigas diárias". (...) E diz Sêneca no seu *Tragédias* (...) "A mulher que solitária medita, medita no mal".

Segundo os autores, as mulheres seriam mais fracas na mente e no corpo, por isso, não era de surpreender que se entregassem com mais frequência aos atos de bruxaria (2010, p. 116). Como diziam, a própria etimologia da palavra que lhe designa o sexo assim indicava, pois *Femina* vem de *Fe* e *Minus*. Ou seja, a mulher era, sempre, mais fraca em manter e preservar a sua fé.

Existiriam, entretanto, conforme Kramer e Sprenger (2010, p. 198) três classes de *homens abençoados por Deus, a quem essa abo-*

---

3 Embora os mais relevantes tratados jurídicos de criminalização da bruxaria tenham surgido no século XV, antes do *Malleus Maleficarum,* o *Directorium Inquisitorum* ou *Manual dos inquisidores,* escrito por Nicolau Eymerich em 1376, ofereceu substrato jurídico para os primeiros processos coletivos contra feiticeiras, que tiveram lugar por volta de 1397 e 1406, em Boltinger, na Suíça (SALLMANN, 1990). É somente em 1484, na bula *Summis desiderantes affectibus,* que Inocêncio VIII nomeia os dominicanos Heinrich Kramer e James Sprenger como inquisidores responsáveis pela redação do *Malleus Maleficarum* ou *Martelo das Feiticeiras.*

minável raça não tem o poder de injuriar com suas bruxarias. Na primeira classe estariam os juízes, os que administram a justiça pública contra as feiticeiras, e as levam a julgamento pelos seus crimes. Na segunda estariam os religiosos, aos quais, de acordo com rituais tradicionais e santos, a Igreja concede poderes para exorcizá-las, com o uso da água benta, pela ingestão do sal sagrado, pela condução das velas bentas no Dia da Purificação de Nossa Senhora e das folhas de palma no Domingo de Ramos. E, na terceira categoria, os que eram, de vários modos, *abençoados pelos Anjos do Senhor.*

Esse discurso fundacional do poder punitivo portava uma teoria criminológica que desqualificava qualquer um que colocasse em dúvida a ameaça que as bruxas representavam; e, ao mesmo tempo, afirmava a inferioridade de quem delinque a partir de estereótipos atribuídos a minorias sexuais. Daí a necessidade de deixar claro que:

Um, existia um mal que ameaçava destruir a humanidade. E que, como esse mal lançava mão de todos os meios, de igual sorte a defesa contra ele também não deveria ter limitações quanto aos meios utilizados na tarefa de derrotá-lo. Justificam-se, com isso, os interrogatórios e a tortura.

Dois, que os piores inimigos são os que duvidam da existência deste mal, pois duvidam da legitimidade do poder que o combate. Ou seja, como dito acima, legitima-se o poder punitivo e, com isso, obtém-se também a legitimação de suas agências selecionadoras.

Três, o mal é o resultado da vontade humana, não obedecendo a causas físicas ou mecânicas (legitimação do castigo). Mas, quatro, a vontade humana de inclinar-se ao mal existe em pessoas biologicamente[4] inferiores. E, cinco, a inclinação ao mal é condi-

---

4 Segundo Zaffaroni (2001, p. 59), ao longo dos tempos a ideologia punitiva distancia-se das causas biológicas da inferioridade, buscando construir a inferioridade a partir da moral. Entretanto, no caso das mulheres, durante muitos séculos, e em certos aspectos ainda hoje, a inferioridade se constrói biológica e moralmente. Neste sentido, em a *História da sexualidade,* Michel Foucault analisa a *histerização da mulher* como um dos aspectos da repressão sexual, que representa uma das mais importantes formas de poder da sociedade burguesa desde o século XVIII. Como

cionada geneticamente como uma predisposição. Não se há de falar, portanto, em uma predestinação, pois um predestinado não pode ser criminalizado.

Seis, quem exerce o poder punitivo é imune ao mal. Sete, se o acusado confessa, é culpado, se não confessa, mente usando a força da própria maldade[5]. E, oito, o mal se manifesta de incontáveis maneiras sendo impossível catalogar todas as suas manifestações.

Os manuais de inquisidores, em especial o *Martelo,* eram, portanto, uma compilação de crenças na alardeada propensão, quase que exclusiva, da mulher ao delito. E, a partir dessa "teoria" o poder punitivo consubstancia-se de modo a reforçar seu poder burocrático, e a reprimir a dissidência, principalmente, as mulheres[6] (ANITUA, 2008). Em síntese, o perigo que as bruxas representavam justificava a resposta punitiva adotada, orientada para a sua eliminação (ANIYAR CASTRO, 2010, p. 36).

A caça a bruxas tomou quase sempre uma forma judicial. De modo que os procedimentos legais obedecidos nos julgamentos penais, e o modo de operação dos sistemas judiciais europeus in-

---

consequência da *patologização* de seu corpo, a apropriação de seus processos reprodutivos pela medicina é agora escrutinada de forma cada vez mais minuciosa pelos homens da ciência, detentores da palavra final sobre sua normalidade e responsáveis por recluir aos asilos mulheres que não se enquadravam nos modelos de feminilidade considerados normais. Ainda segundo Foucault, essa "ciência sexual" que agregou diversos saberes, como psiquiatria, pedagogia e demografia, buscou construir uma subjetividade feminina adestrada, útil para um Estado cada vez mais às voltas com questões sociais. O que esta rápida referência demonstra é que ao longo dos tempos sempre existiu uma política criminal em relação à mulher fundada em causas biológicas que vão da histeria ao estereótipo masculinizado. O estabelecimento pode ter variado do convento ao presídio, para o manicômio ou casa de saúde. Mas a lógica de encarceramento "da indesejável" é a mesma.

5 É interessante notar que a força sedutora da mulher sempre foi elemento de estudo pela criminologia, sendo fundamento, inclusive, de teorias de Lombroso ou a do "cavalheirismo", como adiante mencionarei.

6 Como destaca Maleval (2004), embora o Tribunal do Santo Ofício tenha tido como alvo os hereges de ambos os sexos, e a bulas papais não fizessem semelhante distinção, a maioria esmagadora dos seus réus era constituída por mulheres. Segundo a autora, no Norte da França entre meados do século XIV e finais do século XVII, por exemplo, foram documentados 288 casos de bruxaria, numa proporção de 82 mulheres para cada 100 casos.

fluenciaram, em muito, o genocídio[7] daí decorrente. Como diz Levack (1988), o julgamento intensivo de bruxas, na Europa do período moderno inicial, foi facilitado por várias evoluções legais ocorridas entre os séculos XIII e XVI. Nas palavras do autor (p. 65-66):

> Primeiramente, os tribunais seculares e eclesiásticos da Europa continental adotaram um novo sistema inquisitorial de processo penal que facilitou bastante a instauração e julgamento de causas de bruxaria. Em segundo lugar, tais tribunais adquiriram o direito de torturar pessoas acusadas de bruxaria, tornando relativamente fácil a obtenção de confissões e dos nomes dos supostos cúmplices das bruxas. Em terceiro lugar os tribunais seculares da Europa ganharam jurisdição sobre a bruxaria, portanto suplementando e, em casos, substituindo os tribunais eclesiásticos como instrumentos judiciais de caça às bruxas. Finalmente, o julgamento de bruxas foi, em sua maior parte, confiado a tribunais locais e regionais, que operavam com certo grau de independência do controle judicial central ou nacional, assegurando assim em número relativamente alto de condenações e execuções.

Entretanto, como admite Brian Levack, nenhuma dessas modificações legais, ou até mesmo todas elas tomadas em conjunto, não são capazes de explicar a grande cruzada contra as mulheres do século XIV em diante[8].

---

7 O pensamento majoritário feminista considera os assassinatos de mulheres ocorridos ao longo dos tempos como um grande e constante genocídio. Embora, atualmente, em termos jurídicos, nem todas as mortes de mulheres se prestem para compor a tipificação do genocídio como crime no âmbito do direito internacional (SEGATO, 2010, p. 61), historicamente, a eliminação física faz parte do processo de custódia que adiante conceituarei e demonstrarei. No caso mais específico do processo inquisitorial, por outro lado, resta claro que a vitimização, eliminação e o extermínio das mulheres originou-se de uma ação estatal politicamente coordenada sem que se tenha maiores dificuldades de traçar um paralelo até mesmo com a compreensão hodierna de genocídio.

8 Em realidade, entre os historiadores/as, existem muitas interrogações sobre as razões que provocaram o significativo aumento da violência contra as mulheres. Alguns sustentam que a repressão foi proporcional às calamidades naturais que pesavam sobre as populações. Assim, as doenças, a morte, a chuva em excesso ou a falta dela, a infelicidade de uns, a aparente felicidade de outros, seriam todos fatores capazes de induzir a suspeita sobre este ou aquele indivíduo, em especial, sendo mulher, as mais velhas, as mais feias, as mais pobres, as mais agressivas, as que causavam medo. A sociedade precisava de culpados, ou seja, de bodes expiatórios. Outros/as historiadores/as sustentam razões de ordem social e econômica dadas, principalmente, pelo nascimento do capitalismo agrário que determinou a reorganização das terras incul-

Como demonstrarei, no terceiro capítulo desta obra, a inquisição é *uma* das faces do processo de perseguição e repressão das mulheres, que se inicia de forma orgânica, como diz Zaffaroni, a partir do período medieval. Entretanto, não está somente nela a ação repressiva. Existe um conjunto de práticas de controle das mulheres que vão desde o seu confinamento ao espaço doméstico até seu enquadramento em algum tipo penal específico. Como sustenta Sallmann (1990), em relação ao conjunto da criminalidade, a feitiçaria ocupou um espaço restrito[9]. Segundo ele,

---

tas, a concentração das terras, a supressão das servidões coletivas, deixando os mais pobres sem nenhuma perspectiva, sobretudo, as viúvas. Para Sallmann, a repressão da feitiçaria aparece como uma resposta ao medo social provocado pelo aumento da mendicidade e da pobreza no campo. Segundo o autor (1990, p. 524), por exemplo, em 1692-1693, as feiticeiras de Salem, em Massachusetts, são vítimas de um violento conflito entre o grupo de agricultores-proprietários de terras, que estavam a perder influência, e o dos mercadores do porto cujo poder econômico e político começava a se impor na cidade. Além dessas hipóteses, está também a de Jean Michelet, segundo a qual a mulher, por ser detentora de segredos de medicina empírica, teria sido o alvo principal dos inquisidores e juízes seculares. Pensava-se que este tipo de conhecimento só poderia ser transmitido pelo Diabo. Isso explicaria a grande quantidade de velhas parteiras e curandeiras acusadas de feitiçaria destinadas a matar recém-nascidos/as ou provocar abortos (Diziam Kramer e Sprenger (2010, p. 155): *Vamos aqui estabelecer a verdade a respeito de quatro crimes hediondos que os demônios cometem contra as crianças pequenas – tanto no útero da mãe quanto depois do nascimento. E por cometerem tais crimes pelo intermédio de mulheres, não de homens, essa espécie de homicídio acha-se mais vinculada ao sexo feminino que ao masculino.*). De todas as possíveis explicações para a escalada de violência contra a mulher, esta última é, definitivamente, a mais repetida em diversos textos. Entretanto, em que pese a importância e audácia da obra de Jules Michelet, escrita ainda no século XIX, também ela tem um tom de idealização mágica. Segundo Jean-Michel Sallmann, no século XIX o romantismo recoloca a feiticeira na ordem do dia em contos, romances, pinturas e músicas. Daí por que a fundamental importância neste contexto da obra de Jules Michelet, *A Feiticeira*, publicada em 1862, como uma denúncia à demonização da mulher. Neste pequeno livro, respondia Michelet (2003, p. 11-12) aos autores do *Malleus Maleficarum*, da seguinte forma: *Diz Sprenger (antes de 1500): "Deve falar-se da heresia das feiticeiras e não dos feiticeiros; estes pouca importância têm". E um outro, sob Luís XIII: "Para um feiticeiro há dez mil feiticeiras". (...) O clero não tem fogueiras bastantes, o povo injúrias suficientes e a criança pedras que cheguem contra a infeliz. O poeta (também criança) lança-lhe outra pedra, mais cruel para a mulher. À palavra Feiticeira, veem-se as horríveis velhas de Macbeth. Os processos cruéis, no entanto, mostram o contrário. Muitas morreram precisamente por serem jovens e belas.*

9   Importante lembrar que, como registra Sallmann (1990, p. 526-527), a feitiçaria não foi o único crime cuja conotação sexual foi fortemente acentuada. A sodomia era

com exceção, talvez, do sudoeste da Alemanha, onde entre 1571 e 1670, mais de 3.200 pessoas foram executadas, a frequência de processos de feitiçaria não é expressiva. Por outro lado, como salienta o autor, e que me parece fundamental, o amálgama entre a feitiçaria e a condição feminina apontava a mulher como vítima privilegiada de uma repressão cultural e socialmente determinada. Essa repressão ultrapassou os julgamentos dos Tribunais do Santo Ofício. Sabidamente a submissão e reclusão das mulheres não foram inovações medievais. Na Palestina, ao tempo de Jesus Cristo, por exemplo, por volta dos doze anos, ou mais cedo, as meninas passavam do poder paterno para o poder marital.

Afastadas da esfera pública, eram chamadas a exercer as virtudes da "mulher valente". Mulheres estas que, como registra Monique Alexandre (1990), era a esposa, a mãe e a dona de casa. Conforme a autora, só as princesas e as mulheres do povo, em particular no campo, escapavam a este ideal de vida reclusa. Nas palavras da autora (1990, p. 520):

> Em Alexandria, aliás, os costumes gregos confluíam com os preceitos judeus: se a vida ao ar livre, em tempo de paz como de guerra, convém aos homens, "às fêmeas convém a vida doméstica e a assiduidade no lar: as raparigas, no abrigo da clausura interior têm por fronteira a porta gineceu; quanto às mulheres, têm por fronteira a porta exterior".

Como descreve Alexandre, o caráter "perigoso", tanto quanto o papel doméstico, bem delimitado, reduzia fortemente a participação religiosa das mulheres, ou seja, sua expressão pública. Elas eram dispensadas dos preceitos positivos como, por exemplo, das peregrinações a Jerusalém na Páscoa, da festa das Semanas, da festa das Cabanas, ou ainda da recitação, de manhã ou à noite, do Shema que assim dizia: *"Escuta, Israel, o Senhor é nosso Deus..."*. Por outro lado, os preceitos negativos deviam ser por elas respei-

---

considerada como especificamente masculina. A feiticeira é uma mulher de sexualidade desenfreada que, ao atacar as propriedades genitais do homem ao acasalar com demônios, se opõe às leis naturais da procriação. O homossexual subverte a ordem da reprodução ao acasalar com outro homem e desperdiçar o seu esperma. Os dois crimes eram aliás castigados com a mesma severidade e estavam muitas vezes associados nas leis que apelavam aos juízes para redobrarem o seu zelo repressivo.

tados, tal como o da tripla oração a ser recitada a cada dia pelo judeu piedoso: "Bendito seja Deus que não me fez nascer Gentio... que não me fez nascer rústico... que não me fez nascer mulher..." (ALEXANDRE, 1990, p. 520).

Nesta época as mulheres não eram obrigadas a assistir às leituras e homilias do Sabat nas sinagogas. E, se presentes nestes eventos, não contavam para constituir o quórum necessário para a oração pública. Elas não podiam ser chamadas a ler. As mulheres estavam dispensadas ou excluídas do estudo e do ensino da Torá[10]. Enfim, não é no período medieval que as mulheres são afastadas da esfera pública. Entretanto, é a partir da baixa Idade Média, especificamente, que se constrói o mais perfeito e coordenado discurso, não somente de exclusão ou limitação da participação feminina na esfera pública, mas de sua perseguição e encarceramento como pertencente a um grupo perigoso.

Neste contexto, a caça às bruxas é elemento histórico marcante enquanto prática misógina de perseguição. Entretanto, a perfeita aliança entre os discursos jurídico, médico e teológico, em favor do encarceramento da mulher no recinto doméstico ou no convento[11], é algo ainda mais significativo em termos de sua ex-

---

10 Aliás, descreve Alexandre que Rabi Eliézer, no século I da era cristã, embora esposo de Ima Chalom, uma mulher "cheia de ciência", dizia: *"Ensinar a Torá a uma filha é ensinar-lhe obscenidades"* (ALEXANDRE, 1990, p. 522). Ima Chalom de Berúria era uma mulher sábia. Uma mulher que *"era capaz de ler num dia de inverno trezentas tradições de trezentos mestres..."*. Registra a história, entretanto, que, contestando a opinião rabínica corrente, segundo a qual a mulher tinha pouca razão, ela quase se deixou seduzir por um aluno do marido, tendo se suicidado por vergonha.

11 Com relação aos conventos, enquanto espaços de encarceramento feminino, cabe aqui uma explicação introdutória, já que, por vezes, estes espaços, constituíram-se também em verdadeiros refúgios dos maus-tratos a que as mulheres eram submetidas no recinto doméstico. Como demonstrarei, não eram esporádicos os episódios de encarceramentos forçados nestes espaços. Assim como são abundantes as descrições dos conventos, fortalezas das quais não era possível fugir, e onde as reclusas estavam sujeitas a vigilância permanente. Os conventos não foram somente instituições destinadas à expiação dos pecados. Mais do isso, eram verdadeiros espaços de reclusão seja para o cumprimento de penas por crimes cometidos por mulheres contra a honra de suas famílias, seja pelo "risco" de que estas viessem a cometer crimes como o adultério, o infanticídio ou o homicídio de seus consortes.

tensão no tempo e no espaço. Tratarei deste assunto com maior profundidade no terceiro capítulo.

Por ora, o importante é dizer que, por mais de três séculos nenhuma mulher restou incólume ao delírio persecutório daqueles tempos, pois o empreendimento ideológico foi tão bem arquitetado e alicerçado, que depois do *Malleus Maleficarum,* até o século XIX, a criminologia, salvo referências tangenciais e esporádicas, não mais se ocupou das mulheres. Em verdade, poder-se-ia dizer que não mais "precisou" se ocupar das mulheres dada a eficácia do poder instituído a partir da Idade Média.

1.2. O PENSAMENTO CRIMINOLÓGICO ILUSTRADO

A doutrina tradicional comumente opõe ao pensamento jurídico-penal medieval um "período humanitário" que se convencionou chamar de Escola Clássica do direito penal (CARVALHO, 2008, p. 39). Em verdade, nos marcos desta "escola", estão designadas múltiplas teorias sobre o direito penal, desenvolvidas do século XVIII até meados do século XIX. Não sendo possível fixar exatamente quais autores fizeram, ou não, parte desse movimento.

De uma forma geral, por outro lado, o período clássico pode ser compreendido a partir de dois grandes momentos. O primeiro filosófico, e o segundo jurídico.

No período filosófico a obra inaugural é *Dei Delitti e delle Pene* (1764) de Cesare Beccaria, seu principal representante. Também são exponentes desse momento Jeremias Bentham (1748-1832), Gaetano Filangieri (1752-1788), Giandomenico Romagnosi (1761-1835) e Pablo Anselmo von Feuerbach (1775-1833).

No segundo período, o jurídico, destacam-se Giovanni Carmignani (1768-1847), Pellegrino Rossi (1781-1848) e Francesco Carrara (1805-1848). Este último autor do *Programa do Curso de Direito Criminal*, obra fundamental desse período.

Em que pesem os diferentes períodos (filosófico e jurídico) ressalta-se, no interior da escola clássica, o que Vera Regina Pereira Andrade (2003) designa como uma "unidade ideológica" que

10

se dá pelo seu inequívoco significado político liberal e humanitário. Segundo a autora, a problemática comum e central dos clássicos, desde os momentos iniciais, e que perdura por todo o seu desenvolvimento é o problema do limite (e justificativa) do poder de punir frente à liberdade individual (p. 47).

Tratava-se de um projeto que buscava racionalizar o poder punitivo e garantir ao indivíduo proteção contra toda intervenção estatal arbitrária. Segundo Andrade, eis a justificativa para que este projeto possa ser designado como garantista.

A característica principal da escola clássica vincula-se ao fato de ter iluminado a problemática do crime com os ideais filosóficos e o *ethos* político do humanismo racionalista (DIAS e ANDRADE, 1984, p. 7). A racionalidade humana era algo dado, de modo que o que se precisava indagar era sobre as estruturas de controle, principalmente a lei.

Segundo Dias e Andrade (1984), para os clássicos, o problema criminológico surgia como uma necessidade tanto de elevação do conformismo do ser humano, quanto de elevação do conformismo da lei, que deveria vincular-se aos direitos naturais do homem.

É claro que, a rigor, a linguagem da escola clássica não é a linguagem dos direitos humanos do pós-guerra. Mas é uma linguagem do indivíduo, da liberdade individual, dos direitos subjetivos ou das garantias individuais (ANDRADE, 2003, p. 47).

O que se pretendia, em síntese, era racionalizar o castigo para que este fosse, ao mesmo tempo, um instrumento estatal destinado a fins sociais, e um limite ao próprio Estado em sua relação com o cidadão. A ideia de "cidadão" surge como um indicativo de pertencimento ao Estado que, no pensamento criminal, ao mesmo tempo, justifica e limita o poder punitivo.

Como diz Gabriel I. Anitua (2008), o discurso iluminista nunca teve o intento de obscurecer o problema do castigo a partir da concepção de contrato. Nas palavras do autor (2008, p. 166):

Essas colocações críticas seriam levadas até as últimas consequências pelos pensadores verdadeiramente revolucionários. As reflexões críticas, e as paixões revolucionárias, fizeram com que, ainda no século XVIII, alguns autores apresentassem o próprio contrato, o poder e, concretamente, o poder punitivo, como ilegítimos.

Jean-Paul Marat (1744-1793), por exemplo, antes de ser um líder da Revolução Francesa, chegou a publicar uma obra intitulada *Plano de Legislação Criminal*, no qual formulava uma crítica à ideia contratualista da pena, a partir da perfeição lógica da própria ideia. Dizia Marat que não havia igualdade dentro do sistema de justiça, e que aqueles que eram explorados, que nada possuíam e que só obtinham males da associação contratual não poderiam ser obrigados a respeitar as leis.

Também Graco Babeuf (1760-1797), autor de *O Manifesto dos Iguais*, propôs um programa político mais agudo em termos de igualdade e comunidade de bens. Babeuf, segundo Anitua (2008, p. 167) falava de coisas que não constavam nos manifestos teóricos e nas declarações de direitos humanos.

Para todos os iluministas a questão penal ocupou um lugar privilegiado em suas reflexões. Entretanto, "verdadeiramente revolucionários", ou não, o fato é que, como dito anteriormente, entre o final da Idade Média e o século XIX, não há pensamento criminológico sobre a condição de repressão e perseguição das mulheres. De modo que toda a liberdade e o garantismo da escola clássica em nada se refletiram para significativa parcela da humanidade.

Em realidade, nem mesmo a igualdade de direitos, proclamada na Declaração de 1789, na França, serviu como ponto de partida para um pensar criminológico sobre a condição feminina. A bem da verdade, a adesão da mulher ao estatuto igualitário se dá como um ser relativo, existindo apenas como filha, esposa e mãe. Figura secundária definida em relação ao homem, o único verdadeiro sujeito de direito (ARNAUD-DUC, 1990).

Não é à toa que, em 1869, John Stuart Mill tenha publicado *A sujeição das mulheres*, no qual recupera, em muito, o que já havia escrito Wollstonecraft quase um século antes. Mill denuncia que a discriminação das mulheres fora, séculos antes, uma "razão de Estado" que significava a conveniência do governo e a defesa da autoridade existente, e que era a explicação e justificativa para os mais infames crimes (STUART MILL, 2006). Conforme Mill, o discurso tornou-se mais suave no século XIX, mas continuou opressor. Em suas palavras (2006, p. 127):

> nos nossos dias, o poder usa uma linguagem mais suave e, sempre que oprime alguém, finge fazê-lo para seu próprio bem. Assim quando se proíbe alguma coisa às mulheres, considera-se necessário dizer, e desejável acreditar, que elas não só são incapazes de fazê-la, como se estão a desviar do verdadeiro caminho do seu sucesso e felicidade quando aspiram a ela. Mas, para tornar esta razão plausível (e não estou a dizer válida), aqueles que nela insistem têm de estar preparados para a levar muito mais longe do que alguém se atreve a fazer, face à experiência presente. Não basta afirmar que as mulheres são, em média, menos dotadas do que a generalidade dos homens de certas faculdades mentais superiores, ou que há menos mulheres do que homens com competência para atividades e funções do mais alto nível intelectual. Será necessário defender que mulher nenhuma está apta a desempenhá-las, e que mesmo as mulheres mais eminentes têm menor capacidade mental do que os mais medíocres dos homens a quem essas funções são presentemente confiadas.

No final do século XVIII, nenhuma mulher gozava de igualdade política. Com a Revolução Francesa as mulheres tomam as ruas como insurgentes. Entretanto, os revolucionários não deixaram, logo que passaram os primeiros momentos da revolução, de recolhê-las novamente ao "espaço doméstico".

As reformas democráticas oriundas do processo revolucionário as beneficiaram somente de forma indireta, como *esposas* dos homens *livres* e *iguais*. As mulheres continuaram dependentes dos homens e a ser consideradas inadequadas para a vida pública em razão de um déficit de racionalidade.

Como ressalta Andrea Nye (1995), na igualdade perfeita que Rousseau preconizava para sua república ideal, "na qual ninguém seria servo de alguém ou inferior a alguém, as mulheres não contavam" (p. 22). A Revolução Francesa não trouxe significativas mudanças para as mulheres.

A contradição existente entre a prometida liberdade e igualdade, e o papel submisso da mulher, por óbvio, gerou discursos feministas (AMORÓS e MIGUEL ALVAREZ, 2005). Dentre estes, o de Olympe de Gouges, autora da *Declaração dos Direitos da Mulher*

e da Cidadã[12], e executada por seus companheiros revolucionários

---

12 Em suas dezessete resoluções são encontradas as condições nas quais seria possível a igualdade entre homens e mulheres. Rezava o documento: Preâmbulo – Mães, filhas, irmãs, mulheres representantes da nação reivindicam constituir-se em uma assembleia nacional. Considerando que a ignorância, o menosprezo e a ofensa aos direitos da mulher são as únicas causas das desgraças públicas e da corrupção no governo, resolvem expor em uma declaração solene, os direitos naturais, inalienáveis e sagrados da mulher. Assim, que esta declaração possa lembrar sempre, a todos os membros do corpo social seus direitos e seus deveres; que, para gozar de confiança, ao ser comparado com o fim de toda e qualquer instituição política, os atos de poder de homens e de mulheres devem ser inteiramente respeitados; e, que, para serem fundamentadas, doravante, em princípios simples e incontestáveis, as reivindicações das cidadãs devem sempre respeitar a constituição, os bons costumes e o bem-estar geral. Em consequência, o sexo que é superior em beleza, como em coragem, em meio aos sofrimentos maternais, reconhece e declara, em presença, e sob os auspícios do Ser Supremo, os seguintes direitos da mulher e da cidadã: Art. 1º A mulher nasce livre e tem os mesmos direitos do homem. As distinções sociais só podem ser baseadas no interesse comum. Art. 2º O objeto de toda associação política é a conservação dos direitos imprescritíveis da mulher e do homem Esses direitos são a liberdade, a propriedade, a segurança e, sobretudo, a resistência à opressão. Art. 3º O princípio de toda soberania reside essencialmente na nação, que é a união da mulher e do homem nenhum organismo, nenhum indivíduo, pode exercer autoridade que não provenha expressamente deles. Art. 4º A liberdade e a justiça consistem em restituir tudo aquilo que pertence a outros, assim, o único limite ao exercício dos direitos naturais da mulher, isto é, a perpétua tirania do homem, deve ser reformado pelas leis da natureza e da razão. Art. 5º As leis da natureza e da razão proíbem todas as ações nocivas à sociedade. Tudo aquilo que não é proibido pelas leis sábias e divinas não pode ser impedido e ninguém pode ser constrangido a fazer aquilo que elas não ordenam. Art. 6º A lei deve ser a expressão da vontade geral. Todas as cidadãs e cidadãos devem concorrer pessoalmente ou com seus representantes para sua formação; ela deve ser igual para todos. Todas as cidadãs e cidadãos, sendo iguais aos olhos da lei devem ser igualmente admitidos a todas as dignidades, postos e empregos públicos, segundo as suas capacidades e sem outra distinção a não ser suas virtudes e seus talentos. Art. 7º Dela não se exclui nenhuma mulher. Esta é acusada., presa e detida nos casos estabelecidos pela lei. As mulheres obedecem, como os homens, a esta lei rigorosa. Art. 8º A lei só deve estabelecer penas estritamente e evidentemente necessárias e ninguém pode ser punido senão em virtude de uma lei estabelecida e promulgada anteriormente ao delito e legalmente aplicada às mulheres. Art. 9º Sobre qualquer mulher declarada culpada a lei exerce todo o seu rigor. Art. 10. Ninguém deve ser molestado por suas opiniões, mesmo de princípio. A mulher tem o direito de subir ao patíbulo, deve ter também o de subir ao pódio desde que as suas manifestações não perturbem a ordem pública estabelecida pela lei. Art. 11. A livre comunicação de pensamentos e de opiniões é um dos direitos mais preciosos da mulher, já que essa liberdade assegura a legitimidade dos pais em relação aos filhos. Toda cidadã pode então dizer livremente:

franceses em razão de sua postura, digo eu, mais revolucionária que a dos revolucionários.

Durante o período revolucionário francês, como descreve Nye, as mulheres puderam marchar à Versalhes porque, como escreveu Platão, *suas vozes, em seus tons mais agudos, eram mais queixosos e melhores para lamentar.* Entretanto, as donas destas mesmas vozes estridentes, que exprimiam melhor a fome, somente serviam para emendar casacos, fazer jantares, ser inspiradoras como odaliscas imperiais, ser celebradas como deusas gregas no Pantheon. Não eram elas, assim, capazes de assumir papéis políticos fundamentais.

Também não foram poucas as lutas tanto por educação, quanto por trabalho digno. Na Inglaterra, em 1792, Mary Wollstonecraft publicou *A vindication of the rights of woman*, no qual abordou muitas questões sobre o papel da mulher na sociedade e da importância da educação para sua efetivação[13]. De igual sorte,

---

"*Sou a mãe de um filho seu*", sem que um preconceito bárbaro a force a esconder a verdade; sob pena de responder pelo abuso dessa liberdade nos casos estabelecidos pela lei. Art. 12. É necessário garantir principalmente os direitos da mulher e da cidadã; essa garantia deve ser instituída em favor de todos e não só daqueles às quais é assegurada. Art. 13. Para a manutenção da força pública e para as despesas de administração, as contribuições da mulher e do homem serão iguais; ela participa de todos os trabalhos ingratos, de todas as fadigas, deve então participar também da distribuição dos postos, dos empregos, dos cargos, das dignidades e da indústria. Art. 14. As cidadãs e os cidadãos têm o direito de constatar por si próprios ou por seus representantes a necessidade da contribuição pública. As cidadãs só podem aderir a ela com a aceitação de uma divisão igual, não só nos bens, mas também na administração pública, e determinar a quantia, o tributável, a cobrança e a duração do imposto. Art. 15. O conjunto de mulheres igualadas aos homens para a taxação tem o mesmo direito de pedir contas da sua administração a todo agente público. Art. 16. Toda sociedade em que a garantia dos direitos não é assegurada, nem a separação dos poderes determinada, não tem Constituição. A Constituição é nula se a maioria dos indivíduos que compõem a nação não cooperou na sua redação. Art. 17. As propriedades são de todos os sexos juntos ou separados; para cada um deles elas têm direito inviolável e sagrado. Ninguém pode ser privado delas como verdadeiro patrimônio da natureza, a não ser quando a necessidade pública, legalmente constatada, o exija de modo evidente e com a condição de uma justa e preliminar indenização.

13 Entretanto, é somente em 1847 que começaram a ser ministradas aulas (*lectures to ladies*) no King's College de Londres, para certificar que suas alunas detinham, frise-se, a capacidade de exercer a função de governanta ou preceptora.

o movimento sufragista formou-se como uma vanguarda de mulheres empenhadas em lutar por direitos, muito especialmente, pelo sufrágio universal[14].

Entretanto, os direitos conferidos às mulheres nesta época "iluminada", não tinham outro objetivo senão o de torná-las melhores mães e esposas. E, é neste sentido, que o direito buscou assegurar a "diferença". Ou seja, tendo, por exemplo, a materni-

---

14 A luta pelo direito ao sufrágio é de extrema relevância em todo o continente europeu, assim como o foi, de resto, no conjunto dos países latinos, que, de tradição católica, foram especialmente renitentes em reconhecer direitos políticos às mulheres. Por outro lado, também as lutas por trabalho e educação também estiveram estampadas nas bandeiras femininas. Em pleno século XIX, como refere Arnaud-Duc (1990), embora fosse grande a massa de trabalhadoras, a luta por melhores condições de trabalho e por legislações que não implicassem discriminações foi (e ironicamente ainda é) muito dura. As mulheres tiveram de combater em todos os níveis para garantir direitos. Desde as trabalhadoras dedicadas aos trabalhos manuais até as que se dispunham a trabalhos mais intelectualizados, todas enfrentaram dificuldades. O exercício da advocacia, por exemplo, foi motivo de grande agitação no restrito círculo europeu. Argumentava-se a exclusão da mulher deste lugar com recursos retóricos que iam desde a *"pudicitia"* (modéstia ou virtude sexual) imposta pela natureza, até a *imoderação* feminina que nenhum magistrado conseguiria controlar. Segundo Arnaud-Duc, *Tudo é esgrimido: a falta de força física, a extrema dificuldade da mulher argumentar "à latina", o que nada tinha a ver com as argumentações americanas (país onde as mulheres eram admitidas na profissão), e o perigo corrido pelos magistrados sujeitos às manobras da sedução feminina, dado a natureza impelir as mulheres a usar de coqueteria! É espantoso, assim, que a França tenha admitido mulheres ao exercício da profissão pela lei do 1º de dezembro de 1900. É verdade que se dá conhecimento de numerosos precedentes à escala mundial: Rússia, Japão, Romênia, Suíça, Finlândia, Noruega, Nova Zelândia, Estados Unidos, onde a primeira advogada se estabelece em Iowa em 1869, obtendo as mulheres o direito de sustentar causas no tribunal federal em 1879. Em certos Estados são juízes de paz, e as clerk-women ocupam cargos judiciais e administrativos, nomeadamente de notarias e escrivãs* (ARNAUD-DUC, 1990, p. 112). No campo educacional não se tem um cenário significativamente melhorado com o passar dos séculos. Na França, por exemplo, em 28 de junho de 1836, uma lei facultativa pede às comunas a abertura de escolas para as mulheres. Mas os presidentes das câmaras preferem manter-se na tradição e admitir somente escolas paroquiais que não implicavam maiores recursos de parte do Estado. Somente em 10 de abril de 1867 foi determinado a todos os conselhos com mais de 500 habitantes fossem obrigados a abrir escolas femininas. No Brasil, Nísia Floresta dizia, já no primeiro parágrafo do *Opúsculo humanitário*, que, *enquanto no velho e novo mundo vai ressoando o brado – emancipação da mulher – nossa débil voz se levanta, na capital do império de Santa Cruz, clamando: educai as mulheres!* E isso não era também sem motivo. Segundo os dados levantados por Floresta, por volta de 1852 dos 55.500 estudantes brasileiros, somente 8.433 eram meninas. E os programas das escolas destas últimas eram dedicados aos deveres domésticos.

dade como uma das réguas a partir da qual se determinava um padrão de mulher "normal" ou de "criminosa". Jean Bodin[15] e tantos outros, continuam a alimentar o discurso jurídico em pleno século XVIII. Na sequência do que já ocorria desde a baixa Idade Média, os discursos, tanto médico quanto moral, desenvolvem o medo que as mulheres se tornem incontroláveis se ascenderem ao poder de decisão, já que estas são por natureza predispostas ao mal. E os juristas[16] legitimam a desigualdade de tratamento segundo o sexo, afirmando que no fundo as mulheres desejam ser protegidas contra si próprias.

1.3. O NASCIMENTO DA CRIMINOLOGIA MODERNA

De um modo geral, a fundação da criminologia moderna é creditada ao médico italiano Cesare Lombroso, que, em 1876, publicou o livro denominado *O Homem Delinquente*. Nele Lombroso formulou a teoria do delinquente *nato*. Segundo ele, um ser atávico, degenerado, marcado por uma série de estigmas corporais perfeitamente identificáveis anatomicamente[17].

---

15 No século XVI, na mesma linha de Kramer e Sprenger, autores do *Malleus Maleficarum*, Jean Bodin, citado por Delumeau (1989, p. 333), por exemplo, dizia: *Que se leiam os livros de todos aqueles que escreveram sobre feiticeiros e encontrar-se-ão cinquenta mulheres feiticeiras, ou então demoníacas, para um homem (...). O que ocorre não pela fragilidade do sexo, em minha opinião: pois vemos uma obstinação indomável na maioria (...). Haveria mais evidência em dizer que foi a força da cupidez bestial que reduziu a mulher à miséria por gozar desses apetites ou por vingança. E parece que por essa razão Platão colocou a mulher entre o homem e o animal bruto. Pois veem-se as partes viscerais maiores nas mulheres que nos homens, que não têm uma cupidez tão violenta; e, ao contrário, as cabeças dos homens são muito maiores e em consequência, eles têm mais cérebro e prudência que as mulheres.* Para Bodin os sete principais defeitos da mulher e que a levam a praticar a bruxaria seriam a credulidade, a curiosidade, sua natureza mais impressionável que a do homem, sua maldade, seu caráter vingativo, a facilidade com que se desespera e, claro, sua tagarelice (DELUMEAU, 1989, p. 335-336). Todo esse discurso justificou por séculos todas as formas repressão.

16 Como veremos no capítulo 3 desta obra.

17 Lombroso identificou no delinquente nato anomalias de crânio (enorme fossa occipital e uma hipertrofia do lóbulo, análoga à encontrada nos vertebrados inferiores), fronte esquiva e baixa, grande desenvolvimento dos arcos superciliais, assimetrias cranianas, fusão dos ossos atlas e occipital, orelhas em forma de asa, maçãs do rosto proeminentes, braçada superior à estatura, entre outros sinais.

Para o médico italiano a etiologia do crime é essencialmente individual, e deve ser buscada no estudo do delinquente. Daí por que, para além da descrição do criminoso nato (que correspondia ao delinquente violento), ele ter classificado os demais criminosos como ocasionais, passionais, loucos morais e epiléticos. Em síntese, é dentro da própria natureza humana que se pode descobrir a causa dos delitos.

Lombroso foi o fundador da chamada antropologia criminal, e juntamente com Ferri (fundador da sociologia criminal) e com Garofalo (jurista autor da obra *Criminologia*), encabeçou a chamada escola positiva, cujo objetivo central era a investigação das causas da criminalidade (paradigma etiológico).

A escola positiva caracteriza-se pelo uso do método experimental, com o qual, para os adeptos da corrente, o comportamento humano poderia ser estudado por um observador neutro. Esse observador ante uma realidade que define como objetiva, e mediante diversas técnicas, pode descobrir leis inerentes ao comportamento humano.

Para Lombroso não são as instituições ou tradições que determinam a natureza criminal. Pelo contrário, é a natureza criminal que determina o caráter das instituições e tradições. O objeto a ser investigado, assim, não é o delito, mas o delinquente. O crime nada mais é do que a manifestação de um estado perigoso, da periculosidade de um indivíduo.

Para os muitos adeptos desta escola, a responsabilidade social deriva do determinismo e da periculosidade do criminoso, vez que o delito em si é um fenômeno natural e social produzido pelo ser humano. Neste contexto, a pena não é definida como um castigo, mas como um meio de defesa social que deve ser proporcional e ajustada à periculosidade do criminoso, e não com a gravidade objetiva da infração cometida. Ou seja, todo/a aquele/a que pratica um crime é responsável e deve ser objeto de uma reação social em função de sua periculosidade.

A partir desta concepção, todo/a infrator/a da lei penal, responsável moralmente ou não, tem responsabilidade legal. Não se crê no livre-arbítrio do ser humano, uma vez que sua vontade está determinada por fatores biológicos, psicológicos e sociais.

O criminoso será estudado como um doente, um escravo de sua herança patológica (determinismo biológico), como um ser impelido por processos causais que está incapacitado para compreender (determinismo social)[18]. A reação contra este infrator não será, portanto, política, mas *natural*.

---

18 Consoante Francisca Cano López (2004), neste aspecto confluem o Correcionalismo Espanhol e a Escola Positiva Italiana, na medida em que a pena é entendida como um meio racional e necessário para reformar a vontade do/a infrator e que esta reforma não deveria limitar-se à mera constatação exterior da conformidade das ações humanas, mas com a íntima e íntegra adequação da vontade. Portanto, a pena deveria adotar a forma de um tratamento puramente correcional ou tutelar e sua duração deveria estar limitada pelo êxito da reforma da *má vontade* que se aspirava corrigir. Nos termos do que propôs Christian Friederich Krause (1781-1832), "natureza" e "espírito", abarcados na "humanidade" coincidiriam no "eu", constituindo três infinitos "relativos" que demandavam um "infinito absoluto" que é Deus (ZAFFARONI & PIERANGELI, 2008). Krause, em síntese, seguindo o caminho traçado por Kant, pretendia atenuar os conceitos panteístas, estabelecendo o que denominou panenteísmo (*Panentheismus*), ou seja, uma *doutrina que sustenta que tudo está em Deus*. No âmbito penal a teoria de Krause foi proposta por Karl David August Röder, que, em 1839, publica a obra *Comentatio na Poena Malum esse Debeat*, dando origem ao que se convencionou chamar de correcionalismo ou teoria da correção ou, ainda, teoria do melhoramento. Para essa teoria o delinquente é visto como um ser incapaz para o Direito e a pena como um meio para o bem. Ou seja, o criminoso é um ser limitado por uma anomalia de vontade, e o delito é o seu sintoma mais evidente e a sanção penal um bem. A pena idônea é a privativa da liberdade, que deve ser indeterminada (PRADO, 2010, p. 96). Segundo Zaffaroni e Pierangeli, embora sem identificar-se com Krause e com o correcionalismo, no século XX surgiu a teoria de Vincenzo Lanza, chamada "escola penal humanista", que praticamente desapareceu com a morte de seu criador, em 1929. A semelhança com o correcionalismo está em que Lanza também sustentava possuir o direito penal uma missão fundamentalmente ética e o delito era, em sua essência, uma grave lesão ao sentimento moral. Lanza postula a eliminação do catálogo dos delitos de todos aqueles que não lesariam o sentimento moral. Para Lanza a medida da pena era a necessária para educar moralmente o delinquente. E isto leva a uma concepção de Estado que corresponde à de um Estado ético, que procede como um bom pai de família (ZAFFARONI & PIERANGELI, 2008, p. 251). Zaffaroni e Pierangeli (2008, p. 251) afirmam que tais ideologias, como não ofereciam maiores atrativos ao sistema de poder da época, foram em geral ignoradas, servindo apenas de recurso secundário e intuitivo para alguns comentários moralizantes do discurso penal. Nem tanto, digo eu, pois uma visita bem orientada à história das mulheres comprova que, *pari passu* com a fogueira, a ideologia punitiva dirigida à mulher, desde a Idade Média, buscou sua correção mediante a custódia.

Embora seus adeptos recusem qualquer enquadramento político, por trás da criminologia positiva está um modelo de consenso que em nenhum momento questionou a ordem estabelecida. Pelo contrário, como descreve Lola A. Castro, o que fizeram os positivistas foi, *código na mão*, perseguir os que entendiam ser criminosos natos, loucos morais, personalidades criminosas etc. (ANIYAR CASTRO, 2005, p. 71).

1.3.1. *O paradigma etiológico*

Como dito de passagem, o paradigma etiológico ergue-se sobre os alicerces da antropologia criminal construída por Lombroso e a sociologia criminal de Enrico Ferri. Trata-se de uma tentativa de conferir à disciplina o estatuto de ciência segundo os pressupostos epistemológicos do positivismo, e ao fenômeno, mais amplo, de cientificização do controle social, na Europa de finais do século XIX (ANDRADE, 1995, p. 24).

Sob este viés, compreende-se a criminologia como uma ciência causal-explicativa. E a criminalidade como um fenômeno natural, causalmente determinado. O que se busca explicar são as causas da criminalidade visando encontrar os remédios para combatê-la.

Para a criminologia positivista a criminalidade é uma realidade ontológica, pré-constituída ao direito penal, ao qual cabe tão somente reconhecê-la e positivá-la. Neste sentido, em seus primeiros estudos Lombroso encontrou no atavismo uma explicação para relacionar a estrutura corporal e o que chamou de criminalidade nata.

Para ele, por regressão atávica, o criminoso nato seria tal como um selvagem. Entretanto, na sequência de suas investigações, dadas as muitas críticas sofridas, Lombroso revê essa tese e acrescenta também como causas da criminalidade a epilepsia e a loucura moral.

Enrico Ferri, por sua vez, transpondo a antropologia lombrosiana para uma visão sociológica, considera a existência de três causas ligadas à etiologia do crime. São elas: 1) as individuais (orgânicas e psíquicas); 2) as físicas (ambiente telúrico); e 3) as sociais (ambiente social). Ferri, portanto, amplia a noção lombrosiana da criminalidade centrada em causas de ordem biológica. Como ressalta Andrade (1995, p. 25), Ferri sustentava que:

o crime não é decorrência do livre-arbítrio, mas o resultado previsível determinado por esta tríplice ordem de fatores que conformam a personalidade de uma minoria de indivíduos como "socialmente perigosa".

Seria fundamental, pois, "ver o crime no criminoso" porque ele é, sobretudo, sintoma revelador da personalidade mais ou menos perigosa (antissocial) de seu autor, para a qual se deve dirigir uma adequada "defesa social". Daí a tese fundamental de que ser criminoso constitui uma propriedade da pessoa que a distingue por completo dos indivíduos normais. Ele apresenta estigmas determinantes da criminalidade.

Como destaca a autora, há uma "divisão científica" entre o (sub)mundo da criminalidade e o mundo. No (sub)mundo a criminalidade está equiparada à marginalidade e composta por uma "minoria" de sujeitos potencialmente perigosos e anormais (o "mal"). Enquanto que no mundo, decente, da normalidade, está a maioria da sociedade, o "bem".

Assim, violência é equiparada à violência individual (própria de uma pequena parcela de indivíduos). Esta minoria é que se encontra "no centro do conceito dogmático de crime, imunizando a relação entre a criminalidade e a violência institucional e estrutural" (ANDRADE, 1995, p. 25).

A potencial periculosidade social, identificada como anormalidade, é o centro do direito penal para os positivistas. De maneira que a pena se justifica enquanto meio de defesa social e seus fins socialmente úteis. A utilidade dá-se, neste contexto, pela prevenção especial positiva, assentada na ideia de recuperação do criminoso através da execução penal. Ou seja, há uma "ideologia do tratamento que impõe, por sua vez, o princípio da individualização da pena como meio hábil para a elaboração de juízos de prognose no ato de sentenciar" (ANDRADE, 1995, p. 25).

A concepção é a de que a sociedade precisa ser defendida dos indivíduos perigosos, incapazes de se distanciar do "mal". Estes párias, por sua vez, precisam ser ressocializados ou neutralizados.

Este saber causal gerou, como afirma Andrade, um saber tecnológico. Não se trata somente do diagnóstico da patologia criminal, mas de apresentar o remédio que cura. Nas palavras da autora (ANDRADE, 1995, p. 26):

> Instaura-se, desta forma, o discurso do combate contra a criminalidade (o "mal") em defesa da sociedade (o "bem") respaldado pela ciência. (...) uma luta científica contra a criminalidade erigindo o criminoso em destinatário de uma política criminal de base científica. A um passado de periculosidade confere-se um futuro: a recuperação.

O pano de fundo do paradigma etiológico é um modelo consensual de sociedade no qual o direito penal não é problematizado. Pelo contrário, é tomado como decorrente do interesse geral, que somente os indivíduos anormais violam.

Como diz Andrade (1995, p. 26), a sequência lógica (determinismo, criminalidade ontológica, periculosidade, anormalidade, tratamento e ressocialização) forma um círculo fechado que constitui uma percepção da criminalidade que se encontra, há um século, profundamente enraizada nas agências do sistema penal e no senso comum.

Longe de constituir-se como um ser isolado, Lombroso é, como diz Gabriel I. Anitua (2008, p. 298), "o resumo genial e a conclusão das ideias frenológicas e psicofísicas do seu século". De fato, a ideologia por trás do paradigma etiológico não é algo que tenha caído no esquecimento, permanecido no século XIX. Segundo Lola Aniyar de Castro, nos dias atuais, os biólogos têm entrado na criminologia "como um elefante em uma loja de cristais". Nas palavras da autora (2011, p. 133), os biólogos:

> vêm munidos de radiografias e exames moleculares, de suas mostras de DNA e suas fórmulas de duvidosa aplicação científica ao mundo social e político. E os danos que causam estão gerando consequências incalculáveis em termos de produção de medidas autoritárias[19].

---

19 Tradução livre. No original: "Traen sus banderas cargadas de radiografías y exámenes moleculares, sus muestras de ADN y sus fórmulas de dudosa aplicación científica al mundo social y político. Y las roturas que ocasionan están generando consecuencias incalculables en la generación de medidas autoritárias".

Com preocupação, a autora informa que, nas investigações estadunidenses apresentadas em simpósios internacionais de criminologia, a menção à raça tem sido uma constante. Tem-se designado, por exemplo, uma "raça mexicana", uma "raça cubana", ou uma raça porto-riquenha" para assinalar uma possível etiologia da violência. Lombroso, Ferri e os demais positivistas, enfim, são bem mais atuais do que se possa imaginar.

1.3.2. *A mulher no paradigma etiológico*

Em 1892, em parceria com Giovanni Ferrero, C. Lombroso escreveu *La Donna Delinquente,* obra que, de forma similar, aplica às mulheres os estudos que ele havia realizado com os homens. Ao estudar a mulher criminosa, Lombroso consegue, no campo penal, e com a chancela da cientificidade, reunir o discurso jurídico, médico e moral (religioso).

Segundo os novos estudos, consolidando o que se vem chamar de teoria atávica, para Lombroso, a mulher seria fisiologicamente inerte e passiva, sendo mais adaptável e mais obediente à lei que o homem. O grave problema das mulheres é que de que seriam amorais. Significa dizer: engenhosas, frias, calculistas, sedutoras, malévolas. Características estas que se não impulsionam as mulheres instintivamente ao delito, fazem-nas cair na prostituição.

Como já havia feito com os homens Lombroso classifica as delinquentes em categorias. Assim elas seriam criminosas natas, criminosas ocasionais, ofensoras histéricas, criminosas de paixão, suicidas, mulheres criminosas lunáticas, epilépticas e moralmente insanas.

Suas pesquisas foram realizadas em penitenciárias femininas italianas, onde examinando as presas identificou sinais característicos que variavam de acordo com crime cometido. Também da mesma maneira com que estudou os homens criminosos, Lombroso realizou medições de crânios, estudou traços faciais e os cérebros de mulheres consideradas criminosas.

Com os resultados destas pesquisas pôde chegar a características comuns às criminosas, tais como a assimetria craniana e facial, a mandíbula acentuada, o estrabismo, os dentes irregulares, e,

23

assim como os médicos medievais, chegou a conclusões a partir do clitóris, dos pequenos e grandes lábios vaginais (LOMBROSO, 2004).

Para além da descrição física no *La Donna Delinquente*[20] Lombroso se volta, como diz Anitua (2008), para as ideias inquisitoriais da inferioridade da mulher até mesmo para cometer delitos, dizendo serem as criminosas natas, por exemplo, caracterizadas por sua extrema perversidade. Ele destaca várias outras características, tais como a sexualidade exacerbada, a lascívia, seu caráter vingativo. Entretanto, três são especialmente interessantes para verificarmos continuidade de justificativas nos correspondentes discursos.

Enquanto em uma mulher "normal" a sexualidade encontra-se subordinada à maternidade, o que faz com que a mãe "normal" coloque os/as filhos/as em prioridade absoluta, entre as criminosas dá-se justamente o oposto. Elas, as criminosas, não hesitam em abandonar seus/as filhos/as, ou a induzir suas próprias filhas à prostituição.

A prostituta torna-se, a partir de então (se é que algum dia deixou de ser[21]), o melhor exemplo de delinquente feminina. E isso

---

20 Escrevo, em protesto, que uma publicação mais atual do *La donna* é o *Criminal woman, the prostitute, and the woman,* versão inglesa por mim importada, vez que até hoje, ao contrário do *Homem delinquente* (lido e relido em nossas universidades) não há publicação de versão em português do livro no Brasil. Por sinal, já que abri parênteses, inadmissível que as publicações de Nancy Fraser, Carol Smart, Linda Nicholson, Tamar Pitch, Sandra Harding, dentre outras que debatem profundamente a teoria feminista, também não tenham traduções para nosso idioma, e que precisem ser importadas.

21 Segundo Pilosu (1995), a perseguição às prostitutas não chegou às raias da cruzada contra as consideradas feiticeiras. Contudo, Como se lê no *Malleus* (KRAMER & SPRENGER, 2010, p. 121): "três parecem ser os vícios que exercem um domínio especial sobre as mulheres perversas, quais sejam, a infidelidade, a ambição e a luxúria. São estas, portanto, mais inclinadas que as outras à bruxaria, por mais se entregarem a tais vícios. Como destes três vícios predomina o último, por serem as mulheres insaciáveis etc., conclui-se que, dentre as mulheres ambiciosas, as mais profundamente contaminadas são as que mais ardentemente tentam saciar a sua lascívia obscena: as adúlteras, as fornicadoras e as concubinas dos Poderosos". As prostitutas foram alvo de muito do trabalho eclesiástico voltado à correção ao longo dos tempos. No decurso dos séculos XII e XIII, por exemplo, a sociedade religiosa empenhou-se fortemente na conversão das meretrizes. Em 1225, por exem-

tem uma importância fundamental, pois a prostituição decorria, para Lombroso, de uma inevitável predisposição orgânica à loucura moral decorrente de processos degenerativos nas linhas hereditárias antecedentes da prostituta. Como diz Anitua (2008, p. 307):

isso não seria apenas uma mostra do machismo persistente nas teorias positivistas, mas igualmente de uma profunda preocupação com uma questão que adviria do higienismo do século XIX: a repressão da prostituição e a tarefa de evitar os contágios.

Esta concepção está no substrato de muitas das "políticas" adotadas em relação ao tratamento dispensado às prostitutas como seres naturalmente portadores de doenças venéreas, por exemplo. O imaginário religioso preexistente e a "ciência" fornecem as bases para muito do que se legislou sobre a prostituição. Leis estas, como se sabe, no mais das vezes de duvidosa eficiência sob o ponto de vista sanitário, embora, recorrentemente, muito repressivas. Repressão essa, por sinal, sempre aplicada sobre as mulheres, nunca sobre os homens[22.]

Por outro lado, usar a maternidade ou o sentimento maternal como régua é algo muito próprio de discursos já conhecidos. Na

---

plo, o Papa Alexandre IV ordenou ao cardeal de S. Lourenço em Lucina, Giovanni Toledo, que faça residir as convertidas de Roma na igreja de Minerva e que escolha a regra que melhor se adapte a este tipo de monjas. Entre 1220 e 1225 são fundados dois conventos, em Worms e em Estrasburgo, para hospedar as jovens perdidas. Este fenômeno de conversão em massa e de constituição de refúgios ou de verdadeiras abadias para hospedar as prostitutas redimidas continua por todo o século XIV e aumenta o número de instituições dedicadas à assistência aos pobres e aos doentes (PILOSU, 1995, p. 95-96). Como registra Pilosu (1995), a obra de recuperação das prostitutas tem duas vertentes: uma delas é concreta e realista, ou seja, trata-se da possibilidade de limpar as estradas e as cidades graças à inserção delas na comunidade legal através de trabalho "honesto" ou do casamento. Ou ainda de seu isolamento mediante a reclusão em comunidades especiais como as *Maisons dês Filles-Dieu* ou as Ordens Penitentes (PILOSU, 1995, p. 96). Obra de "saneamento" que, apesar de ser por vezes associada a medidas repressivas e punitivas, como escreve Pilosu, não obteve muito sucesso. O substrato ideológico do empreendimento redentor das prostitutas é o mesmo utilizado em relação a todas as mulheres, ou seja, o apelo a exemplos de mulheres puras, ou purificadas, que ajudaram a salvar o mundo dos pecados. Neste caso, é fundamental a evocação de Maria Madalena como exemplo às mulheres perdidas.

22 Mais sobre este assunto ver nota de rodapé n. 31 no capítulo 4.

concepção medieval de mundo a maternidade era tão importante quanto o casamento, ou a situação familiar, para o dia a dia da mulher, e para sua posição na sociedade.

As penas para aquelas que praticassem o infanticídio eram terríveis. Variavam, por exemplo, entre o afogamento, ser enterrada viva ou queimada em fogueira.

Especificamente sobre a morte de crianças, por volta do século XVII, Carol Smart (1999) relata a entrada em vigor de um diploma legal que instituiu um novo tipo de crime, e de criminosa na Inglaterra. Esta legislação tornou crime, sujeito a pena de morte, o homicídio de criança bastarda pela própria mãe.

Até aí nenhuma novidade em razão das penas medievais já mencionadas. Entretanto, o novo estatuto jurídico tinha uma particularidade: a presunção de culpa da mãe até que se provasse sua inocência.

Ser mãe, ter "sentimento maternal", dar à luz, amamentar, proteger a cria contra o perigo, é um traço fundamental da análise criminológica ao longo dos séculos. Todavia, Lombroso reitera outros preconceitos já conhecidos, como veremos no terceiro capítulo.

Um destes pré-juízos é o de que as mulheres sempre se dizem inocentes, mesmo ante "provas irrefutáveis". Outro é o de que, como são incapazes de manter sigilo, acabam sendo vítimas de sua propensão natural à fofoca[23].

Mas, afinal, o que há de novo nos estudos de Lombroso? Como veremos, já não dizia Tiraqueau (1488-1558) que as mulheres eram faladoras, fofoqueiras, inconfiáveis? Bodin, com expressões ainda mais duras, também não dizia o mesmo?

---

23 Nas palavras do autor, (2004, p. 191), "yet another of those contradictions that turn up in the study of criminal women, we find that while they often obstinately deny their guilt, they also often spontaneously reveal it. This complex psychological phenomenon is caused in part by that need to gossip and that inability to keep a secret which are characteristic of females".

Tiraqueau, magistrado francês, dizia que as mulheres eram menos providas de razão do que os homens. Portanto, não se poderia confiar nelas. São faladoras, sobretudo as prostitutas e as velhas. Contam os segredos: É mais forte que elas ('*vel invitae*'). Ciumentas, são, então, capazes dos piores delitos, como matar o marido e o filho que tiveram dele (DELUMEAU, 1989, p. 334).

Os estudos de Lombroso reafirmam antigas características criminosas, com uma nova roupagem: mais "científica". Exemplo disso são os estereótipos ligados à beleza feminina, dos quais Jules Michelet trata em sua obra *A Feiticeira*.

Sabidamente, para as mulheres, a beleza sempre teve um papel relevante para determinar suas tendências criminosas. Como cita Véronique Nahoum-Grappe (1990), diz um antigo provérbio: "nefasta é a beleza, os homens bonitos para a forca, as mulheres bonitas para o bordel".

No estudo da mulher criminosa, a beleza e a capacidade de sedução eram constantemente evocadas para justificar a periculosidade e a capacidade de cometer determinados delitos. A beleza feminina significa uma predestinação: "o pecado original faz sucumbir a bela à tentação (de uma maçã, de uma joia, de uma promessa) e depois cair, numa queda definitiva, inscrita no seu próprio corpo" (NAHOUM-GRAPPE, 1990, p. 127).

Desta forma, a depender do crime, associava-se a beleza ao perigo, uma vez que as mulheres mais atraentes teriam uma capacidade muito maior de ludibriar e enganar pessoas. Na era lombrosiana, beleza e prostituição associam-se perfeitamente para "medir" a periculosidade da mulher. Entretanto, a aparência física também foi utilizada para *minimizar* situações da mulher como autora de crimes.

Otto Pollack[24], por exemplo, em *The criminality of women*, de 1961, explica o número reduzido de mulheres nos cárceres pela

---

24 Este mesmo autor estabeleceu uma relação entre a instabilidade hormonal durante a menstruação, a gravidez ou a menopausa com o furto em grandes lojas. A delinquência feminina não é considerada, assim, um caso para o sistema penal, mas um caso psiquiátrico. Uma mulher que comete um crime tem algo de errado fisiologicamente, psiquiatricamente.

condescendência de policiais e juízes, que seriam seduzidos pelas mulheres. As prostitutas sempre foram consideradas como parte de um grupo com o maior índice de criminosas. Muito estudadas e muito temidas por grande parte da sociedade, sobretudo pelo seu poder de "enganação" e sedução.

Por outro lado, ainda segundo Lombroso, outro tipo de criminosa seria aquela com características físicas e comportamentais masculinas. Ela seria perigosa por sua similitude com o homem e por ter rompido com o padrão de comportamento tradicional feminino.

Isso faz com que, mais tarde, em 1923, sob a égide de um determinismo fisiológico de perspectiva liberal, William Isaac Thomas publicasse o livro *The unadjusted girl*, no qual (sem esquecer a prostituta como o exemplo de amoralidade feminina) acresce argumentos no sentido de que os crimes praticados por mulheres teriam como fundamento o fato de que elas fisiologicamente retêm energia e os homens, ao contrário, precisem gastá-la. Nesta linha de raciocínio as mulheres delinquentes são mulheres que querem ser homens.

De fato, em momento algum a delinquência feminina deixa de ser vista como expressão de sua amoralidade e/ou de um excesso de masculinidade. Para Otto Pollack, por exemplo, a menor quantidade de mulheres encarceradas se explicaria pela teoria do "cavalheirismo".

Outro ponto importante é o fato de que durante muito tempo a criminologia ignorou as vítimas do delito. Quando o interesse por aqueles/as que sofrem as consequências da prática criminosa cresce os estudos nesta área dão lugar a um ramo da criminologia que é a vitimologia que, na sua versão clássica, produziu tantos mitos quanto a criminologia já havia produzido.

Um destes mitos é encontrado na obra de Hans von Hentig, pai da vitimologia, no livro *The criminal and his victim,* de 1948. Nesta obra, ao perguntar-se que tipo de pessoas são propensas a ser vítimas, propõe uma tipologia. E os tipos ideais correspondem a pessoas que se colocam em situação de risco por sua conduta ou condição. De maneira que todas as vítimas são em parte culpadas pelo delito que se comete contra elas. Afinal, pessoas "normais", por exemplo, não saem à rua em horários ou situações que sabem perigosas. Assim como mulheres sedutoras provocam seus violadores.

A teoria da estrutura de oportunidades (*Origin of The Doctrine of Victimology*) de Benjamin Mendelsohn (1963), embora questione Lombroso quanto ao determinismo, fundamenta sua crítica no fato de que é a vítima que dá oportunidades para o autor do delito. Desta maneira, o crime não seria algo peculiar a um determinado indivíduo com certas características, mas um fato desencadeado por alguém potencialmente responsável por oferecer oportunidades ao autor da prática delituosa.

Em decorrência destas teorias criminológicas são concebidas as justificativas discursivas para a prática de crimes (mormente sexuais) contra as mulheres. Surgem, assim, os chavões como: "a violação é impossível se a mulher não quer"; "as mulheres dizem não somente porque não querem ceder imediatamente;" ou "os violadores são psicopatas, homens com problemas sexuais, com mães ou mulheres repressoras".

É de se concordar com Vera Malaguti Batista, quando afirma que o positivismo atualizou historicamente a programação criminalizante da inquisição moderna. Entretanto, só aparentemente, "o método patologizante abandona a fé em Deus e se agarra no cientificismo, espraiando-se na sociologia, na psicologia, na pedagogia, na antropologia, nas disciplinas em geral" (BATISTA, 2005, p. 43). Para as mulheres, Deus (a moral) prevalece implicitamente (muitas vezes explicitamente também) no discurso repressivo.

1.4. O *LABELING APPROACH* E O INTERACIONISMO SIMBÓLICO

Como vimos, no século XIX, a criminologia, (re)surge na Europa, como uma nova disciplina, baseada em teorias patológicas da criminalidade. Segundo tais teorias, seria possível, pela análise de características biológicas e psicológicas, classificar a humanidade entre "normais" e criminosos, entre "bons" e "maus".

O delito, até então definido como conceito jurídico de acordo com a filosofia liberal clássica do período iluminista passa a ser entendido como delito natural, no âmbito de um paradigma do

29

positivismo naturalista. O homem delinquente é o objeto principal dessa nova disciplina e classificações exaustivas são realizadas por Cesare Lombroso visando detectar os "sinais antropológicos" "e sua associação às teorias racistas hierarquizantes provenientes do socialdarwinismo" (BATISTA, 2000).

Entretanto, o conceito de crime natural sofre um *golpe mortal* com um novo paradigma criminológico que surgiria nas décadas de 60 e 70 do século XX: o *labeling*. Nas palavras de Vera Malaguti Batista (2000):

> Nada seria como antes. O objeto da criminologia, antes o homem delinquente, depois o desvio, se movimenta em outra direção, a da produção social do desvio e do delinquente. Para explicar a criminalidade, é necessária a compreensão da ação do sistema penal na construção do *status* do delinquente, numa produção de etiquetas e de identidades sociais. Recuperando a definição da escola clássica em que o delito é produto do direito e não da natureza, os técnicos do *labeling*, na efervescência política e cultural daquelas décadas, apontam suas baterias para o sistema penal em si, analisando as construções sociais empregadas para definir o criminoso. Se a pergunta era "quem é o criminoso", agora passa a ser "quem é definido como criminoso" (Baratta, 1999).

No século XX, surge, então, um novo paradigma que significou uma ruptura com o paradigma etiológico. Com o *labeling approach*[25] opera-se a substituição de um modelo estático e monolítico de análise social, por uma perspectiva dinâmica e contínua. Trata-se de um novo marco epistemológico no qual os principais questionamentos deslocam-se do foco do delito e do infrator para a análise do sistema de controle social e do que daí decorre. Como analisa Shecaira (2011, p. 287):

> a ideia de encarar a sociedade como um "todo" pacífico, sem fissuras interiores, que trabalha ordenadamente para a manutenção da coesão social, é substituída, em face de uma crise de valores, por uma referência que aponta para as relações conflitivas existentes dentro da

---

25 Os autores não são unânimes quanto à nomenclatura ou à melhor designação desta corrente de pensamento. A depender disso, o *labeling approach* poderá ser sinônimo de teoria da rotulação social, teoria do etiquetamento, teoria da reação social ou ainda teoria interacionista.

sociedade e que estavam mascaradas pelo sucesso do Estado de Bem-Estar Social.

O aparecimento desta linha de pensamento, em termos históricos, corresponde à conjuntura cultural de uma época que interpelou as democracias europeias, os Estados Unidos e também o Brasil[26.] Neste contexto as ciências humanas, em especial a sociologia e a psicologia, tiveram um grande impulso com o questionamento de valores arraigados que passaram a ser debatidos sob uma perspectiva inovadora e, em alguns casos, até revolucionária. A criminologia, por seu turno, recebe o contributo dessas vertentes de pensamento passando a ser depositária de toda essa transformação (SHECAIRA, 2011, p. 288).

Com o *labeling approach* desmascara-se a suposta legitimidade de todo o sistema de valores até então sustentado a partir da constatação de que o crime não pode ser estudado como um dado. Mais do que isso, ele precisa ser visto como o centro de uma teoria da criminalidade. Desta forma, para os seguidores do *labeling approach* o fenômeno do crime precisa ser estudado a partir de duas instâncias.

A primeira é a da definição do comportamento criminoso por normas abstratas. E a segunda, a da reação das instâncias oficiais contra esse comportamento delitivo anteriormente definido. Entre estas duas instâncias encontra-se a constatação fundamental da teoria: o efeito estigmatizante.

Nestes termos, o crime não é uma realidade ontológica pré-constituída, alheia à intersubjetividade humana. Ele é o resultado da construção de um discurso mediante processos de interação que etiquetam comportamentos e os elegem como desviantes.

---

26 Segundo Lola A. Castro (2010), nas décadas de sessenta e setenta do século passado, em especial na América Latina, o pensamento criminológico esteve tão definido pelo entorno político que chegou-se a afirmar que nos regimes autoritários se desenvolvia o direito penal e que nos regimes democráticos se desenvolvia a criminologia. Ainda, segundo a autora, Alessandro Baratta, nesta época, chegou a falar de uma "criminologia mestiça" como a única que entenderia os fenômenos de supremacia dos poderes tanto no interior, quanto no exterior dos países.

O interacionismo simbólico (a partir do qual se definiu o *labeling approach*) entende que as relações sociais nas quais as pessoas estão inseridas as condicionam reciprocamente. Assim, as relações sociais não nascem como determinadas de uma única vez, mas abertas e dependendo de constante aprovação (SHECAIRA, 2011). Como diz Andrade (1995, p. 26):

> Uma conduta não é criminal "em si" (qualidade negativa ou nocividade inerente) nem seu autor um criminoso por concretos traços de sua personalidade ou influências de seu meio ambiente. A criminalidade se revela, principalmente, como um *status* atribuído a determinados indivíduos mediante um duplo processo: a "definição" legal de crime, que atribui à conduta o caráter criminal e a "seleção" que etiqueta e estigmatiza um autor como criminoso entre todos aqueles que praticam tais condutas.

Os indivíduos socializam-se no processo de interação com outros, enlaçando-se "na ação projetada de outros, incorporadas às perspectivas dos outros nas suas próprias" (SHECAIRA, 2011, p. 306).

Neste modelo as instâncias de controle formal (polícia, justiça, administração carcerária etc.) são erigidas como fatores criminógenos, que diferem, flagrantemente, no patamar do controle social punitivo das chamadas instâncias de controle social informal, assim entendida como a família, a escola, a igreja etc.

O *labeling* parte dos conceitos de "conduta desviada" e "reação social", como termos reciprocamente interdependentes, para formular sua tese central: a de que o desvio e a criminalidade não são qualidades intrínsecas à conduta, ou uma entidade ontológica pré-constituída à reação social e penal, mas uma qualidade (etiqueta) atribuída a determinados sujeitos através de complexos processos de interação social; isto é, de processos formais e informais de definição e seleção (ANDRADE, 1995, p. 27).

Nesta perspectiva, o controle é seletivo e discriminatório com a primazia do *status* sobre o merecimento. Conforme Shecaira (2011, p. 307), quando

> os outros decidem que determinada pessoa é *non grata*, perigosa, não confiável, moralmente repugnante, eles tomarão contra tal pessoa ati-

tudes normalmente desagradáveis, que não seriam adotadas por qualquer um. São atitudes a demonstrar a rejeição e a humilhação nos contatos interpessoais e que trazem a pessoa estigmatizada para um controle que restringirá sua liberdade. É ainda estigmatizador, porque acaba por desencadear a chamada desviação secundária e as carreiras criminais. Estabelece-se, assim, uma dialética que se constrói por meio do que Tannenbaum denominou a dramatização do mal, que serve para traduzir uma mecânica de aplicação pública de uma etiqueta a uma pessoa.

O *labeling* desloca o interesse investigativo das causas do crime e da pessoa do autor e seu meio, e mesmo do fato-crime, para a reação social da conduta desviada, em especial, para o sistema penal. O que decorre da conclusão de que a criminalidade não tem natureza ontológica, mas social e definitorial. Como destaca Andrade (1995, p. 28):

> Como objeto desta abordagem o sistema penal não se reduz ao complexo estático das normas penais, mas é concebido como um processo articulado e dinâmico de criminalização ao qual concorrem todas as agências do controle social formal, desde o Legislador (criminalização primária), passando pela Polícia e Justiça (criminalização secundária) até o sistema penitenciário e os mecanismos do controle social informal. Em decorrência, pois, de sua rejeição ao determinismo e aos modelos estáticos de comportamento, o *labeling* conduziu ao reconhecimento de que, do ponto de vista do processo de criminalização seletiva, a investigação das agências formais de controle não pode considerá-las como agências isoladas umas das outras, autossuficientes e autorreguladas mas requer, no mais alto grau, um *approach* integrado que permita apreender o funcionamento do sistema como um todo.

Inegavelmente o *labeling approach* representou uma contundente ruptura com o paradigma etiológico. Entretanto, mesmo constituindo um dos pontos de impulso da criminologia crítica, não passou incólume à crítica de Baratta, que o considerou como uma *teoria de médio alcance*.

Apesar de que a reação social influencie decisivamente no etiquetamento dos desviantes, os interacionistas olvidaram que esta reação social é provocada por um comportamento concreto de um autor. Negando a realidade fenomênica do desvio, os interacionistas negaram também "toda a realidade estrutural (social, econômica e política) na explicação do comportamento desviante" (ANDRADE, 2003, p. 177).

A perspectiva interacionista, conforme Baratta (2002), está reduzida ao nível do descritivo, pois o *labeling approach* não esclarece exatamente quais seriam os porquês da criminalização de grupos determinados ao longo do processo de rotulação. Para além de tudo isso, não é de estranhar, como diz Lola Aniyar Castro (2010, p. 33), que tenha existido primeiro uma "Criminologia da Reação Social" baseada em construções sociais e políticas, e logo uma outra "Criminologia dos Controles", mais acentuadamente política.

1.5. A CRIMINOLOGIA CRÍTICA

Legatários da teoria crítica da Escola de Frankfurt, os criminólogos críticos relacionam suas análises empíricas com a teoria social. Deste modo, seus questionamentos científicos refletem questionamentos sociais, a fim de que a ciência também possa ser um meio de mudar o *status quo*.

Conforme Vera Malaguti Batista (2011), o nascimento da criminologia crítica nos anos setenta teve na obra *Punição e estrutura social*, de Georg Rusche e Otto Kirchheimer, um de seus pilares fundamentais. Segundo a autora (2011, p. 91), apesar de ter sido escrito entre 1938 e 1939,

> este livro só foi lido no final dos anos 1970, e traz a demonstração do caráter histórico dos sistemas penais através das suas diferenças em relação às diferentes fases do processo de acumulação do capital, analisando as mudanças ocorridas no processo de longa duração entre os séculos XV e XX.

Rusche foi o primeiro pensador marxista a sistematizar a questão criminal e a analisar historicamente as relações entre condições sociais, mercados de trabalho e sistemas penais (BATISTA, 2011, p. 91). E sua obra em parceria com Kirchheimer, junto ao *Vigiar e punir*, de Michel Foucault, representaram uma verdadeira ruptura epistemológica que "sacudiu as teorias e as militâncias criminológicas na Europa, nos Estados Unidos, no Canadá e na América Latina" (BATISTA, 2011, p. 96).

Para Rusche e Kirchheimer (2004), os diferentes sistemas penais e suas variações estão intimamente relacionados às fases do desenvolvimento econômico. E isso explica o porquê da intensificação dos conflitos sociais (em uma fase de transição do capitalismo entre os séculos XIV e XV) em diversas regiões da Europa ter resultado na criação de diversas leis criminais duras, dirigidas contra as classes subalternas.

Na concepção desses autores (2004, p. 31), na baixa Idade Média, aqueles que se encontravam em condições de miserabilidade viviam em uma "atmosfera de opressão, irritação, inveja, raiva, ódio e desespero". Para os autores, as mulheres, consideradas bruxas, encontravam-se neste contexto de repressão.

As feiticeiras eram perseguidas não apenas por todos aqueles que imaginavam terem elas lançado feitiços contra si, sua família ou propriedades, mas também pelas autoridades que, com base no medo do sobrenatural, alimentavam seu ódio pelas massas, provavelmente num *estado nebuloso de semiconsciência,* como um meio de desviar a atenção das responsabilidades que lhes caberiam, como representantes do poder. Segundo os autores, entretanto, mais do que as bruxas ou os judeus, as principais vítimas deste sistema opressor eram os "criminosos fora da lei" (2004, p. 39-40).

De modo mais amplo, segundo Rusche e Kirchheimer, as penas medievais deveriam ser vistas como uma forma estratégica e política de assegurar as relações sociais de uma classe dominante sobre uma outra, subalterna. Classe subalterna composta por mendigos, vagabundos, ladrões e prostitutas que, a partir do início do século XVI, tornar-se-iam a clientela principal do sistema carcerário em estreita relação com o sistema capitalista.

A prisão passa a ser a proposta para o controle das classes marginais, independentemente das camadas da população às quais pode ser aplicada (pobres, vagabundos, prostitutas, criminosos). Sua utilidade consiste no fato de que, agora, o corpo é valorizado por encerrar uma potencialidade produtiva, e os sistemas de controle têm início concentrando-se nas atitudes, na moralidade, na alma dos indivíduos (DE GIORGI, 2006, p. 41).

Como afirmam Rusche e Kirchheimer (2004) os diferentes sistemas penais, e suas variações, estão intimamente relacionados às fases do desenvolvimento econômico. Por isso, com a constituição do Estado Moderno, o cárcere se torna uma necessidade do capitalismo industrial. Nas palavras de De Giorgi (2006, p. 44-45) trata-se de:

> um modelo que se consolida através de um processo de "desconstrução" e "reconstrução" contínua dos indivíduos no interior da instituição penitenciária. O pobre se torna criminoso, o criminoso se torna prisioneiro e, enfim, o prisioneiro se transforma em proletário.

Com o capitalismo moderno surge, a "gangorra cárcere-fábrica", na qual a mão de obra excedente passa a ser deslocada de um a outro ponto, de acordo com a necessidade do novo sistema econômico. A penitenciária, nesta conjuntura, nasce, e se consolida, como uma instituição complementar à fábrica. Ou seja, como mecanismo à disposição das exigências do sistema de produção industrial nascente.

Em síntese, embora tardia, como afirma Batista (2000; 2011) *Punição e estrutura social*, deu ensejo a um novo pensamento fundado na relação histórica entre as condições sociais, a estrutura do mercado de trabalho, os movimentos da mão de obra e a execução penal. Estão, assim, inscritas as construções do estereótipo nas condições objetivas, estruturais e funcionais da lógica de acumulação do capital, historicizando a realidade comportamental (BATISTA, 2000).

Segundo a autora, este é o ponto de partida para a criminologia crítica, e para a superação do paradigma etiológico. Posteriormente, como vimos, surge o *labeling approach* que, entretanto, tal como Baratta, constata Batista, não possui a força o suficiente para questionar o funcionamento do sistema penal no seu eterno trabalho de seleção e estigmatização.

Com o *labeling approach* se sabe que a criminalidade não é ontológica. Entretanto, como "as famosas condições objetivas não só não mudaram, como se aprofundaram na lógica de reprodução do capital" (BATISTA, 2000), é preciso compreendê-la (a criminalidade) em um processo de dupla seleção, distribuída desigualmente de acordo com a hierarquização decorrente do sistema socioeconômico.

1.5.1. Os elementos fundamentais do pensamento criminológico crítico

Seguindo as linhas traçadas por Rusche e Kirchheimer, de um modo geral, desde meados dos anos 60 do século XX, a criminologia mais à esquerda, vai registrar que a consolidação do capitalismo, como modo de produção central, é o fator determinante que deu ao cárcere um novo significado.

Segundo esta literatura o estágio do desenvolvimento capitalista determinou a criação das primeiras instituições destinadas à reclusão dos pobres. Assim como, na atualidade, determina o funcionamento seletivo do sistema de justiça criminal. Denomina-se de criminalização essa seleção penalizante que é o resultado da gestão de um conjunto de agências (agentes gestores da criminalização) que formam o sistema penal (ZAFFARONI e BATISTA, 2003, p. 43).

O processo seletivo de criminalização opera em duas etapas: primária e secundária. A etapa da criminalização primária é momento e o resultado do ato de sancionar uma lei penal que incrimina ou sanciona certas condutas. Nesta autuam as agências políticas (parlamento, executivo) responsáveis pela formulação do que deve ser apenado.

A criminalização secundária é a ação punitiva exercida sobre pessoas concretas, que acontece quando as agências do Estado detectam pessoas que se supõe tenham praticado certo ato criminalizado primariamente e as submetem ao processo de criminalização, tais como a investigação, a prisão, a condenação. Nesta etapa atuam agências diferentes das que formularam o programa: policiais, membros do Ministério Público, magistrados/as, agentes penitenciários.

No momento da criminalização primária dá-se uma seleção abstrata, vez que não é possível determinar, de forma precisa, quem será atingido pela norma sancionada. Existe tão somente uma perspectiva sobre o perfil das pessoas, ou bem os grupos, que serão perseguidos. Por isso, aqueles/as, que possuem condição de influenciar o sistema penal, o direcionam para a tipificação dos desvios conforme os seus interesses. Daí por que a criminalização, em maior quantidade, de desvios típicos das classes e grupos socialmente mais débeis e marginalizados. A técnica de elaboração dos tipos penais evidencia esse processo de seleção (ANDRADE, 2003, p. 278).

O processo de criminalização primária é um ato formal exercido pelas agências políticas do sistema penal que estabelecem os critérios programáticos a serem executados pelas agências de criminalização secundária (ANDRADE, 2003, p. 279). Entretanto, como afirma Andrade, esse programa estabelecido só não é exercido em sua plenitude, em razão da incapacidade operacional do sistema penal secundário, o que gera a "necessidade" dessas agências de atuarem, por sua vez, de forma também seletiva.

O processo de seleção, entretanto, opera não só sobre os criminalizados, mas também sobre os vitimizados. Tal como a seleção criminalizante, a seleção vitimizante resulta da dinâmica de poder das agências e também tem duas etapas sucessivas (ZAFFARONI e BATISTA, 2003).

De acordo com Zaffaroni e Batista (2003, p. 53), na sociedade há sempre pessoas que exercem poder mais ou menos arbitrário sobre outras, seja de forma brutal e violenta, seja de forma sutil e encoberta. Enquanto este poder for percebido como *normal* não haverá *vitimização primária* (não existe nenhum ato formal das agências políticas que confiram o *status* de vítima ao subjugado).

Para os autores, somente quando a percepção pública de tal poder passe a considerá-lo *anormal* (desnormatiza-se a situação), urge o reconhecimento dos direitos do subjugado e redefine-se a situação como *conflitiva*. Num primeiro momento as agências políticas dispõem de recursos, de coerção administrativa ou de reparação civil, para tentar *renormatizar* a situação conflitiva. Entretanto, se com estes expedientes a conflituosidade não se resolve, as agências políticas lançam mão de um ato programático de criminalização primária do comportamento de quem exerce o poder arbitrário, e isso corresponde, ao mesmo tempo, a um ato de *vitimização primária,* que ocorre com o reconhecimento do *status* de *vítima* ao subjugado.

Quanto à seleção vitimizante secundária, que segundo os autores, se propaga como uma epidemia, também está condicionada às condições maiores ou menores de ser vítima de um ato criminalizado primariamente. Isto é, existe uma paralela distribuição seletiva da vitimização secundária de acordo com a vulnerabilidade do delito. E, também aqui, as classes subalternas são as mais vulneráveis (ZAFFARONI e BATISTA, 2003, p. 54).

Ante todas estas constatações, a criminologia crítica produz, num primeiro momento, o deslocamento do autor para as condições objetivas, estruturais e funcionais, e, em um segundo momento, o deslocamento das causas para os mecanismos de construção da realidade social. Como ensina Vera Malaguti Batista (2011, p. 89):

> o paradigma etiológico que cultiva o mito da conexão causal é superado, já que a criminalidade não é ontológica, mas atribuída por um processo de dupla seleção: dos bens protegidos e dos comportamentos dos indivíduos entre todos os que realizam infrações.

As intervenções penais dirigidas à retribuição ou à correção dos indivíduos tal como definidas pelas correntes tradicionais decorriam de uma visão sociológica equivocada, visto que a maior parcela dos crimes, frise-se, cometidos por homens, era (e ainda hoje é) contra o patrimônio[27]. Ou seja, crimes que nada têm a ver com qualquer problema patológico, mas com um sistema injusto de escolhas de quem será criminalizado ou não.

Para os críticos os delitos de pouca gravidade são basicamente subprodutos do capitalismo que gera necessidades consumistas e de privação relativa. Eles/as assinalam a natureza política das causas do crime, do próprio conceito de crime e das políticas de controle. Para além do estudo do crime, como um problema que alguns indivíduos ou grupos particulares representam para a sociedade, o foco passa a ser a normalidade e a desordem como um problema estrutural da sociedade.

---

27 Conforme dados do Departamento Penitenciário Nacional – DEPEN, atualizados até dezembro de 2011, dos 441.907 homens encarcerados no Brasil, 234.673 cumpriam pena ou aguardavam julgamento por crimes contra o patrimônio. O mesmo não se pode dizer com relação às mulheres, visto que das 29.347 presas, 5.969 estavam envolvidas em crimes contra o patrimônio e 16.911 por tráfico de entorpecentes.

Assim, o importante é entender como os meios de comunicação de massa e as agências de justiça penal amplificam a criminalidade. Como determinados problemas sociais passam a ser definidos como delinquência de acordo com o desejo da classe dominante, enquanto outras situações muito mais perigosas para a sociedade são ignoradas. Ou seja, a criminologia tradicional[28] presta muito pouca atenção aos crimes praticados pelos poderosos, como por exemplo, o de corrupção passiva[29].

No programa crítico, os meios para reduzir o problema do crime devem ser buscados na política socioeconômica. Pois, o sistema de justiça criminal reproduz (e produz) iniquidade social ao interessar-se muito pela delinquência das classes sociais mais baixas e pouco por outro tipo de transgressão. Daí por que os mais pobres estarem sobrerrepresentados dentro do sistema carcerário. Como um modo de controle social, a intervenção penal brutaliza e transforma em bodes expiatórios os grupos mais vulneráveis da sociedade.

Os críticos demonstraram que a seletividade e a ineficácia do sistema penal são causadoras de muitos erros. Assim, o delito e seu controle se apresentam de uma forma que ultrapassa os limites de compreensão da criminologia tradicional, fundada em razões preponderantemente biológicas.

Para a criminologia crítica o sistema penal nasce com uma contradição. De um lado, afirma a igualdade formal entre os sujeitos de direito. Mas, de outro, convive com a desigualdade substancial entre os indivíduos, que determina a maior ou menor chance de alguém ser etiquetado como criminoso.

1.5.2. *As mulheres no paradigma da reação social*

Para Vera Regina Pereira Andrade (2007), com base no paradigma do controle ou da reação social, em especial, desde a crimi-

---

28 Ou teorias etiológicas, que também chamarei de tradicionais.

29 Ainda segundo os dados do DEPEN, dos 441.907 homens presos no Brasil somente 55 estão envolvidos com o crime de corrupção passiva. Ou seja, com o crime de solicitar ou receber, para si ou para outrem, direta ou indiretamente, ainda que fora da função ou antes de assumi-la, mas em razão dela, vantagem indevida, ou aceitar promessa de tal vantagem (art. 317 do Código Penal Brasileiro).

nologia crítica e a criminologia feminista, o sistema de justiça criminal é o principal objeto criminológico. Nas exatas palavras da autora (2007, p. 54), o campo do saber no qual se embasa é:

> (...) o proveniente da Criminologia desenvolvida com base no paradigma do controle ou da reação social (desde a década de 60, século XX) e, mais especificamente, a Criminologia crítica e a Criminologia feminista, pois, por meio deste *continuum*, o sistema de justiça criminal – este sujeito monumental – não apenas veio a constituir-se no objeto criminológico central do nosso tempo, mas veio a sê-lo, inclusive, sob o influxo do feminismo, no tratamento que imprime à mulher.

De acordo com Andrade, com base nesta constatação é possível compreender a criminologia a partir da delimitação de três grandes momentos históricos e epistemológicos. O primeiro, quando na década de 60, consolida-se a transição de uma criminologia do crime e do criminoso, ou seja, da violência individual (de corte positivista e clínico) para uma Criminologia do sistema de justiça criminal e da violência institucional (de corte construtivista-interacionista), amadurecida por meio de dois saltos qualitativos.

O segundo grande momento, ou, mais especificamente, salto qualitativo, dá-se, desde a década de 1970, com o desenvolvimento materialista da criminologia dos anos 1960, e que marca a passagem para as chamadas Criminologia Radical, Nova Criminologia e Criminologia Crítica, no âmbito das quais o sistema de justiça criminal receberá uma interpretação macrossociológica no marco das categorias capitalismo e classes sociais (Criminologia da Violência Estrutural).

E o terceiro momento, e segundo salto qualitativo, quando, a partir da década de 1980, o desenvolvimento feminista da criminologia crítica marca a passagem para a criminologia de correspondente nomenclatura, no âmbito da qual o sistema de justiça criminal passa a ser interpretado sob um viés macrossociológico, nos termos das categorias patriarcado e gênero. E isso, portanto, dá ensejo às indagações sobre como o sistema de justiça criminal trata a mulher. Tem-se a partir daí uma vitimologia crítica que assume um lugar central.

A partir do desenvolvimento feminista da criminologia crítica, são promovidos estudos sobre as diferentes formas que o sistema de justiça criminal atua sobre a mulher, nos marcos da ideologia capitalista e patriarcal. E, como exemplo destes estudos, tem-se a análise teórica e empírica do funcionamento do sistema de justiça criminal relativamente à violência sexual, realizada pela citada autora, Vera Regina Pereira Andrade.

Em sua análise Andrade conclui que em um sentido fraco, o sistema de justiça criminal (SJC) é ineficaz para a proteção das mulheres contra a violência. Pois, entre outras razões, não previne novas violências, não escuta os distintos interesses das vítimas, não contribui para a compreensão da própria violência sexual e a gestão do conflito e, muito menos, para a transformação das relações de gênero. Conforme a autora (Andrade 2007, p. 57):

> O sistema não apenas é estruturalmente incapaz de oferecer alguma proteção à mulher, como a única resposta que está capacitado a acionar – o castigo – é desigualmente distribuído e não cumpre as funções preventivas (intimidatória e reabilitadora) que se lhe atribui. Nesta crítica se sintetizam o que denomino de incapacidades protetora, preventiva e resolutória do SJC.

De outro lado, em um sentido forte, como denomina Andrade, o sistema de justiça criminal, a não ser em situações contingentes e excepcionais, não apenas é um meio ineficaz para a proteção das mulheres contra a violência, como também, na perspectiva da autora, "duplica a violência exercida contra elas e as divide, sendo uma estratégia excludente que afeta a própria unidade (já complexa) do movimento feminista" (2007, p. 57). Isso porque, consoante Andrade (2007, p. 57):

> se trata de um subsistema de controle social, seletivo e desigual, tanto de homens como de mulheres e porque é, ele próprio, um sistema de violência institucional, que exerce seu poder e seu impacto também sobre as vítimas.

> E, ao incidir sobre a vítima mulher a sua complexa fenomenologia de controle social, que representa, por sua vez, a culminação de um processo de controle que certamente inicia na família, o SJC duplica, ao invés de proteger, a vitimação feminina, pois além da violência sexual representada por diversas condutas masculinas (estupro, atentado

violento ao pudor, etc.), a mulher torna-se vítima da violência institucional plurifacetada do sistema, que expressa e reproduz, por sua vez, dois grandes tipos de violência estrutural da sociedade: a violência das relações sociais capitalistas (a desigualdade de classe) e a violência das relações sociais patriarcais (traduzidas na desigualdade de gênero) recriando os estereótipos inerentes a estas duas formas de desigualdade, o que é particularmente visível no campo da violência sexual.

Andrade afirma que a passagem da vítima mulher pelo controle social formal, acionado pelo sistema de justiça criminal, implica reviver toda uma cultura de discriminação, de humilhação e de estereotipia. Pois, para a autora, que entende ser este o aspecto fundamental, não há uma ruptura entre relações familiares, trabalhistas ou profissionais e relações sociais em geral, que violentam e discriminam a mulher, e o sistema penal, que deveria protegê-la contra este domínio e opressão. Para ela, há, na realidade, "um *continuum* e uma interação entre o controle social informal exercido pelos primeiros (particularmente a família) e o controle formal exercido pelo segundo" (2007, p. 57).

Para Andrade existe uma dimensão invisível e difusa (*lato sensu*) do SJC, que é a dimensão ideológica ou simbólica, representada tanto pelo saber oficial (as ciências criminais), quanto pelos operadores do sistema, e pelo público, enquanto senso comum punitivo (ideologia penal dominante) (2007, p. 58). De acordo com a autora, a dimensão simbólica do sistema implica referir os discursos (as representações e as imagens) das ciências criminais que, conjuntamente com o discurso da lei, tecem o fio de sua (auto) legitimação oficial, pois se trata do processo de reprodução ideológica do próprio sistema. Em suas palavras (2007, p. 58):

> Com efeito, é precisamente a Lei e o saber (Ciências Criminais), dotados da ideologia capitalista e patriarcal, que dotam o sistema de uma discursividade que justifica e legitima sua existência (ideologias legitimadoras), coconstituindo o senso comum punitivo reproduzido, por sua vez, pelo conjunto dos mecanismos de controle social, com ênfase, contemporaneamente, para a mídia.

O sistema de justiça criminal promete, segundo a autora (2007, 59), proteger bens jurídicos que interessam igualmente a todos os cidadãos, através do combate eficaz à criminalidade (considerada o "mal"), através das funções da pena. Funções estas que são uma combinatória de retribuição, ou castigo, com a prevenção geral (intimidação *erga omnes* pela ameaça da pena cominada em abstrato na lei penal) e a prevenção especial (reabilitação *in persona* através da execução penal) a ser aplicada dentro dos mais rigorosos princípios penais e processuais penais liberais (legalidade, igualdade jurídica, devido processo etc.).

Conforme a autora, trata-se de uma ideologia extremamente sedutora, também para as mulheres. Conta com um fortíssimo apelo legitimador (da proteção, da evitação, da solução) como se, em suas palavras (2007, p. 59):

> à edição de cada lei penal, sentença, ou cumprimento de pena, fosse mecanicamente sendo cumprido o pacto mudo que opera o traslado da barbárie ao paraíso. Por isto mesmo esta ideologia legitimadora se mantém constante até nossos dias e consubstancia o que Alessandro Baratta denomina o "mito do Direito Penal igualitário".

A seletividade é, para Andrade, a função real e a lógica estrutural de funcionamento do sistema de justiça criminal, comum às sociedades capitalistas/patriarcais. E, como diz a criminóloga (2007, p. 60):

> nada simboliza melhor a seletividade do que a clientela da prisão ao nos revelar que a construção (instrumental e simbólica) da criminalidade – a criminalização – incide seletiva e estigmatizantemente sobre a pobreza e a exclusão social, majoritariamente masculina, e apenas residualmente (embora de forma crescente) feminina.

Conforme Andrade (2007, p. 65), o sistema de justiça criminal é duplamente subsidiário, ou residual, em relação ao controle social informal já que:

1) funciona como um mecanismo público de controle dirigido primordialmente aos homens enquanto operadores de papéis masculinos na esfera pública da produção material; e a pena pública é o instrumento deste controle.

Deste modo ele integra o controle informal de mercado, reforçando o controle capitalista de classe. Para a autora (2007, p. 64), o sistema de justiça criminal é androcêntrico porque constitui um mecanismo masculino para o controle de condutas masculinas[30], regra geral praticadas pelos homens, e só residualmente pelas mulheres;

2) o mecanismo de controle dirigido às mulheres, enquanto operadoras de papéis femininos na esfera privada, tem sido nuclearmente o controle informal materializado na família e, paradoxalmente, a violência contra a mulher, dos maus-tratos à violação e o homicídio, se reveste muitas vezes aqui de *pena privada* equivalente à pena pública.

Consoante Andrade (2007, p. 66):

> É por esta dupla razão acima enunciada que indo em busca do sujeito feminino no catálogo masculino só residualmente vamos encontrá-lo. Tanto lendo o Código Penal (criminalização primária) quanto olhando para as prisões (criminalização terciária) constatamos que o sistema só criminaliza a mulher residualmente e que, de fato, a trata como vítima.

Em síntese, de acordo com Andrade (2007, p. 66), o sistema de justiça criminal funciona como um mecanismo público integrativo do controle informal dirigido à mulher, que reforça o controle patriarcal (a estrutura e o simbolismo de gênero), ao criminalizar a mulher em algumas situações específicas e, soberanamente, ao reconduzi-la ao lugar da vítima, ou seja, mantendo a *coisa* em seu lugar passivo.

---

30 Segundo Andrade (2007, p. 65), o sistema de justiça criminal intervém de modo subsidiário para controlar o *normal* desenvolvimento das relações de produção e consumo – seleciona dentre os possuidores que não tiveram suficiente disciplina para o trabalho ou que tenham ficado à margem da economia formal e do mercado oficial de trabalho, como o demonstra a população carcerária (déficit de instrução, posição precária no mercado de trabalho, toxicodependentes) ou, na era da globalização, excluídos de qualquer integração no mercado e, portanto, no reino do consumo. Empiricamente, como afirma a autora (2007, p. 66), são os homens que lotam as prisões, ao lado da incômoda presença de algumas mulheres, que nos Códigos sempre têm a seu favor a exculpante de um estado especial (puerperal, menstrual, hormonal, emocional) e a sua espera os manicômios (controle terapêutico) antes que as prisões. A loucura, os estados especiais, são os álibis de sua fragilidade: mulher só é perigosa e só corresponde ao estereótipo de perigo no trânsito! Do lado do sistema de justiça, nesse poderoso espaço público, é novamente eles que historicamente vamos encontrar, como na masculina comunidade de criminólogos.

1.5.3. Os limites da criminologia crítica

Como vimos, nas primeiras décadas do século XX a criminologia positivista firmou-se como teoria etiológica do delito e teoria tecnológica da política criminal constituindo-se como disciplina auxiliar da dogmática penal, mas que concorria com ela e a política criminal para a constituição de um modelo integrado de Direito Penal, na concepção de Von Liszt. Entretanto, a partir dos anos quarenta nos Estados Unidos e, posteriormente, na Inglaterra, e o restante da Europa, a criminologia positivista passa a ser contestada com a introdução do que Baratta denomina de um paradigma alternativo (BARATTA, 2006) com origem no interacionismo simbólico e nos estudos de etnometodologia.

Este paradigma alternativo é o paradigma da reação social, que colocou em primeiro plano no estudo da criminalidade os diferentes mecanismos de definição e de etiquetamento, institucionais e informais e, consequentemente o processo de criminalização primária (basicamente consistente na formação da lei penal) e de criminalização secundária (também essencialmente referente ao processo de aplicação da lei penal). Com isso, a partir dos anos sessenta do século passado, o modelo integrado de Von Liszt entra em crise. Ou seja, a sociologia criminal já não pode mais, segundo a nova criminologia, ser considerada como uma ciência auxiliar da dogmática penal e da política criminal.

Com o novo paradigma, o ponto de vista da criminologia deixa de ser interno para converter-se em externo ao sistema de justiça criminal que, por sua vez, se converte em objeto de um saber que se aproxima de uma teoria e sociologia do Direito Penal. Já não importam somente os processos institucionais de criminalização, mas também os informais, como as reações da opinião pública e *publicada*[31] que se estendem à dogmática penal enquanto instância constitutiva do sistema.

---

31 A expressão opinião publicada é utilizada por Baratta para referir-se à opinião emitida pelos meios de comunicação que tendem a influenciar a opinião pública em geral e que se apresentam muitas vezes como a opinião comum da sociedade. De minha parte, agrego ao pensamento do mestre italiano o que já tive oportuni-

Entre os anos setenta e oitenta do século XX, então, a teoria, a sociologia e a história social da justiça criminal realizaram profundos estudos sobre as diferentes instâncias ou agências do sistema de justiça criminal concernente na polícia, no Ministério Público, na magistratura, no sistema prisional sobre os mecanismos da opinião pública e publicada que constituem o ambiente social do sistema e que se relacionam com este (BARATTA, 2006, p. 143).

O que estudos apontam é o caos do sistema e, por consequência, o descumprimento de promessas da modernidade que, com relação ao poder punitivo, significaram, sobretudo: a) a concepção da pena como um direito-dever do soberano; b) a racionalidade funcional da pena como defesa de bens jurídicos fundamentais; c) a limitação da pena como resposta aos comportamentos desviantes consoante a previsão legal (princípios da personalidade e da legalidade) e a constatação do fato criminoso mediante um processo que obedecesse a regras preestabelecidas (princípio da verdade processual); d) a preeminência dos bens jurídicos protegidos, o caráter insubstituível da pena (princípio da subsidiariedade) e a igualdade entre os cidadãos frente ao sistema de justiça criminal. Tais promessas modernas, entretanto, como observa Baratta, não se realizaram plenamente.

Entretanto, por volta dos anos noventa, todo este empenho científico não correspondeu em um trabalho de teoria e sociologia do conhecimento, de organização científica e didática, dirigido à dogmática penal a ser considerada tanto em sua função de instância constitutiva e, ao mesmo tempo, de instância de controle do sistema (BARATTA, 2006, p. 143).

---

dade de publicar (MENDES, 2008), no sentido de que a opinião pública também não pode ser considerada de modo meramente estatístico. Ela não é um "conjunto" de opiniões individuais. Tomada sob este prisma, tal opinião não passa de opinião política que "pode" refletir um certo aspecto da opinião pública, se esta for preexistente à pesquisa realizada em um espaço público mobilizado. Como ressalta Patrick Champagne, se, em relação a determinados problemas políticos, os "cidadãos" podem ter ou não opiniões pessoais, também podem decidir ou não torná-las públicas, por exemplo, no momento de movimentos pontuais de protesto ou de reivindicação. Tornar ou não pública sua opinião é um ato político. Quando é realizado pelo proprietário da opinião, permite limitar, pelo menos, em certa medida, as manipulações (CHAMPAGNE, 1996, p. 113.).

Como advertiu Baratta, as investigações até então realizadas (e ainda hoje realizadas) se concentravam na análise crítica dos elementos propriamente ideológicos da ciência jurídico-penal (teorias da pena, princípios normativos gerais), destacando as contradições existentes entre as funções manifestas e os princípios declarados de funcionamento, assim como as contradições entre as funções latentes e os mecanismos reais de funcionamento, de seleção e de decisão. Explicitamente disse ele (2006, p. 144) acreditar:

que é necessário dirigir a atenção, com um método sociológico que utilize uma perspectiva epistemológica e metodológica adequada, ao *status* teórico do conjunto conceitual elaborado pela ciência jurídico--penal e também analisar a função argumentativa e de controle decisional que, efetivamente, exercem e podem exercer os instrumentos dogmáticos sobre a estrutura decisional, os mecanismos decisionais e as decisões do sistema. Se, analisando, sob este ponto de vista, ele se apresenta como produtor de decisões (programas decisionais e intervenções sobre situações concretas) que em geral são incompatíveis com as "promessas" de racionalidade, igualdade, universalidade e justiça, qual seria o déficit e que potencial de controle apresenta a ciência jurídico-penal frente ao sistema de justiça criminal?[32]

A hipótese formulada por Baratta é a de que a ciência jurídico-penal e a metodologia jurídica tradicional limitaram a função de controle argumentativo às variáveis manifestas que seriam as decisões do sistema de justiça criminal que normalmente são o objeto de fundamentação de sentenças judiciais e atos administrativos, omitindo as variáveis latentes dentre as quais estão as socioeconômicas, os estereótipos, dentre outras. Quanto mais

---

32 Tradução livre. No original: "que sea necesario dirigir la atención, con un método sociológico que utilice una perspectiva epistemológica y metodológica adecuada, al status teórico del apartato conceptual elaborado por la ciencia jurídico-penal y también analizar la función argumentativa y de control decisional que, efectivamente, ejercitan y pueden ejercitar los instrumentos dogmáticos sobre la estructura decisional, los mecanismos decisionales y las decisiones del sistema. Si, analizando bajo este punto de vista, él se presenta como productor de decisiones (programas decisionales e intervenciones sobre situaciones concretas) que en general son incompatibles con las 'promesas' de racionalidad, igualdad, universalidad y justicia, ¿Cuál sería el déficit y qué potencialidad de control presenta la ciencia jurídico-penal frente al sistema de justicia criminal?".

48

elevado for, no procedimento da ciência jurídico-penal, o nível de reflexão sobre as variáveis latentes das decisões do sistema, mais significativa pode ser a realização de seu potencial de controle.

Por outro lado, por mais que se distanciem epistemologicamente os dois paradigmas dos quais venho tratando, o discurso científico que destes resulta corresponde a um cânone de interdisciplinaridade interna. Segundo Baratta (2006), essa interdisciplinaridade interna se realiza quando uma disciplina acadêmica ou um conjunto integrado de disciplinas acadêmicas que concorrem sobre um único objeto (no caso o direito penal) seleciona e organiza no interior do próprio discurso os resultados obtidos em outras áreas do conhecimento mantendo a autonomia estratégica do próprio saber específico em relação àquelas.

A interdisciplinaridade interna constitui um modelo integrado de ciência do direito penal que usa os conhecimentos necessários de teoria, história da sociedade, psicologia social, ciência política, entre outros. A conotação e o conteúdo deste discurso interdisciplinar estão determinados pela intervenção, no interior do núcleo de partida do discurso da criminologia crítica na dimensão da definição ou reação social.

Com tudo isso o discurso científico resultante da interdisciplinaridade interna faz possível um controle considerado por Baratta como também interior ao sistema de justiça criminal. Um controle formal e jurídico sobre a correspondência entre a realidade do sistema e os princípios de igualdade, de liberdade e de legalidade próprios do direito penal liberal, através dos quais se traduziu a promessa da modernidade. E, por outro lado, um controle externo baseado em critérios de justiça material e também políticos que se referem aos efeitos externos ao sistema, ou seja, a seleção e defesa dos bens jurídicos através do controle de comportamentos e situações problemáticas: a relação entre benefícios e custos sociais de sua intervenção.

O discurso científico que pode assumir a função de controle externo do sistema de justiça criminal, diz Baratta, não apresenta um objeto homogêneo como acontece com o controle interno. As situações administradas pelo sistema de justiça criminal constituem um conjunto de eventos diversos e com limites instáveis cujo único elemento comum é o de estarem previstos como objetos de intervenção do sistema.

O que se pode dizer, de fato, é que enquanto a competência multiagencial pode ser considerada como uma indicação oportuna de política social, a exclusividade ou a prioridade de um sistema de intervenção em comparação com outros não pode jamais ser deduzida como uma indicação necessária da natureza das diversas situações problemáticas. Entendo que a criminalidade feminina é uma destas situações problemáticas, posto que não encontra resposta em formulações internamente emergentes.

A questão que se coloca é que a referência ao atual sistema de justiça criminal não permite uma definição cientificamente útil do universo de situações e dos comportamentos criminais se a finalidade é a de avaliar as políticas existentes e de elaborar novas políticas de controle das situações problemáticas ou socialmente negativas (seja a partir do ponto de vista dos sujeitos implicados, seja segundo critérios de justiça material baseados em teorias consistentes das necessidades, dos bens jurídicos e do controle social).

Eis aí o problema da criminologia como um todo, e da criminologia crítica em particular, segundo Baratta. Para o autor, estes tipos de dificuldades condicionam direta ou indiretamente o atual debate sobre o futuro da criminologia e fazem surgir problemas epistemológicos sérios que estão no centro da crise da criminologia crítica. Segundo o autor (2006, p. 148):

> Esta crise se manifesta quando a partir da dimensão da definição, passamos a considerar a dimensão "comportamental". No primeiro caso o objeto de seu discurso é o sistema de justiça criminal. No rol de uma teoria e sociologia do direito penal, a criminologia concorre, na dimensão da definição, na realização do modelo integrado de ciência jurídico-penal entendida em sua função de controle "interno" do sistema de justiça criminal. Em sua dimensão comportamental, por outro lado, o objeto do discurso da criminologia crítica é o "referente material" das definições de criminalidade, atuais ou potenciais, mas em geral, as situações problemáticas relacionadas com o comportamento dos sujeitos individuais[33].

---

33 Tradução livre. No original: "Esta crisis se manifesta cuando, a partir de la dimensión de la definición, pasamos a considerar la dimensión 'comportamental'. En el

Para Baratta, tomando em consideração os resultados da investigação sociológica e histórico-social sobre o sistema de justiça criminal, a criminologia crítica deteve-se somente em uma de suas duas dimensões: a da definição. A dimensão comportamental é um "nó" que prende a criminologia crítica, pois diferente do que ocorre com a dimensão da definição, na dimensão do comportamento o universo de eventos objeto da criminologia – seja tradicional, seja crítica – não apresenta limites estáveis ou homogeneidade.

No caso da dimensão da definição a teoria e sociologia do Direito Penal e o discurso integrado da ciência jurídico-penal possuem um objeto que justifica epistemologicamente sua autonomia e competência para selecionar e organizar no interior de seu próprio discurso elementos de saberes específicos, o que dá o tom de sua interdisciplinaridade interna. No caso da dimensão do comportamento o discurso criminológico se dirige às situações--problema cumprindo a função de controle externo do sistema (BARATTA, 2006, p. 149).

Neste contexto, autonomia e competência deixam de existir, e o conjunto de fatos que são o objeto do discurso necessita da contribuição convergente de disciplinas acadêmicas e conhecimentos especializados diversos para cada área. Sem que nenhuma das esferas do conhecimento assuma a hegemonia em relação às demais dar-se-á o que Baratta chamou de interdisciplinaridade externa.

A concepção desta forma de interdisciplinaridade e seu emprego para a análise de situações socialmente problemáticas relacionadas com as ações dos sujeitos individuais, como também para o controle externo do sistema de justiça criminal, pressupõe, como

---

primer caso el objeto de su discurso es el sistema de justicia criminal. En el *rol* de una teoría y sociología del Derecho penal, la criminología crítica concurre, en la dimensión de la definición, en la realización del modelo integrado de ciencia jurídico-penal, entendida en su función de control 'interno' del sistema de justicia criminal. En su dimensión comportamental en cambio, el objeto del discurso de la criminología crítica es el 'referente material' de las definiciones de criminalidad, actuales o potenciales, mas en general, las situaciones problemáticas relacionables con el comportamiento de sujetos individuales".

aponta Baratta, teorias sobre a divisão e a organização do trabalho acadêmico e sobre a inter-relação entre este a política e a sociedade civil, enquanto referentes à função da ciência no processo de interação com a sociedade de acordo com o modelo democrático. Em relação à dimensão do comportamento na questão criminal, somente um discurso transversal pode, e é, epistemológica e politicamente legítimo. De modo que não existe futuro para a criminologia (qualquer que seja) se esta pretender encerrar em sua própria gramática todas as dimensões comportamentais relacionadas à violência, à violação de direitos e toda a sorte de problemas e conflitos que se referem à questão criminal.

O objetivo deste capítulo foi o de apresentar um panorama geral da criminologia, desde suas origens até os dias atuais. Com ele busquei traçar as linhas fundamentais de cada uma das criminologias escolhidas para o estudo, bem como demonstrar como a mulher aparece no contexto destas, nos marcos dos paradigmas criminológicos etiológicos e da reação social.

Ao longo deste primeiro capítulo descrevi *criminologias* e *paradigmas,* tentando aí "localizar" as mulheres. Mas, como resultado final destas primeiras linhas, o que restou foi a *inconformidade* ante processos de produção de conhecimento – e conhecimentos produzidos – que pouco ou nada dizem sobre as mulheres como sujeitos de realidades históricas, sociais, econômicas e culturais marcadas por diferenças decorrentes de sua condição.

Neste sentido, o próximo capítulo é motivado pelo *desassossego* oriundo da necessidade de construir um referencial criminológico no qual a(s) mulher(es) não seja(m) um "objeto" ou um elemento "incorporado". Meu objetivo, no degrau seguinte, é o de analisar as principais matrizes epistemológicas do feminismo e situar a teoria crítica feminista como a responsável por um novo paradigma em ciência, que entendo aplicável ao campo criminológico.

2
EPISTEMOLOGIA FEMINISTA

(...) nos perguntamos como é possível não querer proclamar a realidade das coisas diante de nossos "dominadores" e de nós mesmas, expressando assim nossa oposição aos silêncios e mentiras emanados dos discursos patriarcais e de nossa consciência domesticada. (Sandra Harding)

Compreende-se por epistemologia toda a noção ou ideia, refletida ou não, sobre as condições vitais para a constituição do conhecimento válido. É por via deste conhecimento válido que uma dada experiência social se torna intencional ou inteligível (SANTOS e MENESES, 2010, p. 15).

Nestes termos, partindo do pressuposto de que não há conhecimento sem práticas e atores sociais, e que ditas práticas e atores não existem senão no interior de relações sociais, diferentes tipos de relações sociais podem dar origem a diferentes tipos de epistemologias. Enfim, como dizem Boaventura de Sousa Santos e Maria Paula Meneses (2010, p. 15), "toda experiência social produz e reproduz conhecimentos e, assim procedendo, pressupõe uma ou várias epistemologias". Nas palavras do/a autor/a (2010, p. 15-16):

As diferenças podem ser mínimas e, mesmo se grandes, podem não ser objeto de discussão, mas, em qualquer caso, estão muitas vezes na origem das tensões ou contradições presentes nas experiências sociais sobretudo quando, como é normalmente o caso, estas são constituídas por diferentes tipos de relações sociais.

O desenvolvimento da ciência sempre esteve estritamente vinculado ao poder político, ou, mais amplamente, ao poder (JAPIASSÚ, 2007, p. 201-202). Como ensina Marilena Chauí, o saber é um trabalho que se constitui na negação reflexionante, ou seja,

53

numa negação que por sua própria força interna transforma algo que lhe é externo, resistente e opaco. O saber é o trabalho para elevar à dimensão do conceito uma situação de não saber, isto é, a experiência imediata cuja obscuridade pede o trabalho da clarificação (CHAUÍ, 2007, p. 16-17).

Mas, só há saber quando a reflexão aceita o risco da indeterminação que a faz nascer. Isto é, quando aceita o risco de não contar com garantias prévias e exteriores à própria experiência e à própria reflexão que a trabalha (CHAUÍ, 2007, p. 17). A ideologia, por outro lado, é refratária ao não saber que habita a experiência. Assim como também é hábil para assegurar uma posição graças à qual possa neutralizar a história, abolir as diferenças, ocultar as contradições e desarmar toda a tentativa de interrogação. Nas palavras de Marilena Chauí (2007, p. 17):

A ideologia teme tudo quanto possa ser instituinte ou fundador, e só pode incorporá-lo quando perdeu a força inaugural e tornou-se algo já instituído. Por essa via podemos perceber a diferença entre ideologia e saber, na medida em que, neste, as ideias são produto de um trabalho, enquanto naquela as ideias assumem a forma de conhecimentos, isto é, de ideias constituídas.

A passagem do que era instituinte à condição de discurso instituído nada mais é do que um movimento pelo qual a ideologia incorpora e consome as novas ideias, desde que tenham perdido as amarras com o tempo originário de sua instituição e, assim, fiquem fora do tempo.

Neste sentido, Nancy Fraser (1992, p. 119), ao discutir a equidade para a participação e a igualdade social necessárias à esfera pública, revela a existência de impedimentos informais que podem persistir mesmo após as pessoas terem recebido formal e legalmente o direito de participação. Segundo ela, a pesquisa feminista tem documentado uma síndrome de que, em espaços de discussão mistos, há uma tendência de que os homens interrompam as mulheres mais do que estas os interrompem; que os homens falem mais, por mais tempo, e com maior frequência que as mulheres; e que as intervenções das mulheres sejam mais vezes ignoradas ou não respondidas. Razão pela qual os membros de grupos sociais subordinados, tais como o das mulheres, dos negros e dos homossexuais têm encontrado vantagens em constituir públicos alternativos, que a autora designa como contrapúblicos subalternos, contrapostos ao espaço público único.

Para Fraser, os "públicos" são cenários paralelos nos quais os membros destes grupos sociais subordinados criam e circulam contradiscursos para formular interpretações condizentes com suas identidades, interesses e necessidades. Nestes espaços próprios, pondera Fraser, seria possível reduzir (embora ela reconheça que não eliminar), as desvantagens enfrentadas em esferas públicas "oficiais".

Como mostram os estudos de Sandra Harding (1987), esta "síndrome" também afeta o espaço científico. Segundo ela, até mesmo por razões de justiça social, as mulheres deveriam ter a mesma participação no desenho e administração das instituições que produzem e distribuem o conhecimento, mesmo porque a compreensão parcial e distorcida de nós mesmos e do mundo que nos rodeia se produz justamente na cultura que silencia sistematicamente a voz das mulheres.

Penso que o discurso feminista é geneticamente preparado para não se deixar absorver pelas armadilhas do discurso criminológico, que só aparentemente o inclui e que se apresenta como o discurso competente. Daí por que o processo de produção do conhecimento que pretendo sintetizar nesta obra funda-se em *uma* epistemologia feminista.

2.1. UMA TIPOLOGIA DAS EPISTEMOLOGIAS FEMINISTAS

Embora os estudos epistêmico-metodológicos feministas compartilhem das mesmas críticas à ciência tradicional, eles não podem ser considerados como um bloco único. Neste sentido, cabe esclarecer as diferentes categorias em que estes podem ser classificados que, conforme Sandra Harding, são: o empirismo feminista, o ponto de vista feminista (ou *standpoint*) e o feminismo pós-moderno.

2.1.1. *O empirismo feminista*

Surgido no campo da biologia e das ciências sociais, o empirismo feminista representa, de uma forma geral, a primeira vertente crítica feminista da ciência. Segundo esta corrente sexismo e androcentrismo são componentes da ciência. Entretanto, estes elementos são corrigíveis se o conhecimento que se produz estiver rigorosamente centrado em normas metodológicas tradicionais.

Trata-se, na realidade, nem tanto de uma "epistemologia feminista", mas da defesa de um paradigma empiricista-positivista, como afirma Harding (1996b). Pois, o sexismo e o androcentrismo poderiam ser eliminados dos resultados da investigação, se os cientistas simplesmente seguissem de forma mais rigorosa e cuidadosa os métodos existentes e as normas de pesquisa.

Esta corrente considera que o androcentrismo se localiza no contexto da justificação, ou seja, no momento da comprovação da hipótese e da interpretação dos dados. Significa dizer que não há androcentrismo no momento em que se identificam e definem os problemas (HARDING, 1996, p. 24). O empirismo, então, busca corrigir o que se conhece como "má ciência", mas acredita no modelo epistemológico tradicional. Nessa perspectiva, portanto, as regras metodológicas tradicionais permanecem intactas, tão somente agrega-se a perspectiva de gênero[1].

2.1.2. *O ponto de vista feminista (*standpoint*)*

Diferentemente da visão empirista, o ponto de vista feminista (ou *standpoint*), por sua vez, não se configura somente como uma perspectiva, mas indica uma posição que se obtém em vinculação com a luta política (HARDING, 1996b, p. 127). Esta epistemologia, que parte do pensamento hegeliano sobre a relação amo/escravo desenvolvido por Engels, Lukács e Marx (HARDING, 196, p. 124), partilha espaço na teoria crítica e tem

---

1 Atualmente, entretanto, por forte influência do pós-modernismo, de acordo com Lazo (2009, p. 44), o empirismo feminista já não tem uma postura tão inocente frente à ciência, de modo que tem contribuído para construir a epistemologia feminista.

a pretensão de deslegitimar a visão androcêntrica estabelecida da realidade social.

As mulheres são, assim, um novo sujeito histórico que traz consigo a capacidade de agregar novas formas de entender a natureza e a vida social (HARDING, 1996, p. 140). A condição de mulher é, assim, o resultado de uma criação histórica que define a mulher como ser social e cultural e o reveste de circunstâncias, qualidades e características essenciais peculiares.

O ponto de vista indica uma atitude política de ver o mundo desde o ângulo dos submetidos no plano social. Como diz Harding, (1996, p. 130) uma postura comprometida, não só intelectualmente, mas também social e politicamente. Baseia-se nas práticas dos movimentos de mulheres, na sua luta política, na sua experiência, na sua teoria (LAZO, 2009, p. 46). E, com isso busca transcender as dicotomias típicas da ciência. Ela aspira reconstruir os objetivos originais da ciência moderna para construir uma ciência sucessora (HARDING, 1996).

Segundo Harding são vários os motivos que justificam a supremacia da visão das mulheres sobre os demais pontos de vista. Um, porque a experiência das mulheres foi desvalorizada e ocultada na investigação científica.

Dois, também porque, as mulheres trazem uma visão externa e estranha da ordem social. Pois as mulheres não contribuíram com a conformação desta ordem, menos ainda com a produção do conhecimento hegemônico. Assim, a investigação feminista supõe, justamente, a possibilidade de confrontar a experiência "como mulher" com o conhecimento hegemônico.

Três, em razão de que as mulheres têm mais interesse em apresentar suas críticas à ordem estabelecida. Ao distanciar-se dessa ordem, perdem muito pouco e, em contrapartida, têm muito a ganhar ao desmascarar o androcentrismo da ciência e do conhecimento.

Quatro, porque as mulheres têm protagonizado uma luta política árdua contra a dominação masculina. E isso possibilita uma maior clarividência para demonstrar a opressão. E, cinco, porque a visão do cotidiano das mulheres é *fonte de conhecimento revolucionário* (LAZO, 2009, p. 47).

Trata-se de uma epistemologia que sustenta a legitimidade dos apelos à subjetividade e à necessidade de unir os campos intelectual e emocional (HARDING, 1996, p. 124-127). Observando a forma relacional e concreta das mulheres é possível captar aspectos diferentes da natureza e da vida social que são inacessíveis em investigações baseadas nas atividades características dos homens.

Não há acordo entre as feministas sobre se o ponto de vista trata-se de uma epistemologia, metodologia ou método. Sandra Harding inicialmente afirmava não crer na existência de uma metodologia feminista. Contudo, revisitando um artigo de sua autoria, escrito nos anos oitenta, diz que a teoria do ponto de vista feminista (que ela ajudou a construir) foi, ao longo dos anos, valiosamente interpretada como um método de investigação.

Seja como for, esta teoria/método nos conduz, a partir da vida das mulheres, a identificar em que condições, dentro das relações naturais e/ou sociais se necessita investigação, e o que pode ser útil (para as mulheres) que se interrogue nestas situações[2]. Segundo Harding (2002, p. 33):

> "ao começar pela vida das mulheres" para identificar e formular as perguntas para a investigação se tem criado, dentro da investigação feminista em ciências sociais e naturais padrões de conhecimento distintos. Assim, ainda que esta via para produzir conhecimento não é normalmente o que aqueles/as que se dedicam a pensar em "métodos" tenham em mente, seria, entretanto, razoável sustentar que existe um método de investigação feminista distinto; isto é, que há um "método" específico produzido pelos feminismos.

Segundo a teoria do ponto de vista feminista, as relações entre poder e conhecimento partem do pressuposto de que a posição privilegiada e hegemônica dos homens na ordem social lhes

---

2 No geral, as feministas mostram certa convergência com os questionamentos relativos à racionalidade e objetividade absoluta que supostamente caracterizam o conhecimento científico. Margrit Eichler, por exemplo, argumenta em favor de uma prática não sexista de investigação. Adota, entretanto, a possibilidade de explicar a realidade por meio de, pelo menos, uma objetividade parcial, cujo objetivo é chegar a uma objetividade "mais acertada".

oferece uma visão de mundo que reflete seus interesses e valores, o que significa a construção de um "conocimiento parcial y perverso" (Harding, 1996, p. 24).

Neste sentido, os grupos minoritários têm uma posição epistemológica privilegiada na medida em que, conhecendo o discurso dominante, formula novos discursos potencialmente críticos decorrentes de sua posição na ordem social. As mulheres, como um grupo social tradicionalmente dominado e excluído, desenvolvem, assim, um conhecimento mais completo, de modo a renovar e melhorar a própria ciência.

2.1.3. *O feminismo pós-moderno*

O pensamento pós-moderno abarca uma diversidade significativa de autores/as, que questionam qualquer tentativa de universalidade e totalidade no conhecimento. O feminismo pós-moderno[3], neste sentido, parte de pressupostos completamente

---

3 De acordo com Ana Gabriela Macedo (2006), para algumas correntes do feminismo, o pós-feminismo encontra-se próximo do discurso do pós-modernismo, pois ambos visam desconstruir/desestabilizar o gênero enquanto categoria imutável e fixa. A origem do movimento está no final dos anos sessenta, na França, entre as chamadas teóricas da diferença como Júlia Kristeva e Hélène Cixous. Segundo esta corrente, a subjetividade masculina e feminina são intrinsecamente distintas, sendo o conceito mesmo de subjetividade múltiplo e instável. Para outras correntes do feminismo a aproximação entre pós-feminismo e pós-modernismo é problemática. No lugar disso, o pós-feminismo é visto como que incorporando um feminismo de "terceira vaga", identificado muito mais com a agenda liberal e individualista do que com os objetivos coletivos e políticos. Isso parte de uma pressuposição de que as principais reivindicações de igualdade entre os sexos já foram atendidas e que o feminismo deixou de representar adequadamente as preocupações e anseios das mulheres nos dias atuais. Esta visão do "pós" conservador e acomodado, por seu turno, como diz Macedo, tem sido identificada com o chamado *backlasch* ideológico do feminismo (ou contrafeminismo) defendido por Camile Paglia e Christina Hoff Sommers. Além destas duas acepções, o termo pós-feminismo tem sido identificado não como um contrafeminismo, mas como uma corrente que focaliza de forma privilegiada a representação e a mídia, a produção e a leitura de textos culturais, e mostra-se empenhada, por um lado, em reafirmar as batalhas já ganhas pelas mulheres e, por outro, reinventar o feminismo como tal buscando fortalecê-lo, entendendo ser necessário que as mulheres se tornem novamente reivindicativas e mais empenhadas em lutas em várias frentes. Nesta corrente estariam Teresa de Lauretis, Griselda Pollock, Susan Bordo, Elizabeth Grozz, Germaine Greer, Judith

distintos dos que justificam a ciência moderna. Ele abandona o marco conceitual do humanismo e da Ilustração. E daí, sua oposição à teoria do ponto de vista que tratamos acima.

O pós-modernismo, que é, principalmente, desconstrutivista, toma como ponto essencial o significado dos fenômenos e dos discursos e, deste modo, pretende servir a objetivos libertadores e críticos na busca pela deslegitimação dos discursos de opressão próprios do pensamento hegemônico. Ele questiona a transcendência desse pensamento, abrindo espaço para possibilidades alternativas.

Vem da reflexão feminista pós-moderna todo o trabalho intelectual sobre a (des)construção social e discursiva do gênero ou do sexo. Para Judith Butler (2003), por exemplo, as categorias *sexo* e *gênero* não se sustentam. De acordo com a autora, em que pese "os cientistas sociais se referirem ao gênero como um 'fator' ou 'dimensão' de análise, ele é também aplicado a pessoas reais como uma 'marca' de diferença biológica, linguística e cultural" (2003, p. 28). Para autora (2003, p. 45):

O gênero só pode denotar uma *unidade* de experiência, de sexo, gênero e desejo quando se entende que o sexo, em algum sentido, exige um gênero – sendo o gênero uma designação psíquica e/ou cultural do eu – e um desejo – sendo o desejo heterossexual e, portanto, diferenciando-se mediante uma relação de oposição ao outro gênero que ele deseja. A coerência ou unidade internas de qualquer dos gêneros, homem ou mulher, exigem assim uma heterossexualidade estável e oposicional. Essa heterossexualidade institucional exige e produz, a um só tempo, a univocidade de cada um dos termos marcados pelo gênero que constituem o limite das possibilidades de gênero no interior do sistema de gênero binário oposicional.

Segundo Butler a concepção de gênero além de pressupor uma relação causal entre sexo, gênero e desejo sugere, da mesma

---

Butler e Donna Haraway. Conforme Macedo, o conceito de pós-feminismo poderá então traduzir uma multiplicidade de feminismos, ou de um feminismo "plural", que reconhece o fator da diferença como uma recusa da hegemonia de um feminismo sobre o outro, sem, contudo, desconsiderar as lutas já vencidas, ou reificar ou "fetichizar" o próprio conceito de diferença.

forma, que o sexo reflete ou exprime o desejo. Está suposto, assim, que a unidade metafísica dos três seja realmente conhecida e expressa em um desejo diferenciador pelo gênero oposto, ou seja, em um modo de heterossexualidade oposicional. Butler (2003, p. 45) arremata este raciocínio dizendo que:

> O "velho sonho da simetria", como chamou-o Irigaray, é aqui pressuposto, reificado e racionalizado, seja como paradigma naturalista que estabelece uma continuidade causal entre sexo, gênero e desejo, seja como um paradigma expressivo autêntico, no qual se diz que um eu verdadeiro é simultânea ou sucessivamente revelado no sexo, no gênero e no desejo.

Entende, a pensadora, que, para reinventar as normas de gênero, é necessário repensá-las a partir de citações performáticas. Assim, a própria transgressão de um corpo de mulher imitar a masculinidade é um marco de subversão. Segundo ela, na ressignificação aparentemente natural entre os corpos masculinos e o desejo heterossexual, as relações lésbica/mulher não meramente replicam de modo levemente diferente as relações heterossexuais de homens/mulheres. Ao contrário, elas reconstituem essas relações, misturando as categorias e destruindo as relações causais geralmente tidas como base da cadeia significativa heteronormativa que alinha os corpos masculinos com a masculinidade, projetando o desejo de tais corpos (CHANTER, 2011, p. 56).

Donna Haraway, outra representante do feminismo pós-moderno, afirma que os limites do humano desapareceram da experiência social contemporânea. A autora rechaça o humanismo, cujos projetos considera essencialmente imperialistas. Entende que, se a ficção humanista do "homem universal" criado pela Ilustração já não se sustenta, tampouco pode se sustentar uma categoria "mulher". Assim, não sendo aceitável a existência de "uma mulher" como objeto de teorização, também não é aceitável que a "mulher" possa ser sujeito de conhecimento.

Segundo a visão pós-moderna, embora as identidades dos sujeitos sejam impostas socialmente, estes mesmos sujeitos são capazes de subvertê-las. Como diz Butler (2003), se a identidade não é única, e não está fixada de maneira permanente, as pessoas podem escolher também desde que perspectiva se posicionar.

O feminismo pós-moderno busca, em síntese, a solidariedade política e epistemológica de identidades fragmentadas que se opõe à ficção do humano naturalizado, essencializado e único. Com isso será possível, segundo Haraway (1995), enfrentar as opressões, perversões e explorações que essa mesma ficção criou.

2.2. O CONHECIMENTO SITUADO E A CRÍTICA À OBJETIVIDADE

Os estudos feministas, desde seu início, se apresentam como um contraponto à tradição científica positivista, que busca a verdade absoluta a partir de uma concepção de ciência marcada, de um lado, pela neutralidade e, de outro, por uma metodologia imune às influências sociais. Abandonar esses "dogmas do empiricismo", tal como os denominou Sandra Harding (1996), na perspectiva feminista, é fundamental para entender a ciência como uma atividade social plena.

Neste sentido, duas questões são comuns aos três tipos de abordagem epistemológica feministas, visto que todas se fundam no rechaço às teorias totalizantes e na defesa do pluralismo. A primeira é a ideia de sujeito conhecedor ou de conhecimentos situados, formulado por Donna Haraway (1995). E, a segunda, o problema da objetividade.

Diferentemente da ciência tradicional que afirma existir um mundo, uma verdade, e uma só ciência que se encarrega de compreendê-lo, a ideia de que o conhecimento seja situado, e que o sujeito conhecedor/a também, indica perspectivas particulares de sujeito. Desta forma, o feminismo rompe com a concepção do sujeito mítico cognoscente universal, que é único e eterno.

O que se conhece, e como se conhece, depende da situação e da perspectiva do sujeito conhecedor/a. E esta situação depende de múltiplos fatores e situações sociais, tais como raça, orientação sexual, origem, região do mundo em que vive. O sexo-gênero forma uma situação social e, assim como todos os demais elementos, não é externo ao conhecimento, mas parte integrante dele.

Sandra Harding (1996), entretanto, embora parta da concepção de que o conhecimento é situado a partir de um contexto, rejeita o relativismo absoluto ou indiscriminado, propondo a busca de uma objetividade que não se maximiza através da neutralidade com respeito aos valores, como faz a ciência tradicional. Segundo ela somente os valores coercitivos – como é o racismo, o classismo e o sexismo – deterioram a objetividade. Mas, em oposição a estes valores coercitivos, existem valores participativos (de não racismo, não classismo ou não sexismo) que diminuem as deformações e mistificações das explicações e ideias de nossa cultura. Segundo Harding (1996, p. 215), estes valores participativos são condições prévias constituintes ou uma reconceituação da objetividade.

A introdução do elemento valorativo participativo à análise incrementa de fato a objetividade da pesquisa, ao mesmo tempo em que diminui o objetivismo que tende a ocultar este tipo de evidência ao público. Para Harding, esta forma de relação entre o pesquisador e o objeto de investigação denomina-se como a "reflexividade da ciência social" que se pode perceber pela *praxis* feminista de produção do conhecimento definida a partir de elementos metodológicos (visto que mostram como aplicar a estrutura geral da teoria científica à investigação sobre as mulheres e sobre o gênero) e elementos epistemológicos que implicam teorias do conhecimento diferentes das tradicionais.

Trata-se de uma objetividade *forte*, que se estabelece a partir do consenso social e tem uma função diferencial: a de escolher dentre os diferentes marcos teóricos os que deve aplicar continuamente o princípio da reflexividade, com o fim de revisar e especificar os valores que determinam o que se estabelece como objetivo.

2.3. A REVOLUÇÃO EPISTÊMICA DA CATEGORIA GÊNERO

O sistema sexo-gênero (conceito geralmente expresso como gênero) surgiu no pensamento ocidental do final do século XX em um momento de grande confusão epistêmica entre humanistas, pós-estruturalistas, pós-modernistas etc. E a sua utilização não implicou uma mera revisão das teorias existentes, mas uma revolução epistemológica (SCOTT, 2008).

Historicamente foram Kate Millet, autora da obra *Sexual Politics* (1970), e Gail Rubin, com o artigo *The Traffic in Women:*

Notes on the "Political Economy" of Sex (1975) as primeiras teóricas a oferecer um conteúdo ao conceito de gênero. Millet referia-se ao mesmo enquanto categoria analítica, e Rubin como um sistema de organização social. De um modo geral, entretanto, ambas conceberam o gênero como um sistema de relações sociais que transforma a sexualidade biológica em um produto da atividade humana (AMORÓS e MIGUEL ALVAREZ, 2005, p. 31).

Desde os anos setenta, portanto, o feminismo conhece do conceito de gênero para fazer referência à construção cultural do feminino e do masculino através de processos de socialização que formam o sujeito desde a mais tenra idade. O conceito foi libertador porque permitiu às mulheres demonstrar que a opressão tinha como raiz uma causa social, e não biológica ou natural.

Já na década de noventa, Joan Scott revoluciona o próprio conceito de gênero, ao apresentar uma de suas mais conhecidas e utilizadas definições. Segundo Scott (2003) o gênero seria tanto o elemento constitutivo das relações sociais baseadas nas distinções que diferenciam os sexos, como também, uma forma primária de relações significantes de poder.

Enquanto elemento constitutivo, o gênero pressupõe a construção social dos indivíduos que se relaciona à ideia de mulher e de homem. Nessa construção, é de vital importância a difusão de símbolos culturalmente disponíveis que agregam representações múltiplas sobre o feminino e o masculino. Os símbolos, dotados de uma ideia de permanência intertemporal, são interpretados e introduzidos através de conceitos normativos, tais como os encontrados nas doutrinas religiosas, nas práticas educacionais e nas leis.

Como forma primária de relações de poder, por sua vez, o gênero é um campo primário no qual, ou mediante o qual, se articula o poder. Ou seja, o gênero tem sido uma forma habitual de facilitar a significação do poder. O gênero se dissolve na conceitualização e constituição do próprio poder (SCOTT, 2003).

De outra banda, o gênero também confere aos indivíduos identidades subjetivas mediante um ato de sujeição. Daí por que as condutas, desejos, vontades e ações estarem condicionados por processos de socialização. Assim, o sistema sexo-gênero se coloca como uma variável fundamental da organização da vida social através da história e da cultura da Modernidade.

Toda a atividade social, incluída a produção científica, tem como tração este sistema (HARDING, 1996, p. 30-32). Por esse motivo, gênero é a ferramenta analítica, ou a categoria teórica, da epistemologia feminista que permite compreender como a divisão da experiência social tende a dar a homens e mulheres concepções diferentes deles/as próprios/as, de suas atividades e crenças, e do mundo que as/os cerca (HARDING, 1996, p. 29).

O estudo da condição da mulher, através da ótica de gênero, representa a ruptura epistemológica mais importante das últimas décadas nas ciências sociais, pois, a partir daí, são desnudados estudos que invisibilizam a mulher, e tomam a perspectiva masculina como universal e como protótipo do humano em uma visão claramente androcêntrica (FACIO, 1995, p. 30).

2.3.1. Gênero ou patriarcado?

O conceito de patriarcado é antigo, e não necessariamente uma contribuição das teorias feministas. Engels, em *Estado, Família e Propriedade Privada*, se refere a ele como o mais antigo sistema de dominação. E tanto ele, quanto Max Weber, concordam que o patriarcado tem relação com um sistema de poder e, portanto, de domínio do homem sobre a mulher (FACIO, 1999). Entretanto, são as teorias feministas que atualizam este conceito, que foi praticamente abandonado pelos cientistas sociais, servindo somente para caracterizar civilizações antigas.

Pode-se entender por patriarcado a manifestação e institucionalização do domínio masculino sobre as mulheres e crianças da família, e o domínio que se estende à sociedade em geral. O que implica que os homens tenham poder nas instituições importantes da sociedade, e que privam as mulheres do acesso às mesmas. Assim como também, se pode entender que o patriarcado significa uma tomada de poder histórica pelos homens sobre as mulheres, cujo agente ocasional foi a ordem biológica, elevada tanto à categoria política quanto econômica.

Alda Facio (1999) sintetiza esta discussão dizendo que o patriarcado é um sistema que justifica a dominação sobre a base de uma suposta inferioridade biológica das mulheres, que tem origem na família, cujo comando por milênios foi exercido pelo pai, e que se projeta em toda a ordem social. Esse poder é sustentado por um conjunto de instituições da sociedade política e civil articulados para manter e reforçar o consenso expressado em uma ordem social, econômica, cultural, religiosa e política, que determina que as mulheres estejam sempre subordinadas aos homens, ainda que uma ou várias mulheres tenham algum poder, ou mesmo muito poder, ou que todas as mulheres exerçam certo tipo de poder.

O patriarcado se mantém e reproduz, em suas distintas manifestações históricas, através de múltiplas e variadas instituições cuja prática, relação ou organização, a par de outras instituições, operam como pilares estreitamente ligados entre si para a transmissão da desigualdade entre os sexos e a convalidação da discriminação entre as mulheres. Estas instituições têm em comum o fato de contribuírem para a manutenção do sistema de gênero, e para a reprodução dos mecanismos de dominação masculina que oprimem a todas as mulheres.

Para Facio, em todos os sistemas patriarcais se encontra uma série de características comuns. São elas: Um, se tratar de um sistema histórico, ou seja, que tem um início na história, e não é natural[4]. Dois, se fundamenta no domínio do homem através da violência contra a mulher, institucionalizada e promovida através das instituições da família e do Estado[5]. Três, ainda que existam homens em relações de opressão, em todo o sistema patriarcal, as mulheres

---

4 Nas palavras de Facio: Esto resulta de fundamental importancia puesto que, por una parte da cuenta de la exclusión histórica que han vivido las mujeres al negárseles la posibilidad de registrar su historia y por otra, permite concebir la posibilidad de cambio en la situación de las mujeres.

5 Como explica Alda Facio: Todo sistema de dominación requiere de la fuerza y el temor – en otras palabras la aplicación o amenaza del dolor – para mantener y reproducir los privilegios de aquellos que dominan. Dicha violencia se instala en los cuerpos de las mujeres quienes quedan sujetas al control sexual y reproductivo de los varones, en particular de aquel que se atribuye su dominio.

em cada um dos grupos oprimidos, mantêm uma relação de subordinação frente ao varão[6]. E, quatro, no patriarcado as justificações que permitem a manutenção do domínio sobre as mulheres tem sua origem nas diferenças biológicas entre os sexos que são lidas em termos de superioridade de um sexo sobre outro[7]. Assim, tanto as religiões, no princípio, quanto as ciências médicas, posteriormente, contribuíram para a criação de inúmeros argumentos que sustentam os privilégios masculinos em diferentes sociedades.

O patriarcado, enquanto teoria universal e totalizante, é, entretanto, um tema controverso no campo dos estudos feministas. Críticas que se centram, basicamente, nos argumentos de que: a) o uso do termo "patriarcado" em função do caráter a-histórico, fixo e determinante impregnado em seu conceito;

---

6 Es directa cuando la relación de subordinación es entre la mujer y un hombre de su misma categoría o superior y es indirecta o simbólica cuando la subordinación de la mujer se da en relación a un varón perteneciente a una categoría inferior. El hecho de que se trate fundamentalmente de un sistema de dominio que se ejerce sobre las mujeres no implica que todos los hombres gocen de los mismos privilegios. En efecto, si bien en sus orígenes históricos pudo ser así, la experiencia de dominación aprendida sirvió para que algunos grupos de hombres la proyectaran hacia otros grupos, sea de personas o de animales, instalando las jerarquías como categoría o distinción válida en la convivencia social. Así, el paradigma de lo humano, el varón blanco, rico, en edad productiva, sin discapacidades físicas y heterosexual fija el punto máximo de la jerarquía respecto de cualquier otra condición o variable. Las mujeres no son parte de esta jerarquía en tanto constituyen lo otro, aquello que no es. De ahí que su subordinación se define siempre en función del varón independientemente de la categoría que él o ella tengan. Ahora bien si la mujer comparte una de las condiciones que sitúan al varón en una de las categorías inferiores en la escala jerárquica entre hombres, dicha condición se hace parte de la de género y se convierte en una triple discriminación. Así, la mujer que comparte su condición de raza negra con el varón de su misma categoría, frente al máximo de la jerarquía entre varones resulta más discriminada que el varón negro, por ser mujer, por ser negra y por ser mujer negra.

7 Hombres sabios y religiosos de acuerdo a la historia patriarcal han estigmatizado a la mujer como un ser inferior y sucio por sus flujos menstruales. Le han negado su calidad de humana al señalarla como criatura sin alma y han legitimado la violencia en su contra por ser el instrumento del diablo. Otros supuestamente célebres por sus aportes a las ciencias como Darwin, Spencer y otros han mantenido esta línea de argumentación al decir que las mujeres son seres incompletos en su evolución lo que se demostraría en la existencia de períodos menstruales y en la subsecuente inmadurez emocional.

b) o conceito de patriarcado, tomado de Weber, tem delimitações históricas claras, tendo sido utilizado para descrever um tipo de dominação assegurada pela tradição, na qual o senhor é a lei e cujo domínio refere-se a formas sociais simples e a comunidades domésticas; e c) na medida em que a família e as relações entre os sexos mudaram, a ideia de patriarcado cristaliza a dominação masculina, pois impossibilita pensar a mudança (KOLLER e NAVAZ, 2006). Seria, portanto, inadequado falar, na modernidade, em "sociedade patriarcal". Nas palavras das autoras Koller e Navaz (2006, p. 50):

> o patriarcado moderno vigente alterou sua configuração, mas manteve as premissas do pensamento patriarcal tradicional. O pensamento patriarcal tradicional envolve as proposições que tomam o poder do pai na família como origem e modelo de todas as relações de poder e autoridade, tal como vigeu na Idade Média e da modernidade até o século XVII. O discurso ideológico e político que anuncia o declínio do patriarcado, ao final do século XVII, baseia-se na ideia de que não há mais os direitos de um *pai* sobre as mulheres na sociedade civil. No entanto, uma vez mantido o direito natural conjugal dos homens sobre as mulheres, como se cada homem tivesse o direito natural de poder sobre a esposa, há um *patriarcado moderno.*

Lia Zanotta Machado (2000) ilumina a questão, ao falar da existência de um *"patriarcado contemporâneo"* que foi alterando suas configurações ao longo da história na forma de um patriarcado moderno. Segundo a autora a diversidade da história ocidental das posições das mulheres, em contextos de transformação e de contradições, dificilmente pode ser remetida a uma ideia unitária ou totalizante de patriarcado, a não ser como uma alusão à constante (mas jamais igual) modalidade de dominação masculina.

Trazendo a questão para o campo conceitual, é de entender, com Machado, que o conceito de "relações de gênero" não veio substituir o de "patriarcado", mas sim, o de "condições sociais da diferença sexual", o de "relações sociais de sexo", e o de "relações entre homens e mulheres". Entendeu-se que estas expressões permaneciam aprisionadas nas narrativas da naturalização e da biologização das relações entre homens e mulheres, dificultando o desenvolvimento das análises que pretendiam chegar à radical ruptura com a naturalização da situação das diferenças sexuais (MACHADO, 2000, p. 4).

Como ensina Lia Zanotta Machado (2000), os estudos a partir do "gênero" abrem a possibilidade de novas indagações, muitas vezes não feitas, porque o uso exclusivo de "patriarcado" parece conter de uma só vez todo um conjunto de relações, sendo um sistema ou forma de dominação que tudo explica. A força do conceito de gênero está, sob este prisma, na produção de novas questões e na possibilidade de dar mais espaço para dar conta das transformações na contemporaneidade.

Gênero é uma categoria classificatória que se constitui como o ponto de partida para desvendar as mais diferentes e diversas formas de as sociedades estabelecerem as relações sociais entre os sexos, e circunscreverem cosmologicamente a pertinência da classificação de gênero. Com ele é possível indagar sobre as formas simbólicas e culturais do engendramento social das relações sociais de sexo, e de todas as formas em que a classificação do que se entende por masculino e feminino é pertinente e faz efeito, sobre as mais diversas dimensões das diferentes sociedades e culturas (MACHADO, 2000, p. 5).

Com o uso do conceito de gênero, para Machado, podem-se produzir novas indagações sobre todas as formas societárias, a partir da pergunta de como são engendradas as relações de gênero em todas as dimensões do social, e de como as concepções de gênero afetam transversalmente todas as sociedades. A busca das diferenças e das diversidades se torna fecunda, e o intercâmbio entre as disciplinas se aprofunda, pois conceito de gênero não se circunscreve a um momento histórico, nem a uma prévia configuração de uma forma de dominação.

Em síntese o conceito, teorias e/ou perspectivas de gênero, assim como o moderno entendimento de como se conforma o patriarcado ou o sistema de dominação patriarcal são produto das teorias feministas, isto é, de um conjunto de saberes, valores e práticas explicativas das causas, formas, mecanismos, justificações e expressões da subordinação das mulheres. Gênero e o conceito de patriarcado se enriquecem dinamicamente, no processo de desenvolvimento de opiniões políticas de transformação das relações entre homens e mulheres, tal como propõem os diversos feminismos (FACIO, 1999).

2.3.2. Críticas ao conceito de gênero

Mais recentemente, como se pôde antever quando tratei do feminismo pós-moderno, muitas teóricas feministas (pós-modernas ou pós-estruturalistas) lançam inúmeras críticas ao conceito de gênero. Basicamente, apontam-se os seguintes problemas: um, que o sexo não pode ser um ponto de partida para a construção do gênero, mas tão somente sua dimensão física; e, dois, que gênero é uma abstração e uma generalização que invisibiliza a diversidade, a questão de raça e a questão de classe.

Para Linda Nicholson (2000), por exemplo, a utilização do termo gênero é até certo ponto contraditória, pois, de um lado, o conceito de gênero foi desenvolvido e é sempre usado em oposição ao sexo, para descrever o que é socialmente construído, em oposição ao que é biologicamente dado. Mas, de outro, este mesmo conceito – gênero –, tem sido cada vez mais usado "como referência a qualquer construção social que tenha a ver com a distinção masculino/feminino, incluindo as construções que separam corpos 'femininos' de corpos 'masculinos'".

Segundo a autora, na primeira acepção, gênero é pensado em relação à personalidade e ao comportamento, não ao corpo. Assim, "gênero" e "sexo" são conceitos distintos. Já a segunda acepção, teve como origem o fato, do qual muitos se aperceberam, de que a sociedade forma não só a personalidade e o comportamento, mas também as maneiras como o corpo aparece.

Nicholson (2000) entende que, mesmo tendo predominado no discurso feminista a segunda acepção, a herança do primeiro sobrevive. Segundo ela: "o 'sexo' permanece na teoria feminista como aquilo que fica de fora da cultura e da história, sempre a enquadrar a diferença masculino/feminino".

Tomo posição.

Quanto à primeira crítica (a de que o sexo não pode ser um ponto de partida para a construção do gênero, mas tão somente sua dimensão física) me parece suficiente a resposta dada por Joan Scott para quem, citada por Nicholson (2000):

> Gênero é a organização social da diferença sexual. Mas isso não significa que o gênero reflita ou produza diferenças físicas fixas e naturais entre mulheres e homens; mais propriamente, o gênero é o conhecimento que estabelece significados para diferenças corporais. (...) Não podemos ver as diferenças sexuais a não ser como uma função de nosso conhecimento sobre o corpo, e esse conhecimento não é puro, não pode ser isolado de sua implicação num amplo espectro de contextos discursivos.

Quanto à segunda crítica (a de que gênero é uma abstração e uma generalização que invisibiliza a diversidade, a questão de raça e a questão de classe), penso que a ela responde Nancy Fraser, ao conceituar gênero como uma categoria bivalente.

Segundo Fraser, corriqueiramente, as demandas reivindicatórias dos diferentes movimentos sociais são categorizadas em basicamente dois modelos que se ajustam ou à política de redistribuição ou à política de reconhecimento, sendo um desafio trabalhar os casos difíceis que de modo simultâneo se ajustam a ambas as orientações. Tal como afirma Nancy Fraser (2008), o gênero apresenta esta complexidade.

O trabalho estanque das categorias de redistribuição e reconhecimento pressupõe uma delimitação de tipos ideais de coletividades. A classe trabalhadora é, por exemplo, um tipo ideal ao qual a injustiça de fundo encontra-se na má distribuição socioeconômica, a partir da qual derivam as injustiças de ordem cultural.

Como lembra Fraser (2008, p. 172) "a última coisa que o proletariado precisa é do reconhecimento de sua diferença. Pelo contrário, a única forma de solucionar a injustiça é reestruturar a política econômica de tal maneira que ponha o proletariado fora de questão como um grupo distinto".

De outra banda, tomada a sexualidade como exemplo, a diferenciação social entre homossexuais e heterossexuais está fundada em uma ordem social de *status* a partir de "padrões institucionalizados de valor cultural que constituem a heterossexualida-

71

de como natural e normativa e a homossexualidade como perversa" (FRASER, 2008, p. 173).

Difusamente institucionalizados, tais padrões heteronormativos de valor geram formas sexualmente específicas de subordinação de *status*, incluindo "tratamentos" psiquiátricos, agressões e homicídios, exclusão dos direitos ao casamento, acesso diminuído ao emprego, à educação, enfim a exclusão e marginalização da sociedade civil e da vida política. Em princípio, a superação da homofobia e do heterossexismo tem como remédio o reconhecimento e não a redistribuição, posto ser necessária a desinstitucionalização do padrão heteronormativo de valor e sua substituição por padrões que expressem igual respeito para com gays e lésbicas. Como ressalta Fraser, os temas estão claramente ligados aos dois extremos do espectro conceitual. De modo que, se lidamos com coletividades que se aproximam do tipo ideal da classe trabalhadora explorada, estaremos ante as injustiças que exigem remédios redistributivos, uma política de redistribuição. E, por outro lado, se lidamos com coletividades homossexuais, nos deparamos com injustiças por não reconhecimento que requerem remédios de reconhecimento.

Os problemas surgem quando nos afastamos destes dois extremos e nos confrontamos com coletividades que estão no meio do caminho entre as exigências por redistribuição e reconhecimento. Estas categorias seriam, no entendimento de Fraser, coletividades "bivalentes". Ou seja, pautados ao mesmo tempo na estrutura econômica e de *status* na sociedade, estes grupos subordinados sofrem tanto com a má distribuição quanto com o não reconhecimento, de tal maneira que "nenhuma destas injustiças é um efeito indireto da outra, mas ambas primárias e co-originárias" (FRASER, 2008, p. 174).

Da perspectiva da ordem de *status* o gênero abrange elementos mais próximos da sexualidade do que da classe, o que o lança na problemática do reconhecimento, a partir do momento em que codifica padrões difundidos de valor cultural, que são centrais para a ordem do *status* caracterizada pelo androcentrismo, e que gera formas de subordinação que incluem a violência sexual, os estupros em massa como arma de guerra, a mutilação genital, a negação da liberdade reprodutiva e da autodeterminação sexual, dentre outras.

Da perspectiva distributiva, o gênero estrutura não somente, ainda hoje, a divisão entre trabalho produtivo remunerado e trabalho reprodutivo e doméstico não remunerado, bem como, dentro da categoria do trabalho remunerado, os trabalhos melhor e pior remunerados.

O gênero é, portanto, uma categoria bivalente que combina uma dimensão de classe, que o lança no âmbito da redistribuição, com uma dimensão de *status* que o coloca, simultaneamente, no âmbito do reconhecimento. E, com tal característica, constitui-se na categoria analítica básica da epistemologia feminista.

Lia Zanotta Machado, por sua vez, diz ser possível falar da construção de um novo paradigma metodológico pelas análises de gênero. Em primeiro lugar, porque se está diante da afirmação compartilhada da ruptura radical entre a noção biológica de sexo e a noção social de gênero. Em segundo lugar, porque se está diante da afirmação da importância metodológica das relações de gênero, sobre qualquer substancialidade das categorias de mulher e homem ou de feminino e masculino. E em terceiro lugar, porque se está também diante da afirmação da transversalidade de gênero, isto é, do entendimento de que a construção social de gênero perpassa as mais diferentes áreas do social (MACHADO, 1998, p. 108).

Segundo a antropóloga os estudos de gênero se organizam em torno a paradigmas metodológicos de uma forma semelhante ao que ocorre nos saberes disciplinares, mas também de uma outra forma distinta e peculiar (MACHADO, 1998, p. 109). E com estes estudos de gênero e as indagações sobre as epistemologias que as feministas introduziram, ao lado dos outros estilos de fazer ciência social, surgiu um estilo que dá mais lugar à reflexão sobre a subjetividade do/a autor/a e da construção das subjetividades dos/as sujeitos sociais. Segundo ela, "com certeza, sem deslocar o outro estilo mais objetivista, produziu-se outra forma de escrever ciência" (MACHADO, 1998, p. 116).

Para Amorós e Miguel Alvarez (2005) a teoria feminista que se elabora sem levar em consideração a sua história corre o risco de reproduzir no pensamento sobre a emancipação das mulheres o modo simbólico com que o patriarcado tem representado a tarefa feminina. Ou seja, como um permanente fazer e desfazer cujos referenciais emblemáticos seriam o mito de Sísifo e o constante coser e descoser de Penélope. Isso, segundo as autoras, não significa que não se deva fazer uma crítica permanente às limitações ou possíveis inadequações da produção feminista, pois a história da teoria feminista é a história de seus debates.

Ao longo de três séculos, como dizem as autoras, tanto as condições históricas da liberação das mulheres, como os paradigmas teóricos que eram oferecidos para tematizar sua problemática, mudaram profundamente. E, como não poderia ser diferente, isso se reflete na teoria e prática feminista. Entretanto, existe um fenômeno recorrente na história da teoria feminista que é o de reinventar o universo do discurso como se sempre se partisse do zero[8].

Parece-me que, com essa crítica, Amorós e Miguel Alvarez (2005, p. 33) não pretendem que conjuntamente como gênero não se deva incorporar as vozes de diferentes grupos de mulheres em função da raça e classe, pois isso é absolutamente pertinente. Entretanto, o que elas dizem é que quando são esquecidos os esforços teóricos desenvolvidos por longas décadas, esquece-se também, injustamente, que vem daí a possibilidade de autonomia feminista. E que, desde o ponto de vista teórico, isso traz também consequências indesejáveis, pois a desatenção com o que já foi construído gera discursos totalmente autorreferidos. E isso é muito sério em termos estratégicos.

---

8 De acordo com as autoras, "Si queremos ser reconocidas en el mundo de la política, la historia y la cultura, debemos empezar por reconocer a nosotras mismas, por autoinstituir nuestros propios referentes y reconstruir los elementos de continuidad de un camino zigzagueante y sinuoso, sin duda, como no podría ser de otro modo, dada la enorme complejidad del problema de la subordinación de las mujeres. Pero el diseño de este camino es susceptible de ser reconstruido (...)" (AMORÓS e MIGUEL ALVAREZ, 2005, p. 34).

2.4. A CRÍTICA FEMINISTA AO FEMINISMO

A toda vista até aqui, de forma muito salutar, o feminismo é, em si, uma arena de debates. De modo que necessário se faz um parêntesis para discutir um pouco mais a matriz do processo de produção do conhecimento feminista em si mesmo, e apresentar algumas objeções construídas pelo feminismo latino-americano ao feminismo dito hegemônico.

Segundo Liliana Suárez Navaz e Rosalva Aída Hernéndez (2008), existe uma tensão gerada em função de "um" feminismo, que fala desde uma posição estrutural de poder, e que tem conseguido impor sua agenda política como a única válida para a construção da equidade de gênero. Para elas, é necessário "descolonizar" o feminismo.

Para Navaz (2008) o colonialismo não é um momento histórico superado. É uma semente que ainda dá frutos, e reproduz uma característica de administração do pensamento que sustenta todo um sistema de exploração da maioria da população do planeta.

O feminismo moderno, como diz a autora (2008, p. 42), nasceu a partir da exclusão das mulheres cidadãs do pleno direito na revolução ilustrada. Exclusão esta que, paradoxalmente, se baseia em uma nova lógica universalista da razão, que se consolida a partir do século XVII. Segundo Navaz, é possível perceber traços desta lógica de governabilidade moderna não só nas ex-colônias (hispânicas, escreve a autora), mas, também, nas contradições entre igualdade e diferença no seio do movimento feminista.

O fato de compreender-se a origem do feminismo a partir da lógica cultural ilustrada parte de uma ideia da natureza do homem como ser racional, e como igual perante a lei. E isso, afirma a autora, tem efeitos sobre a prática teórica e política feminista.

Um, porque se naturaliza uma "diferença sexual" que não se questiona, e que vincula a uma certa concepção de identidade feminina que pressupõe *todas* as mulheres. Navaz (2008, p. 47) afirma que esta concepção está na base de um mecanismo segundo o qual se opera a ação conjunta de homogeneização do sujeito estudado, e o reducionismo e dicotomização na análise das relações de poder.

Dois, porque se generaliza sob a etiqueta de "mulher do terceiro mundo" (ou "mulher de cor" ou "mulher de país em desenvolvimento" etc.) uma enorme diversidade de situações caracterizadas por uma estratificação interna e uma enorme variedade cultural.

Três, porque não se visualiza a dimensão de gênero nas múltiplas estruturas de poder nas quais as mulheres estudadas (latinas, africanas, asiáticas) estão situadas. Mas, mesmo assim, e se chega a conclusões apressadas a respeito das causas de subordinação "das mulheres".

Quatro, porque se parte de dimensões de gênero antagônicas, nas quais os homens são dominantes e as mulheres dominadas. E esta concepção de poder dicotômica tem sido amplamente questionada nas ciências sociais pós-estruturalistas que, inspiradas em propostas analíticas de Gramsci e Foucault, buscam formas de incorporar a transversalidade das estratégias de dominação, assim como análise da forma como o poder implica as subjetividades dos sujeitos.

Em resumo, de acordo com Navaz, o efeito colonizador se manifesta na *coisificação* desta mulher "mediana" que é valorada com um "objeto" de estruturas de poder, como "vítima" do sistema patriarcal de sociedades não ocidentais. E, a consideração das mulheres como objeto de exploração ou subordinação, e não como agentes ativos, conscientes de si próprias e de sua realidade, confere ao feminismo uma *missão civilizadora*. Com isso, se nega à "outra" a sua própria humanidade e a sua capacidade de falar por si.

Segundo Navaz, com muita eficácia a vitimização e coisificação das "mulheres do terceiro mundo", indiretamente, lança uma imagem contraposta do feminismo ocidental. Diante das "outras" a imagem que as mulheres do primeiro mundo veem refletir no espelho é muito gratificante. Daí por que dizer a autora, "não é o centro que determina a periferia, mas a periferia que, com sua característica limitadora, que determina o centro"[9] (2008, p. 48).

---

9 Tradução livre. No original: "no es el centro lo que determina la periferia, sino la periferia lo que, en su cualidad limitadora, determina el centro".

As feministas latino-americanas, como Navaz, entretanto, não são vozes isoladas da crítica interna ao feminismo, ou de "um" feminismo *mainstream,* cuja lógica estaria centrada no chamado "modelo aditivo" identificado por Elizabeth Spelman. Um modelo através do qual a teoria feminista permaneceria imutável no que diz com as questões referentes à heterossexualidade, à classe social, à raça, ao imperialismo.

Segundo uma série de autoras feministas, existe um discurso paternalista que busca agregar diferentes falas de grupos subalternos sem que isso efetivamente represente uma construção conjunta da teoria e da pauta política feminista.

Como diz Tina Chanter (2011), visando ir além deste discurso, e pondo em xeque o modelo aditivo, Iris Marion Young e bell hooks[10], por exemplo, defendem um modelo interconectado, que visa resistir à hegemonia do feminismo branco e do *mainstream,* para atingir uma "verdadeira" teoria feminista. O objetivo do modelo interconectado é reconhecer que raça ou classe, por exemplo, não tem o mesmo peso para todos/as, e que, portanto, não se pode de modo problemático presumir a equivalência. É necessário um intercâmbio conceitual. Como explica Chanter (2011, p. 63):

A raça, para uma pessoa branca em países ocidentais brancos e imperialistas, não será vivenciada como um problema, mas funcionará, isto sim, como um privilégio não reconhecido, ao passo que para uma mulher negra, uma mulher do terceiro mundo, uma mulher asiático-americana, ou latina, será muitas vezes uma barreira, como fundamento para a discriminação ou exclusão. Essa relação assimétrica entre as experiências racializadas ajudarão a informar e moldar como o gênero é vivido de uma maneira que é irredutível a qualquer tentativa de compartilhar gênero e raça.

Segundo Chanter, perguntar a uma lésbica negra e da classe trabalhadora se ela é mais oprimida por sua raça, sexualidade, gênero ou classe, não é apenas construir mal o problema. É também

---

10 bell hooks, escrito, propositadamente, como quer a autora, em letras minúsculas é o pseudônimo adotado por Glória Watkins em homenagem à sua bisavó materna, que assim se chamava.

errar ao presumir que essas categorias, de alguma forma, são comparativamente mensuráveis. Para a autora, mesmo nos discursos feministas mais libertários essas categorias funcionaram de forma exclusiva perpetuando e reinventando o racismo.

Em verdade, raça, sexualidade, origem ou classe não são elementos que quantitativa, ou qualitativamente, se possam mensurar. No Brasil Lélia Gonzáles e Jurema Werneck, desde muitas décadas, tratam do feminismo negro, que se apresenta como uma alternativa ao feminismo branco tradicional.

Para Lélia Gonzáles as representações sociais manipuladas pelo racismo também estavam internalizadas no movimento de mulheres, que não percebia que, no seu próprio discurso, estavam presentes elementos do mito da democracia racial. Como dizia Jurema Werneck, ainda que pregassem solidariedade, as feministas não conseguiam enxergar as diferenças. Nas palavras de Rosália de Oliveira Lemos (2000, p. 64):

> De fato, as questões levantadas por mulheres negras e brancas eram diferentes. Enquanto as feministas brancas "foram à luta" para entrar no mercado de trabalho, há mais de 500 anos se explorava a mão de obra das mulheres negras. Por isso elas exigiam direitos trabalhistas e não o direito de trabalhar. Ao contrário da mulher branca que vivia a bordar, dar ordens aos escravos e servir seu marido e "senhor", a mulher negra sempre assumiu o papel de "aglutinadora" e "provedora" da família. Foi ela quem assumiu a criação de seus filhos, na época em que a sociedade escravocrata matava, mutilava e separava as famílias negras.

Mais atualmente, no que se refere ao feminismo negro no Brasil, teóricas como Matilde Ribeiro (2006), por exemplo, entendem que houve progressos no diálogo entre os diversos agrupamentos feministas. Entretanto, ainda paira no ar a exigência de um lugar integral na teoria feminista. O que significa não utilizar as mulheres negras, lésbicas, indígenas, latinas, como (CHANTER, 2011, p. 62):

> exemplos experimentais de dogmatismo feminista branco, como servas de uma teoria feminista que poderia purgar a própria culpa liberal branca concordando em incluir algumas experiências de minorias com o intuito de acrescentar sabor à diversidade de suas teorias, mas sem nenhum compromisso real de ouvir essas vozes marginais, ou de apren-

der com elas, ou de concordar em transformar os processos hegemônicos pelos quais as vozes dominantes ganham e mantêm legitimidade.

Refletindo sobre questões que vão na linha de todas essas críticas, Sandra Harding lança a pergunta se "não seria o caso, então, de haver também ciências e epistemologias de povos americanos, africanos e asiáticos, baseadas na experiência social e histórica peculiar dessas populações?" (HARDING, 1993, p. 22). Eis uma questão fundamental à qual dedico as próximas linhas.

Em primeiro lugar, como afirma Lourdes Bandeira (2008), de acordo com a crítica feminista, qualquer forma de ciência considerada, ou que se apresente como universal, deve ser *duramente* criticada. Isso porque, segundo a autora, todas as categorias pretensamente universais acabam por fixar parâmetros permanentes, inclusive de poder. Nas palavras de Bandeira (2008):

> Ao contrário, parte-se de que as posturas teóricas se constroem como processo de conhecimento em um dado contexto social transitório. Processos e categorias universais correm riscos de se constituírem em núcleos e/ou redutos de um sistema de dominação, do qual justamente o pensamento feminista faz crítica. Um sujeito universal e único não é encontrado mesmo em laboratório. Portanto, desconstruir e criticar as totalidades universais que formam, entre outros, o arsenal de concepções teóricas predominantes passa a ser o alvo com o qual, fundamentalmente, lida a crítica feminista.

Assim, a "mulher" não é (e não pode ser) um sujeito universal. Vivemos em diferentes culturas, regiões do mundo, realidades econômicas diversas. Daí o dilema de como encontrar um denominador comum entre os diferentes discursos latino-americano, europeu e estadunidense. Ou seja, que experiência comum haverá entre colonizador e colonizado, e/ou entre desenvolvidos e emergentes? Harding não responde a estas questões, mas aponta, em essência, duas formas para que se tente resolver este dilema.

A primeira delas é compreender que a ciência e a epistemologia feminista devem ocupar um lugar ao lado (não inferior ou superior) de outras ciências e epistemologias. Com isso, segundo Harding, abandona-se o caráter totalizante que nossas explicações possam ter (o que contribui para explicitar a distância dos pressupostos marxistas que, em regra, influenciaram nossos projetos de ciência). A outra forma seria desistir do objetivo de unidade de experiências sociais compartilhadas em prol da solidariedade ao redor de metas possivelmente comuns.

Como lembra a autora, diversos grupos sociais lutam, neste exato momento, contra a hegemonia da visão de mundo ocidental, branca, burguesa, homofóbica e androcêntrica, e contra a política que esta hegemonia engendra e justifica. De modo que, cada epistemologia alternativa, seja feminista, homossexual, operária etc., deve compor as condições históricas que produzem as oposições conceituais a serem superadas, sem que sejam gerados conceitos universais[11].

Para Harding, a primeira solução mantém a divisão (talvez mais aprofundada) das identidades de todas as mulheres, exceto as ocidentais, brancas, de classe dominante. Há, segundo a autora, uma incoerência fundamental neste modo de pensar sobre as abordagens feministas ao conhecimento.

Quanto à segunda forma, é de se admitir que os esforços analíticos das feministas também têm limites. De fato, embora seja preciso que todas observem a necessidade de uma luta política ativa contra o racismo, classismo e centrismo cultural, enquanto forças que mantêm a dominação das mulheres em todo o mundo, as lutas raciais, sexuais e de classe, assim como nossas diferenças históricas, econômicas e culturais, que nos definem como seres sociais, impedem a universalidade.

As representações da realidade serão sempre parciais. O que não significa que não sejam certas. Uma representação pode ser verdadeira ainda que não se refira à totalidade do objeto de estudo. Há, assim, um conhecimento generalizado, que é o conhecimento situado que produz o "ser" mulher nas sociedades que conhecemos (LAZO, 2009, p. 38).

A epistemologia deve proporcionar explicações causais dos efeitos que os valores sociais e políticos têm na produção do co-

---

11 Literalmente diz Harding: "mas não gera conceitos universais nem objetivos políticos" (HARDING, 1993, p. 23).

nhecimento. O caráter reflexivo da objetividade afeta também o sujeito do conhecimento.

Como dito, a teoria do ponto de vista feminista requer uma "objetividade forte". Ou seja, se todo conhecimento é socialmente situado, se é uma prática social, a objetividade precisa incorporar as perspectivas que estão fora do discurso oficial. Discurso este que, por desprezar tais perspectivas em nome de uma fantasiosa objetividade e neutralidade, não possui capacidade explicativa sequer dos temas que a si próprio se propõe.

Produzir conhecimento, sob esta perspectiva, é, portanto, trabalhar a partir da marginalidade, nos marcos de um projeto de solidariedade que se concretiza na luta política.

2.5. O FEMINISMO COMO TEORIA CRÍTICA FEMINISTA

A teoria crítica da escola de Frankfurt, desenvolvida entre os anos 20 e 40 do século XX, tinha como uma de suas metas básicas a incorporação sistemática de todas as disciplinas de pesquisa social científica em uma teoria materialista da sociedade. E, assim, facilitar a mútua alimentação entre a ciência social acadêmica e a teoria marxista.

A finalidade central da teoria crítica era a de criar uma conexão entre o fosso que separava a pesquisa substantiva e a filosofia, fundindo esses dois ramos do conhecimento em uma única forma de reflexão modelada na filosofia hegeliana da história. E, para que tal objetivo pudesse ser alcançado, era necessário uma teoria da história capaz de determinar os efetivos poderes da razão que residem no próprio processo histórico (HONNETH, 1996, p. 242).

Até meados dos anos 30 (século XX) Max Horkheimer e Herbert Marcuse, considerados os pais da teoria crítica, ainda consideraram válida a versão clássica da teoria marxista da história, cujo pressuposto é o de que o desenvolvimento das forças produtivas seja o mecanismo central do progresso social. Segundo Horkheimer e Marcuse, a teoria crítica deveria ser incorporada a essa sucessão histórica de fatos, enquanto uma ação do conhecimento da sociedade sobre si mesma. O papel da teoria crítica seria,

81

então, o de tornar evidentes as possibilidades para as quais a própria situação histórica havia amadurecido.

Horkheimer e Marcuse, por outro lado, já não acreditavam que a racionalidade corporificada nas forças de produção se expressasse na consciência revolucionária do proletariado. Conforme Axel Honneth (1996), os estudos de ambos mostram a crença de que a crescente integração da classe operária ao sistema capitalista tardio provocou a perda, pela teoria de Marx, de seu público--alvo. Nas palavras de Honneth (1996, p. 242):

> Para Horkheimer, o ponto de referência de toda a atividade de pesquisa do Instituto era a questão de "como ocorrem os mecanismos psíquicos que tornam possível que as tensões entre as classes sociais, que são forçadas a se transformar em conflitos devido à situação econômica, permanecem latentes" (1932, p. 136). A realização particular de Horkheimer foi determinar o programa de pesquisa do Instituto ao exprimir a questão abrangente das novas formas de integração do capitalismo em termos de sua relevância específica para as disciplinas empíricas.

Nesta linha, o programa que orientava o Instituto desenvolveu-se a partir de três disciplinas: a análise econômica da fase pós-liberal do capitalismo (a cargo de Friedrich Pollock), a investigação sociopsicológica da integração dos indivíduos através da socialização (sob a condução de Erich Fromm), e a análise cultural dos efeitos da cultura de massa decorrentes da indústria cultural recém-nascida (sob a responsabilidade de Theodor Adorno e Leo Lowenthal).

Entretanto, no final dos anos 30, o advento do fascismo, do stalinismo e a entronização da cultura de massa do capitalismo provocou uma mudança de rumos na escola. Como diz Honneth (1996, p. 243), a "visão produtivista do progresso abriu caminho a uma crítica da razão que criticava o progresso e colocava em questão a própria possibilidade de se mudarem as relações sociais por meio de uma revolução política". Theodor Adorno é o representante fundamental desta nova concepção.

Adorno é um cético quanto às ideias de progresso do materialismo histórico. Para ele não era possível explicar o totalitarismo enquanto resultado do conflito entre forças de produção e relações de produção, mas como o fruto da dinâmica interna de formação da consciência humana. Assim, em *Dialética do Esclarecimento* (1947), Adorno e Horkheimer partem da estrutura fornecida pela estrutura do capitalismo para compreender o processo civilizatório em sua totalidade, como o sistema de referência que servia de apoio à sua argumentação.

O contraponto ao modelo teórico negativista de Adorno e Horkheimer surge com os trabalhos de Franz Neumann e Otto Kirchheimer, que junto a Walter Benjamin e Erich Fromm desenvolvem um modelo positivo. Neumann e Kirchheimer, em especial, em seus trabalhos, reconheciam que a integração social não ocorre tão somente através do cumprimento inconsciente dos imperativos funcionais da sociedade, mas através da comunicação política entre grupos sociais. Como diz Honneth (1996, p. 243):

> A participação ativa nos conflitos de classe que caracterizaram a República de Weimar levou-os a uma avaliação realista do "coeficiente de poder dos interesses sociais"; viram que o potencial do poder que evoluiu a partir do controle capitalista privado dos meios de produção não tinha como ser superestimado. Finalmente, o contato com o AUSTROMARXISMO deu-lhes consciência de que as ordens sociais como um todo são caracterizadas pelo compromisso. As estruturas institucionais de uma sociedade devem ser compreendidas como fixações momentâneas de acordos realizados dentro dela pelos vários grupos de interesses, em consonância com seus respectivos potenciais de poder. Tudo isso forma um modelo de sociedade em cujo centro ficava o processo abrangente de comunicação entre os grupos sociais.

Embora, como se percebe, a teoria crítica de Frankfurt desde os anos 1930 tenha deixado de ser uma escola de pensamento unificada e filosoficamente homogênea, a ideia de um mundo totalmente administrado ainda nos anos cinquenta representava um ponto de partida para o trabalho por ela desenvolvido em filosofia social. Eis, então, que surge o pensamento de Jürgen Habermas.

Com Habermas foram trazidas para o primeiro plano correntes teóricas até então encaradas com estranheza pelos fundadores da escola de Frankfurt. Assim, é com o desenvolvimento do pensamento habermasiano que a antropologia filosófica, a hermenêutica, o pragmatismo e a análise linguística tomam relevo.

Ao mesmo tempo em que trabalha a teoria do conhecimento, Habermas também faz a crítica ao conhecimento com o intuito de chegar, através da reelaboração de experiências reflexivas esquecidas (ou deturpadas), à sua teoria da sociedade, que deve ser concretizada numa teoria geral da ação comunicativa, em contextos livres de coerção (FREITAG, 2005). Há uma hermenêutica que se ocupa da reconstituição da comunicação (intelectual, teórica). A estrutura de análise habermasiana não se contém na reconstituição reflexiva. Mais do que isso, há um interesse prático que é o da elaboração do conhecimento, de tal maneira que as experiências do passado possam contribuir para a definição dos passos a serem seguidos no futuro. Assim, "a hermenêutica não só transmite experiências de contextos anteriores para um novo, ela também traduz, a partir do interesse do contexto atual, os elementos úteis de contextos anteriores" (FREITAG, 2005, p. 12).

A preocupação de Habermas com os problemas do conhecimento não estão, meramente, no nível da lógica. Para ele, é preciso que sejam analisadas as relações existentes entre conhecimento e interesse. Como explica Bárbara Freitag (2005, p. 12):

> Na epistemologia de Habermas, o conhecimento fica subsumido ao próprio interesse emancipatório, já que *"Erkenntnisstheorie"*[12] tem, para ele, em última instância, a função de detectar as possibilidades da utilização do conhecimento a favor do interesse (postulado como geral para toda a humanidade, ou melhor, como razão inerente ao processo de autoconstituição da espécie humana) na emancipação do indivíduo e da sociedade. Fica subentendido que a emancipação consiste na redução ou eliminação total do trabalho necessário, da repressão e da dominação.

Sob a análise de Nancy Fraser (1987), todo o conhecimento e a crítica produzida por Habermas, consolidada na sua grande obra *A teoria da ação comunicativa,* seria absolutamente aceitável, não fosse o mínimo detalhe de, em praticamente nada, se referir ao feminismo. E o feminismo (que não é somente "um novo movi-

---

12 Teoria do conhecimento.

mento social", como diz Habermas[13]) é uma teoria crítica da sociedade (BENHABIB, 1987; AMORÓS e MIGUEL ALVAREZ, 2005; FRASER, 1989) que parte do reconhecimento de que o sistema sexo-gênero é o modo essencial, não contingente, a partir do qual a realidade social organiza-se, se divide simbolicamente, e vive experimentalmente.

O conceito kantiano de crítica, vinculando a existência de um interesse prático da razão com a capacidade da própria razão de transcender-se a si mesma na autorreflexão, demanda um sentido emancipatório. A razão vai além de si mesma em sua própria autocrítica, pois consciente de seus limites e de sua própria posição enquanto razão prática é uma tentativa de autonomia e vontade de autodeterminar-se. Ou seja, para que a razão seja ela mesma (crítica) ela precisa ser autônoma e emancipada, ela precisa da liberdade. A íntima relação que se estabelece entre a crítica e a liberdade é o ponto de partida para pensar o feminismo enquanto crítica.

Por outro lado, assim como na teoria crítica frankfurtiana, não existe uma "teoria crítica geral" (ou única) do pensamento feminista. Como assinala Lourdes Bandeira, são muitas e diversas as correntes feministas, que oferecem, cada uma a seu modo, uma forma de compreender por que e como as mulheres ocupam uma posição/condição subordinada na sociedade. Segundo a autora (2008):

> Desde que se fala em *crítica feminista*, faz-se, geralmente, apelo a esse bloco de correntes heterogêneas que tentam explicar por que as mu-

---

13 Alguma justiça se faça a Habermas em seus escritos mais atuais. Como já tive oportunidade de escrever em outro lugar (MENDES, 2008), muito da teoria habermasiana mudou em função de seu debate com as teóricas feministas. Exemplo disso é o conceito de esfera pública contra-hegemônica que, inegavelmente, decorre dos debates com Seyla Benhabib e Nancy Fraser. Benhabib, Fraser e Iris M. Young demonstram que a participação desigual dos diversos atores na esfera pública se reflete no fato de que toda vez que um grupo de desiguais discute alguma questão e algo transparece como de interesse geral, via de regra, este é o dos dominantes. Tais considerações fizeram com que Habermas atualizasse seu pensamento. Neste sentido, leia-se Further reflections on the public sphere em *Habermas and public sphere* (1992), e O exemplo das políticas feministas de equiparação em *A inclusão do outro*: estudos de teoria política (2004).

lheres continuam, em boa medida, a viver em condições de subordinação, uma vez que na base de qualquer corrente feminista há o reconhecimento de uma causa social e cultural para a condição feminina de subordinação.

Vista sob este prisma, como diz Bandeira (2008):

a crítica feminista explicita, incorpora e assume a tomada de consciência individual e coletiva, a qual é seguida por uma *revolta* contra o entendimento presente nas relações de sexo/gênero e a posição subordinada que as mulheres ocupam em uma dada sociedade, em um dado momento de sua história assim como na produção do conhecimento. Trata-se de uma luta para mudar/transformar essas relações e essa situação.

O sistema sexo-gênero define-se como a constituição simbólica e a interpretação sócio-histórica das diferenças entre os sexos que historicamente colabora para a opressão e exploração das mulheres. Por tal razão, uma das tarefas da teoria crítica feminista é desvelar esse fato, e desenvolver uma teoria emancipatória e reflexiva que possa ajudar as mulheres em suas lutas contra a opressão e a exploração. Segundo Benhabib (1987) existem duas formas de desincumbir-se dessa tarefa.

A primeira, com o desenvolvimento de uma análise explicativo-diagnóstica da opressão das mulheres através da história, da cultura e das sociedades. A segunda mediante uma crítica *antecipatória utópica*[14] das formas e valores de nossas sociedades e culturas atuais, e com a projeção de novos modos de nos relacionarmos entre nós mesmos e com a natureza.

Como apontam Amorós e Miguel Alvarez (2005, p. 16):

a teoria feminista, enquanto teoria, se relaciona com o sentido originário do vocábulo teoria: *fazer ver*. Mas, enquanto teoria crítica, seu

---

14 Essa crítica antecipatória-utópica deve ser compreendida nos termos da tematização do sistema sexo-gênero como a matriz que configure a identidade, assim como a inserção na realidade de homens e mulheres. Trata-se de questionar este sistema, enquanto sistema normativo cujos mecanismos (como de qualquer sistema de dominação) somente se tornam visíveis a partir de uma visão crítica *desde fora,* pois uma visão não distanciada e conforme não consegue perceber sequer o óbvio.

fazer ver é por sua vez um *irracionalizar*, ou, se prefere-se, trata-se de um fazer ver que está em função de um irracionalizar mesmo[15].

Nestes termos, Amorós e Miguel Alvarez entendem que se pode dizer que a teoria feminista constitui um paradigma. No mínimo, no sentido lato, enquanto marco interpretativo que determina a visibilidade e a constituição em fatos relevantes de fenômenos e acontecimentos que não são pertinentes, nem significativos sob o prisma de outras orientações. Sob este paradigma nascem novas categorias interpretativas para o exercício de dar nome àquelas "coisas" que os demais invisibilizaram.

A teoria feminista é crítica de todas as teorias incapazes de perceber os fatos que são objeto delas próprias. Ela evidencia, como ilegítimos, os traços destas teorias que distorcem ou obviam o que se refere às mulheres.

Ela não é "*mais um*" paradigma. Ela é, como chamaram Amorós e Miguel Alvarez, o *Grilo Falante* dos demais paradigmas, sexistas e patriarcais. Daí por que, não se pode exigir dela o cumprimento das conotações relativistas que a noção de paradigma, na acepção que lhe dá T. Kuhn, requer.

De acordo como Thomas Kuhn (1978), deve-se entender por ciência normal aquela firmemente baseada em uma ou mais realizações científicas passadas. Segundo o autor, essas realizações são reconhecidas por algum tempo por alguma comunidade científica específica de modo que isso proporcione os fundamentos para sua prática posterior (1978, p. 29).

Nestes termos, compreende-se por "ciência normal" a "ciência madura" na qual os pressupostos conceituais e metodológicos são compartilhados pelos pesquisadores do campo. Entretanto, como diz Sandra Harding, para as feministas, *não há "ciência normal"!*

---

15 Tradução livre. No original: "la teoría feminista, en cuanto teoría, se relaciona con el sentido originario del vocablo teoría: *hacer ver*. Pero, en cuanto teoría crítica, su hacer ver es a la vez un *irracionalizar*, o, si se quiere, se trata de un hacer ver que está en función del irracionalizar mismo".

Segundo Harding, não passa de um delírio imaginar que o feminismo chegue a uma teoria perfeita, a um paradigma de "ciência normal" com pressupostos conceituais e metodológicos aceitos por todas as correntes. Como diz a autora, as categorias analíticas feministas *devem* ser instáveis, pois teorias coerentes e consistentes em um mundo instável e incoerente são obstáculos tanto ao conhecimento quanto às práticas sociais. Nas palavras da autora (1993, p. 11), nós, feministas:

> Precisamos aprender a ver nossos projetos teóricos como acordes claros que se repetem entre os compassos das teorias patriarcais, e não como releituras dos temas de quaisquer delas – marxismo, psicanálise, empirismo, hermenêutica, desconstrutivismo, para citar apenas algumas das teorias –, capazes de expressar perfeitamente o que achamos que queremos dizer no momento.

Ou seja, o que se precisa reconhecer é que, como assinala Nancy Fraser, uma teoria crítica da sociedade é aquela que articula seu programa de investigação e sua gama conceitual em consonância com as intenções e atividades dos movimentos sociais de oposição, com os quais se identifica. As perguntas que se faz, assim como os modelos explicativos que elabora, devem estar informados por esta identificação. Nas palavras de Fraser (1987, p. 38):

> Assim, por exemplo, se as lutas contestadoras da subordinação das mulheres figurassem entre as mais significativas de certa época, a teoria social crítica para aquele tempo teria como objetivo, entre outras coisas, esclarecer o caráter e as bases dessa subordinação. Empregaria categorias e modelos explanatórios que revelassem, em vez de ocultar, relações de dominância masculina e subordinação feminina. E desmistificaria, como rivais ideológicos, os enfoques que ofuscassem ou justificassem aquelas relações. Neste caso, pois, um dos padrões para avaliar uma teoria crítica, uma vez que tenha sido submetida a todos os testes costumeiros de suficiência empírica, seria: até que ponto ela teoriza a situação e as perspectivas do movimento feminista? A que ponto ela serve para o esclarecimento das lutas e desejos das mulheres contemporâneas?

Enquanto teoria crítica, o feminismo goza, ainda, de outro elemento próprio: seus conceitos são politizados. Segundo Celia Amorós (2008, p. 15), enquanto se descreveu um assassinato de uma mulher por seu ex-marido, p. exemplo, como um crime passional, estes assassinatos sequer se contavam. Era como se fossem casos isolados, diversos e descontínuos[16].

A teoria crítica feminista, portanto, produz conceitos críticos que possibilitam a visibilidade de determinados fenômenos que não se visibilizavam a partir de outras orientações. Estes novos conceitos nos fazem ver o que antes não víamos. E, aí está a satisfação de buscar construir conhecimento sob estas "luzes".

2.6 A EPISTEMOLOGIA FEMINISTA INTERSECCIONAL DECOLONIAL

De tudo o que vimos, partindo, mais especificamente, do exato ponto em que se encontram os pensamentos de Habermas e Fraser, a teoria crítica tem a virtude de desmascarar os poderes opressores cuja objetividade deriva do único fato de ainda não terem sido descobertos. A teoria crítica feminista, por sua vez, tem a qualidade de produzir conceitos críticos (posto que politizados) que possibilitam a visibilidade de determinados fenômenos em relação aos quais outras orientações não colocavam atenção. Em síntese, é a partir destes novos conceitos, categorias, paradigmas etc., que se torna possível *ver o que antes não víamos*.

Nesta mesma toada, o pressuposto de uma epistemologia feminista há de partir do reconhecimento de que, como ensina

---

16 O femicídio é reconhecido (como tipo específico ou qualificadora) em oito países da América Latina (Costa Rica, Guatemala, Colômbia, El Salvador, Chile, Perú, Nicarágua, México). No Brasil, em que pese o avanço representado pela Lei Maria da Penha, no campo dos crimes contra a vida, ainda não logramos ter reconhecido o tipo penal do femicídio. No anteprojeto de reforma do Código Penal brasileiro elaborado por uma Comissão de Juristas no âmbito do Senado Federal, esse conceito sequer foi pauta. De acordo com o Mapa da Violência no Brasil 2012 (WAISELFISZ, 2011), com base nos dados do Sistema Único de Saúde – SUS, entre 1980 e 2010, 91.932 mulheres foram assassinadas (43.500 somente na última década). Conforme dados da Organização Mundial de Saúde, o Brasil é o sétimo país em número de assassinatos de mulheres no mundo. Este, e outros dados são objeto de análise pela Comissão Parlamentar Mista de Inquérito, criada em 8 de fevereiro de 2012 para investigar situações de violência contra a mulher no Brasil. A CPMI é presidida pela Deputada Federal Jô Moraes (PCdoB-MG), tendo como relatora a Senadora da República Ana Rita (PT-ES).

Patricia Collins, a epistemologia, de uma forma geral, nada tem de *apolítico*, pois, pelo contrário, nela estão nítidas as relações de poder que determinam *qual* conhecimento merece *crédito*, *por que* goza deste *status* e em que nível de reconhecimento encontra-se *quem* o produz.

Nua e crua, a epistemologia, portanto, investiga os padrões usados sobre porque acreditamos no que acreditamos ser verdade a partir de uma seleção política sobre quais questões *merecem* ser investigadas, quais modelos interpretativos *devem* ser usados para analisar os achados, e como será o uso de qualquer conhecimento subsequente (COLLINS, 2000, p. 252).

As escolhas epistemológicas sobre em quem confiar, no que acreditar e por que algo é verdadeiro não são, como diz Collins (2000), em regra problemas acadêmicos que interessam. De maneira que, os grandes debates epistemológicos acabam por não questionar o que é *verdade*, para simplesmente debater quais *versões* da verdade de grupos hegemônicos prevalecerão.

O pensamento crítico feminista originou-se, como dito acima, como *produto do pensamento*, dos questionamentos às formas e às expressões das racionalidades científicas existentes e predominantes, portadoras de marcas cognitivas, éticas e políticas masculinos. E desenvolveu-se, mesmo sob intempéries, na confrontação com tradições filosóficas e científicas assumidas e autoproclamadas como verdadeiras, senão como únicas.

Como cientistas, resistimos na tecitura de maneiras novas e mais inclusivas de conhecer o mundo (LONGINO, 2012). Daí por que nossa maior contribuição à ciência seja *pensar o que não foi pensado para ampliar as formas de pensar o que não se quer pensar*.

Desvendado o que de opressor existe nas mais diversas vertentes epistemológicas, da forma como venho maturando ao longo de mais de uma década (MENDES, 2021), entendo que qualquer proposta androcentrada e marcada pela branquitude[17] pres-

---

17 A "branquitude epistemológica" navega de uma margem à outra, do pensamento conservador ao que se autodeclara progressista. Neste sentido, me parece funda-

ta-se a impedir a construção de outras e novas definições conceituais no campo de produção do saber nas Ciências Criminais como um todo.

Considerado não somente o gênero, mas também a raça (e a classe), portanto, a epistemologia feminista interpelada pela perspectiva interseccional desce ao subterrâneo onde as relações de poder estabelecem o que será aceito como "verdade". E, por sua vez, robustecida pela crítica à colonialidade, é aquela que grita que o *"rei está nu"*.

De modo mais sofisticado que o conto de Hans Christian Andersen, entendo que é na genialidade do pensamento de Lélia Gonzales onde encontramos as mais úteis ferramentas para compreendermos a colonialidade que também impera no âmbito das Ciências Criminais.

A partir das categorias de infante e sujeito-do-suposto-saber, pela autora resgatadas em Lacan, é possível entender como há, de fato, lugares de construção da verdade onde alguns e algumas colocam-se como autoridades proprietárias do que é o "conhecer".

---

mental a distinção entre branquitude crítica e acrítica feita pelo prof. Lourenço Cardoso. Segundo o autor (2014) "branquitude crítica" é aquela pertencente ao indivíduo ou grupo de brancos que desaprovam "publicamente" o racismo. Por outro lado, ele denomina "branquitude acrítica" a identidade branca individual ou coletiva que argumenta a favor da superioridade racial. Para o autor: "Em relação ao critério de distinção entre as branquitudes como a 'desaprovação pública' do racismo deve-se à constatação de que nem sempre aquilo que é aprovado publicamente é ratificado no espaço privado. No ambiente particular, por vezes, opiniões ou teses podem ser desmentidas, ironizadas, minimizadas. Especialmente, quando se trata de questões referentes ao conflito racial no Brasil". O autor se refere à complexa tarefa que é a de desvelar as práticas racistas que se apresentam disfarçadas, "posto que os espaços privados, íntimos, os segredos dos brancos entre brancos a respeito da questão racial são difíceis de acessar", de modo que concentra seus esforços de pesquisa sobre atitude, opinião, expressão, tese do branco que desautoriza o racismo de forma pública. Penso que o contexto vivido na esfera pública jurídica das Ciências Criminais adequa-se à definição de branquidade crítica na medida em que proclama-se em público a desaprovação com o racismo, mas compactua-se com mecanismos de silenciamento e exclusão de perspectivas epistemológicas que venham a questionar as bases nas quais se assenta controle dos lugares de fala por majoritariamente homens brancos e algumas mulheres também brancas.

Como explica Lélia Gonzales (2011, p. 13-14), por infante, enquanto categoria, nasce do paralelo ao que ocorre com a formação psíquica da criança que, ao ser falada pelos adultos na terceira pessoa, é, consequentemente, excluída, ignorada, colocada como ausente, apesar da sua presença. Ou seja, até o momento em que aprende a trocar os pronomes pessoais, a criança reproduz o discurso dos adultos sobre ela, e fala de si em terceira pessoa.

Um processo, como dizia Lélia Gonzales, no todo equivalente ao que se dá e em relação às mulheres não brancas, sempre "faladas", definidas e classificadas por um sistema ideológico de dominação infantilizador no qual o "sujeito-suposto-saber" atribui a si um saber que não possui, mas que se sustenta pelas identificações imaginárias com determinadas figuras de autoridade (mãe, pai, psicanalista, professor etc.).

Entendo que, com as categorias utilizadas por Gonzales, é possível compreender os mecanismos psíquicos inconscientes que explicam a superioridade que o colonizado atribui ao colonizador. E, de um viés estrutural, no campo de disputa do discurso dentro das Ciências Criminais, o que justifica a suposta legitimidade conferida a quem tem a si garantido o espaço de fala (como sujeito-suposto-saber que é), dentro do padrão branco-elitista-cis[18]-hétero-normativo.

Na América Latina, o fim do colonialismo não significou o fim da colonialidade (QUIJANO, 2005). E, tal como aponta Natália Damázio, por aqui, a própria compreensão de modernidade foi

---

18 De acordo com a professora doutora Sara Wagner York, em uma perspectiva transfeminista, mediante reiterados atos de violência simbólica o sistema de justiça busca garantir a adequação dos corpos das pessoas transexuais ao chamado "sistema sexo-gênero" binário transmutando-o em um verdadeiro "cistema de (in)justiça". Sobre a importantíssima vertente epistemológica transfeminista, dentre outros textos da professora York, recomendo fortemente a leitura de "Sistema ou CIS-tema de justiça: Quando a ideia de unicidade dos corpos trans dita as regras para o acesso aos direitos fundamentais", escrito em parceria com o professor doutor e o juiz de direito Mário Soares Caymmi Gomes e que se encontra listado na bibliografia desta obra.

fundada na expropriação cultural das populações colonizadas, pela repressão, digo eu, pelo aniquilamento, de "suas formas de produção de conhecimento, simultaneamente forçando-as a aprender parcialmente a cultura dos dominadores, no limite do que fosse útil para a reprodução da relação de dominação" (DAMÁZIO, 2019, p. 20). É neste contexto, portanto, que se dá o aprofundamento da formação de subjetividades que mantiveram a hierarquia e o poder coloniais vivos, sem que se nomeasse ou percebesse expressamente sua manutenção.

Paradoxalmente, no campo do conhecimento do Direito como um todo, e, claro, na seara criminal não é diferente, esse sujeito--de-suposto-saber é também infante, incapaz que é de perceber-se como, no mais das vezes, um repetidor de fórmulas de mundo distanciadas da realidade que o cerca, fora de sua bolha (social, racial, cultural, acadêmica, política e econômica).

Entendo que a interseccionalidade (de gênero, raça e classe) seja uma das mais importantes ferramentas de análise propostas nos últimos tempos pelo pensamento filosófico. Contudo, pelo que também compreendo, sua validade para fins descritivos e explicativos da realidade precisa estar condicionada a uma concepção decolonial necessariamente interpelada pela realidade brasileira.

Eis, portanto, o que proponho como uma epistemologia feminista interseccional e decolonial.

No próximo capítulo meu objetivo é de visibilizar todo um conjunto de estratégias capazes de reprimir, vigiar e encerrar as mulheres, e os mecanismos de exercício de poder do Estado, da sociedade, e da família que causam, contribuem e/ou permitem o funcionamento deste eficiente projeto que denomino custódia. Meu interesse é o de mostrar que o exercício do poder punitivo em relação às mulheres é uma política historicamente construída e patrocinada por múltiplos atores e com diferentes formas de atuação cujo objetivo central é exercer a vigilância, a perseguição e a repressão de significativa parcela da humanidade.

3

CENAS DA EXPERIÊNCIA HISTÓRICA DAS MULHERES FRENTE AO PODER PUNITIVO

Como não alternar acessos de cólera e assomos de acrimônia, como não nos deixarmos invadir por fluxos de raiva e explosões de ciúme? O equilíbrio isonômico torna-se precário quando nos apercebemos da injustiça dos raciocínios, da estupidez desses discursos, que são considerados como o que de melhor se disse, de melhor se pensou, construiu e refletiu sobre o humano na tradição ocidental. (Giulia Sissa, 1990)

A história não deve ser uma simples descrição do passado, mas um esforço para conhecer as bases de nossa vida hoje, para transformar o que nos faz menos humanos, e o que nos impede de viver em plenitude (BIDEGAIN, 1996). Neste sentido, a história da experiência das mulheres em relação ao poder punitivo não se trata de uma mera aferição do passado, mas de uma possibilidade de (re)pensar o presente e o futuro.

A busca da história, portanto, não é um adorno ao conhecimento que me proponho a produzir. Mas, peça-chave para desnudar como foram construídas as diferentes formas de exercício do poder punitivo sobre as mulheres.

Nenhum exercício de poder se torna visível sem que se compreenda sua gestação e seu complexo processo de desenvolvimento. E, no caso específico da mulher, a relação com o poder punitivo se manifesta desde sua origem, de modo a conferir-lhe, ao longo de séculos, um caráter aberto de poder de gênero (ZAFFA-RONI, 1995). A pretensão deste capítulo não é a de escrever uma história das mulheres. Penso que seria impossível fazer aqui um inventário de conhecimentos desta monta. Os objetivos são bem mais modestos, e adequados a um trabalho que tão somente busca compreender como diferentes "poderes" se articularam (e, alguns, ainda se articulam), em múltiplos aspectos, para a criminalização e vitimização das mulheres ao longo dos tempos.

O trabalho que desenvolvi, então, foi o de selecionar recortes da história das mulheres na Europa e no Brasil, que propiciam compreender como, enquanto poder de gênero, o poder punitivo se expressa a partir de um complexo sistema de custódia que vigia, reprime e encarcera (em casa, no convento ou na penitenciária), e aplica às mulheres diferentes penas acessórias (desde restrições alimentares, limitações de sua gestualidade, de seu modo de falar, até outras formas de violência, como mantê-las algemadas durante o parto).

Entendo por custódia o conjunto de tudo o quanto se faz para reprimir, vigiar e encerrar (em casa ou em instituições totais, como os conventos[1]), mediante a articulação de mecanismos de exercício de poder do Estado, da sociedade, de forma geral, e da família.

Com isso, pretendo desvelar o cenário no qual se ergue uma aperfeiçoada lógica de custódia da mulher, e assim demonstrar o pano de fundo de todo o "saber" criminológico construído sobre a mulher desde o período medieval. Um saber não ingênuo, nem apa-

---

1 Com relação aos conventos, enquanto espaços de encarceramento feminino, cabe repetir a explicação introdutória, já que, por vezes, estes espaços constituíram-se também em verdadeiros refúgios dos maus-tratos a que as mulheres eram submetidas no recinto doméstico. Todavia, como demonstrarei, não eram esporádicos os episódios de encarceramentos forçados nestes espaços. Assim como são abundantes as descrições dos conventos, como fortalezas das quais não era possível fugir, e onde as reclusas estavam sujeitas a vigilância permanente. Os conventos não foram somente instituições destinadas a expiação dos pecados. Mais do isso eram verdadeiros espaços de reclusão seja para o cumprimento de penas por crimes cometidos por mulheres contra a honra de suas famílias, seja pelo "risco" de que estas viessem a cometer crimes como o adultério, o infanticídio ou o homicídio de seus consortes.

rente, mas real e coeso, fundado em pressupostos lógicos e coerentes (CARVALHO, 2008), nos quais grande parte dos modelos jurídicos autoritários e misóginos contemporâneos buscam inspiração. Bom relembrar que a história da opressão das mulheres não começa na Idade Média. Contudo, este período, mais especialmente o baixo medievo, é paradigmático para demonstrar o padrão de segregação expressivo estreitamente relacionado com todo o rearranjo econômico, social e cultural do qual o poder punitivo faz parte.

De fato, como a filósofa Carla Casagrande descreveu, em um dos textos da obra *História das mulheres* (1990), o tratamento dispensado às mulheres a partir da Idade Média tomou uma feição tão peculiar a ponto de perguntar-se Casagrande o que "faziam" as mulheres daquele período para merecerem um tratamento profundamente estranho e diferente do que foi adotado contra suas companheiras de outros tempos. Pergunta-se ela, o que teriam feito estas mulheres para provocar tanta atenção da parte daqueles que se consideravam os depositários dos valores morais de uma sociedade. Nas palavras da autora (1990, p. 99):

Não sei em que medida as mulheres do Ocidente medieval se mantiveram quietas e silenciosas entre as paredes das casas, das igrejas e dos conventos, ouvindo homens industriosos e eloquentes que lhes propunham preceitos e conselhos de toda a espécie. Os sermões dos pregadores, os conselhos paternos, os avisos dos diretores espirituais, as ordens dos maridos, as proibições dos confessores, por mais eficazes e respeitáveis que tenham sido, nunca nos restituirão a realidade das mulheres às quais se dirigiam, mas com toda a certeza faziam parte desta realidade: as mulheres deveriam conviver com as palavras daqueles homens a quem uma determinada organização social e uma ideologia muito bem definida tinham entregue o governo dos corpos e das almas femininas. Uma parte da história das mulheres passa também pela história daquelas palavras que as mulheres ouviram ser-lhes dirigidas, por vezes com arrogância expedita, outras vezes com carinhosa afabilidade, em qualquer caso com preocupada insistência.

Enfim, ciente de que a opressão feminina é milenar, principio pela Idade Média por encontrar aí, como já tive oportunidade de abordar no primeiro capítulo desta obra, o marco fundamental de um coerente discurso criminológico sobre as mulheres.

3.1. CENAS DA CONSTRUÇÃO DO PROJETO DE CUSTÓDIA DURANTE O PERÍODO MEDIEVAL

Durante o período da alta Idade Média a postura religiosa das mulheres havia se tornado relevante em quantidade e em qualidade. Algumas participaram de movimentos heréticos, outras ingressaram em ordens reconhecidas. Mas, o mais importante: muitas tomaram a palavra para escrever o seu desejo de uma relação mais intensa e direta com Deus.

Por outro lado, as mulheres também se faziam presentes na esfera pública, intervindo na economia, na política, e na família. Muitas trabalhavam nos campos, produziam e vendiam mercadorias[2] (CASAGRANDE, 1990). Ademais, do século V ao século X, registrou-se que, ao lado de clérigos e monges, havia mulheres de significativo nível educacional.

Considerado esse contexto, toda a escalada de perseguição e repressão às mulheres, que se desenvolverá especialmente do século XIII em diante, explica-se pelo saber que detinham as mulheres do povo (consideradas bruxas) e por este ser ameaçador ao

---

2 Na França, por exemplo, existiram pequenas e grandes senhoras feudais. Na região de Champanha, entre 1152 e 1284, de 279 possuidores de domínios territoriais, 58 eram mulheres, damas ou moças. Essa participação feminina na economia, entretanto, não era algo fácil. Segundo registros, na série de inquéritos judiciais ordenados por São Luís na segunda metade do século XIII, constavam muitas reclamações de pequenas feudatárias pedindo indenizações pelos abusos cometidos pelos próprios oficiais do rei (MACEDO, 1992, p. 31-32). O trabalho feminino teve incontestável significado na vida econômica das cidades. Durante muito tempo, mesmo com a hegemonia social e jurídica do marido foi crescente a importância econômica das esposas entre as classes mais pobres – pelo menos no meio artesão. Não por acaso também é que, a "guerra pelas calças" (expressão utilizada para designar os conflitos ocorridos entre o casal em razão da posição da esposa na economia) começou no final da Idade Média (OPITZ, 1990, p. 377), momento a partir do qual, como veremos, confluem discursos teológicos, médicos e jurídicos no sentido de afastar a mulher da esfera pública. Como ressalta Opitz (1990, p. 377), "as inúmeras farsas e narrações da época, aparentemente grosseiras e misóginas, histórias de maridos enganados, mulheres embirrentas e pais de família patetas, encontram explicação neste contexto social".

discurso médico que buscava se afirmar. Ou mesmo para o controle da fé que a Igreja almejava. Isto é, não era somente o conhecimento tradicional em saúde ou a busca de uma ligação com o Divino que eram ameaçadores.

Muitas mulheres eram letradas, conhecedoras das artes, da religião e da ciência, inclusive a médica. Muitas foram rainhas. E, muitas outras, pregadoras de uma vida cristã, sem os luxos e a opulência da Igreja.

A rainha germânica Amalasunta (século VI), por exemplo, destacou-se pelo profundo respeito à cultura, à literatura e ao direito romanos. Como mostram as cartas que ela redigiu e enviou a outra mulher, Teodora, imperatriz consorte do Império Bizantino, a Justiniano e ao Senado de Roma. Euquéria, esposa do governador de Marselha, destacou-se por ser poetisa. E Dhuoda (século IX) por ser autora do *Liber Manualis,* em que registra a educação dada ao seu filho mais velho, Guilherme.

Paradoxalmente, até o início do baixo medievo, as principais oportunidades de instrução eram abertas pela própria Igreja. Como registra Suzanne Fonay Wemple (1990), muitas eram as possibilidades em matéria de educação, administração e literatura, mas para aquelas que resolvessem abraçar a vida celibatária. Segundo Wemple (1990) em uma única cidade poderiam ser encontrados muitos mosteiros nos quais as comunidades religiosas ofereciam um ambiente acolhedor e uma atmosfera de paz onde as mulheres poderiam viver, trabalhar e desenvolver seus talentos administrativos e intelectuais.

Entretanto, nos termos da *Regula Sanctarum Virginum*, de Cesário de Arles, era uma exigência para ingresso nas ordens religiosas que as irmãs já possuíssem idade para saber ler e escrever. E a notícia que se tem é que aquelas que eram lentas em aprender recebiam vergastadas, punição considerada exemplar para monges preguiçosos (WEMPLE, 1990, p. 261).

A educação, para ambos os sexos, nos mosteiros, além do conhecimento da Bíblia e dos textos de padres da Igreja, era aprofundado com estudos tanto de direito canônico, como de direito civil. Muitas religiosas, inclusive, escreviam poesias[3]. Durante muito tempo, considerados bens, os livros eram legados como herança. Eckhard, conde de Autun e Macon, por exemplo, além de cinco obras deixadas para três membros do mosteiro de Faremoutiers, deixou também dois livros religiosos à abadessa Bertrada. Deixou, também, um saltério e um livro de orações à sua irmã Adana. Mas, o mais interessante, um livro sobre ginecologia para sua cunhada Tetrádia (WEMPLE, 1990, p. 261). Doação que indica que os mosteiros se ocupavam, inclusive, de temas de saúde da mulher, e que isso era objeto de estudo pelas próprias mulheres.

Muitas mulheres deste período eram igualmente instruídas nas artes. Os mosteiros eram também depositários de obras de arte. E, sobre isso, merece destaque o fato de que no *quadrivium* da biblioteca estatal de Bamberg (Alemanha) a Música, a Aritmética, a Geometria e a Astronomia são representadas como damas do século X.

Com o final da baixa Idade Média, entretanto, os mosteiros, de espaços de formação intelectual para as mulheres, transformaram-se em verdadeiros cárceres, destinados à correição do que se supunha serem perversidades próprias de seu sexo, segundo a teologia, a medicina e o direito das épocas seguintes.

Do final do século XII até o final do século XV, fossem escritos por homens da Igreja, ou por médicos, ou por juristas, todos os textos dirigidos às mulheres propunham um modelo de comportamento feminino destinado ao controle de seus instintos demoníacos.

---

3 Este o caso de Lioba, uma parente de São Bonifácio, de origem aristocrática, que foi educada no convento de Thanet e depois na abadia Wimborne, onde estudou as ciências sagradas e tornou-se freira. Levado por suas cartas, Bonifácio pediu à abadessa de Wimborne que lhe envie para a Alemanha para fundar um mosteiro. Lioba tornou-se abadessa, e seu mosteiro passou a ser reconhecido não só pelo auxílio que prestava aos pobres, mas também aos conselhos que dava a importantes membros da comunidade. Diz-se que ela era capaz de saber de cor tudo que lia, e que, mesmo enquanto dormia, pedia às freiras para que lessem durante seu sono (WEMPLE, 1990, p. 261).

O final da Idade Média é, como esclarece Carla Casagrande (1990), um período paradigmático, no qual tem início um ambicioso projeto destinado a descrever e classificar as mulheres para, enfim, custodiá-las de todas as formas. Desse momento em diante "as mulheres" invadem, numerosas e diversas, os textos pastorais e didáticos, que se esforçam por encontrar um critério unânime para individualizar e etiquetar a categoria feminino.

Ao lado de tensões de natureza econômica e política, a partir do século XII e, especialmente, do século XIII, toma lugar certa inquietação mística, perceptível pelo grande número de pessoas que deixavam de lado suas organizações religiosas e buscavam o consolo espiritual em grupos menores, cujas práticas não eram indicadas ou admitidas pela Igreja.

Estes pequenos grupos floresceram em toda a Europa, expandindo-se, sobretudo, em grandes cidades mercantis. Seus objetivos eram o de renovar a cristandade e regressar aos valores ascéticos e apostólicos, como a pobreza, a humildade, a castidade, e por fim, o trabalho, a *vita activa* (OPTIZ, 1990, p. 425).

Impulsionadas pelos pregadores que percorriam países convidando à renúncia do mundo das riquezas, do bem-estar superficial e da usura, em cidades prósperas, mas com crescentes tensões sociais, muitas mulheres passaram a reunir-se em casas privadas, ou pequenas cabanas, nos arredores das cidades para levar uma vida que lembrava a dos apóstolos de Cristo. Aí viviam de preces e esmolas.

Entretanto, para uma mulher, viver como um apóstolo era correr um risco, em uma sociedade em que as mulheres que viviam nas ruas, sem serem controladas, eram consideradas prostitutas, e não "santas". Daí por que, sob a pressão da opinião pública, dos estamentos laicos e das instâncias eclesiásticas, a maneira de viver de Clara de Assis, Isabel da Turíngia ou Matilde de Magdeburgo (todas contemporâneas do século XIII) foi progressivamente sendo limitada e condenada (OPTIZ, 1990, p. 425).

Somente grupos e comunidades que tinham bens acumulados, e que estavam instalados em casas fixas, foram reconhecidos pela Igreja. Os demais, que viviam da mendicidade e que "vagabundeavam" pelas ruas, praças e estradas, eram considerados hereges, preconizadores de doutrinas blasfematórias, pois suas pregações divulgavam no mais das vezes ideias anticlericais e críticas à Igreja. Como ressalta Optiz, estes "irmãos e irmãs do livre espírito" tornar-se-iam, no decurso do século XIV, o principal alvo das perseguições inquisitoriais[4].

Até meados do século XIII, eram muitas as comunidades de mulheres interessadas em teologia, o que provocava a desconfiança de muitos, principalmente à vista de uma multiplicação de textos de inspiração mística vindos de círculos femininos, como a autobiografia de Beatriz de Nazaré, e a obra *Luz fluida da divindade,* da já referida Matilde de Magdeburgo (OPTIZ, 1990).

O tratado de Margarida Porète, assim como os trabalhos de Hildegarda de Bingen, de Catarina de Siena e de Brígida da Suécia, demonstravam um profundo conhecimento da Bíblia (OPTIZ, 1990). Mas, além disso, nestes escritos, estas mulheres desenvolviam uma nova visão sobre questões controversas.

Experimentava-se nestes tempos uma cultura feminina, até então desconhecida, e também por isso considerada perigosa. E, com a entrada em cena das ordens mendicantes, no século XIII, a pregação encontra o fôlego que precisava para fazer proliferar uma misoginia de ordem teológica sem precedentes.

Não eram tempos fáceis os que viriam. E, assim como se desenvolviam cidades, desenvolvia-se uma rede hierarquizada de relações feudais determinada por uma economia mercantil e monetária. Gestavam-se novas formas de poder e de cultura. Estabelecia-se uma nova pedagogia para as mulheres, agora consideradas como seres predestinados ao mal, contra os quais todas as precauções jamais seriam suficientes.

Delumeau transcreve um pequeno trecho de sermão de Bernardino de Siena, que exemplifica o conteúdo do que se pregava. Dizia o religioso (DELUMEAU, 1989, p. 320):

---

4 Por exemplo, a fogueira foi o destino da mística erudita e autora do tratado de "livre espírito" *Espelho da alma divina,* Margarida Porète, em Paris em 1315.

É preciso varrer a casa? – Sim. Sim – faze-a varrê-la. É preciso lavar de novo as tigelas? Faze-a lavá-las. É preciso peneirar? Faze-a peneirar. É preciso lavar a roupa? Faze-a lavá-la em casa. – Mas há a criada! – Que haja criada. Deixa fazer a ela (a esposa), não por necessidade de que seja ela que o faça, mas para dar-lhe exercício. Faze-a vigiar as crianças, lavar os cueiros e tudo. Se tu não a habituas a fazer tudo, ela se tornará um bom pedacinho de carne. Não lhe deixes comodidades, eu te digo. Enquanto a mantiveres atenta, ela não permanecerá à janela, e não lhe passará pela cabeça ora uma coisa, ora outra.

Sermões, como o referido, tornaram-se comuns, constituindo-se num meio eficaz de cristianização. O sermão, como registra Delumeau, fez penetrar nas mentalidades o medo em relação à mulher. Como ele refere, o que na alta Idade Média era discurso monástico tornou-se em seguida, pela ampliação progressiva das audiências, advertência inquieta para o uso de toda a Igreja discente, que foi convidada a confundir vida dos clérigos e vida dos leigos, sexualidade e pecado, Eva e Satã (DELUMEAU, 1989, p. 322).

Em meados do século XIII Aristóteles é revisitado por pregadores e moralistas, que em sua obra encontram razões "cientificamente" irrefutáveis para a necessidade de custodiar as mulheres. Daí em diante, elas passam a ser definidas como "homens incompletos" e "imperfeitos". Seres irracionais e incapazes de governar suas paixões.

As mulheres, para Aristóteles, eram seres frágeis, plasmáveis, irracionais e passionais. Seu corpo, como ele dizia, por ser excessivamente úmido, as tornava moles e inconstantes, tendentes a vaguear continuamente em busca de novidades. Eram incapazes, assim, de ter opiniões resolutas estáveis nas várias situações (CASAGRANDE, 1990).

Aristóteles (revisitado por médicos, juristas e teólogos na Idade Média) sustentava a incapacidade das mulheres de decidir sobre assuntos públicos[5]. E, nesta esteira, o magistrado francês Tiraqueau (século XIV) afirmava a impossibilidade de uma mulher ser juíza ou advogada. De igual modo, praticamente todos os clé-

---

5   Segundo ele, as mulheres eram incapazes de decidir sequer sobre assuntos domésticos de maior complexidade.

rigos católicos importantes da época pregavam e escreviam sobre a legitimidade masculina exclusiva de falar a palavra de Deus (como sabemos, isso ainda é assim).

Em termos silogísticos, a alma segue o corpo. Se o corpo é mole e instável, assim é a alma feminina. Daí por que as mulheres precisavam ser "guardadas". Melhor dizendo "custodiadas". *Custódia*, como afirma Casagrande, torna-se a palavra de ordem, atrás da qual se alinha toda a literatura "didática" dirigida à mulher. Com a palavra custódia se pode compilar tudo o que podia, e devia, ser feito para educar as mulheres nos bons costumes e salvar suas almas: reprimir, vigiar, encerrar.

As mulheres passaram, então, a ser guardadas e protegidas como um bem, escondidas como um tesouro frágil e valioso, vigiadas como um perigo sempre imanente, encerradas como um mal de outro modo inevitável. E este conjunto de ações em relação a elas deveria ser praticado desde a infância até o fim de seus dias, fosse ela leiga ou religiosa (CASAGRANDE, 1990, p. 121).

Em aparente contradição, embora incapazes e imperfeitas, em muitos textos e discursos públicos, as mulheres eram convocadas a "guardarem-se" de si mesmas. E as armas discursivas utilizadas para este convencimento eram a vergonha, o medo, o pudor, a timidez e a insegurança, que a ideologia da custódia também afirmava. A mensagem era direta e clara: mesmo incompleta em relação ao homem, a mulher poderia salvar sua alma. Afinal, foi criada por Deus, participou da vinda de Cristo à Terra com a Virgem Maria, e muitas eram as santas que contribuíram para o desenvolvimento da cristandade.

Segundo Casagrande (1990), para pregadores e moralistas a mulher é dotada de uma disposição natural para o temor e para a vergonha, uma espécie de timidez e de retraimento congênito, chamado pudor, que a torna propensa ao pavor, e que a leva a retrair-se e a fugir do mal e da torpeza.

É o pudor, que lhe foi dado por Deus, depois do pecado original, que lhe defende das torpezas da carne. Ou seja, o pudor é uma consequência natural de sua imperfeição que serve de instrumento para que a mulher proteja-se de si mesma. Sempre foi muito forte a invocação para que as mulheres "reforçassem" a capacidade de sentirem-se tímidas e inseguras nas relações sociais. A retraírem-se amedrontadas diante de qualquer tipo de homem, a ruborizarem-se.

A vergonha, portanto, custodia a mulher, porque a afasta da comunidade social, a remete para o espaço fechado e "protegido" da casa, ou do mosteiro, preserva-lhe a castidade, relega-a para uma "louvável animalidade". Como escreve Casagrande (1990, p. 121):

> No momento de máxima sociabilidade consentido à mulher, durante aquele rito matrimonial público a que a comunidade dá o seu assentimento à passagem de uma mulher de um grupo familiar para outro, a mulher ideal tratada por Francisco de Barberino, que em adolescente sempre se tinha mostrado tímida e reservada em todas as suas aparições em público, reafirma mais uma vez a sua escassa insegura sociabilidade: envergonhada, assustada e imóvel durante a cerimônia, não estende a mão, mas apenas permite que a tomem quase à força, e uma vez chegada à nova casa mostra-se assustada com todos, respondendo, se interrogada, de um modo "breve, baixo, medroso", e revelando-se ao marido "selvagem e ignorante...em assuntos de amor".

Como disse antes, este chamado do pudor e da vergonha era uma aparente contradição, pois como um ser tão frágil poderia ser, em seu íntimo, tão peçonhento? Só aparente, pois, a mulher era somente potencialmente capaz de autocustodiar-se. Na verdade não poderiam guardar-se sozinhas.

Diz Casagrande (1990) que Tiago de Varazze, como já havia feito Santo Agostinho novecentos anos antes, considerava que os homens (fossem pais, maridos, irmãos ou padres) partilhavam com Deus, e com os sistemas jurídicos, o difícil mas necessário encargo de custodiar as mulheres. E estas, graças à providência divina, estavam submetidas à autoridade masculina a qual deveriam, dispostas ou não, aceitar, mantendo-se sóbrias, castas, silenciosas e ignorantes.

A mulher devia ser sóbria no consumo de alimentos e bebidas. Existia, portanto, uma série de regras alimentares presentes tanto na literatura religiosa quanto na laica. Evitar o vinho, o excesso de comida, os pratos demasiados quentes e condimentados eram prescrições a todas as mulheres, mais especificamente para as religiosas e as viúvas. Aliás, se a mulher casada precisava encontrar um ponto de equilíbrio para que as restrições alimentares não prejudicassem sua capacidade de procriação, as religiosas e viúvas poderiam empenhar-se mais profundamente na mortificação da carne. Como registrou Casagrande (1990, p. 130):

Com o passar do tempo, a partir dos finais do século XIV e durante todo o século seguinte, a insistência sobre os valores da sobriedade e do jejum torna-se mais aguda e mais radical, atingindo também, em alguns casos, as mulheres casadas. As normas que estabelecem quando, quanto e como comer e jejuar tornam-se cada vez mais pormenorizadas e, ligadas a uma série de prescrições sobre os tempos e os modos da disciplina corporal, assumem um valor ascético cada vez mais forte. Nos textos precedentes o acento e, pelo contrário, posto na custódia da castidade: se o corpo das virgens, das viúvas e das casadas deve ser temperado pela sobriedade é porque este corpo deve ser mantido íntegro dentro das casas e dos conventos. Um corpo fatigado por alimentos excessivos, cheio de vinho, enervado pela excitação e desfalecido pela luxúria não agrada a Deus e não serve ao marido.

Outro conjunto de normas dirigidas às mulheres diz respeito à gestualidade. Os gestos das mulheres deveriam transferir-se de uma expressividade de ação e movimento para a fixidez e imobilidade. Mulheres não deveriam rir, apenas sorrir, sem mostrar os dentes. Não deveriam arregalar os olhos, mas mantê-los baixos e semicerrados. Deviam chorar, sem fazer ruídos. Não deviam agitar as mãos. Não deviam mover demasiadamente a cabeça.

Essas normas tornam-se mais rígidas e densas quando a exteriorização do gesto se colocava no espaço social. Casagrande (1990, p. 130) anota que controladas em cada membro de seu corpo, e compostas em cada uma das suas ações, estas mulheres revelavam a reverência e pudicícia que delas se exigia.

Como reflexo de todo este complexo sistema "correcional", no século XVI, encontramos o relato de Lady Grey (1568), transcrito por Delumeau (1988, p. 339). Dizia a menina:

Quando estou na presença de meu pai ou de minha mãe, que eu fale, me cale, caminhe, fique sentada ou em pé, coma, beba, costure, brinque, dance ou faça qualquer outra coisa, devo por assim dizer fazê-lo de maneira tão ponderada, grave e comedida, sim, de maneira tão perfeita quanto Deus criando o mundo sem o que sou severamente repreendida, cruelmente ameaçada, e por vezes beliscada, arranhada, espancada e maltratada de muitas outras maneiras das quais não falaria em razão do respeito que lhes devo – em suma, tão injustamente punida que creio estar no inferno.

Entretanto, ainda que enquadrada nos gestos, na alimentação e vestuário, a mulher possuía algo mais importante a ser custodiado: a palavra. Terreno em que predominou a autoridade de São Paulo. Mas não só a dele, também, novamente, a de Aristóteles.

Nos ensinamentos de São Paulo a mulher, submetida ao homem, está proibida de ensinar e de falar nas assembleias. Era consentido, caso desejasse saber alguma coisa, que interrogasse seu marido em casa, nunca fora do lar. Segundo São Paulo, assim diziam as escrituras, em Timóteo ou Coríntios.

A mulher deve aprender em silêncio, com toda a sujeição. Não permito que a mulher ensine, nem que tenha autoridade sobre o homem. Esteja, porém, em silêncio. (I Timóteo, II, 11)

Como em todas as congregações dos santos, permaneçam as mulheres em silêncio nas igrejas, pois não lhes é permitido falar; antes permaneçam em submissão, como diz a lei. Se quiserem aprender alguma coisa, que perguntem a seus maridos em casa; pois é vergonhoso uma mulher falar na igreja. (I, Coríntios, XIV, 34-35)

Estas duas passagens bíblicas justificaram por longos tempos o primeiro e constitutivo ato de custódia da palavra feminina, proposto por pregadores e moralistas. A palavra das mulheres foi, então, excluída de qualquer dimensão pública e colocada no privado.

A negação na dimensão pública não é tanto um problema de espaço, como se pode entender pela referência à igreja, mas um problema de funções. Note-se que, cada vez que a palavra abandona o plano da comunicação entre indivíduos singulares, para assumir um papel político de fundação e de governo da comunidade, as mulheres deveriam calar-se, pois naquele momento a fala está com os homens. E isso tem um reflexo perceptível em termos sociais e políticos até os dias de hoje.

As mulheres não entravam nos tribunais, não governavam, não ensinavam, não pregavam. A palavra do juízo, do poder, da cultura, da cura e da salvação deviam manter-se masculinas. Os ordenamentos jurídicos e políticos excluíram a mulher do exercício jurídico ou do poder.

Somente em alguns momentos e condições históricas específicas foi consentido às mulheres comparecerem ao tribunal, no papel de acusadoras ou de testemunhas. Da mesma forma, em poucos momentos, mulheres puderam assumir funções de religiosas, como era o caso de abadessas que presidiam ordens. E, de igual sorte, em raras ocasiões mulheres da aristocracia assumiram funções de comando na morte ou ausência do marido.

Contudo, as normas mais rigorosas eram as que negavam a função docente à mulher em qualquer nível. O direito canônico, as exegeses, a teologia eram unânimes em afirmar que mulheres não poderiam ensinar. Como anotou Casagrande (1990, p. 135):

> Fechadas atrás das paredes domésticas e conventuais, colocadas numa relação de submissão relativamente ao homem, assinaladas por uma natural debilidade intelectual, dotadas de um corpo frágil cuja vista pode gerar motivos de luxúria, incapazes de dominar as técnicas da palavra, as mulheres ficam fora das universidades, onde homens especialistas nas artes da lição e da polêmica elaboram e transmitem conhecimentos aos outros homens.

Obviamente, pelos mesmos argumentos, também é negada às mulheres a possibilidade de pregarem a palavra de Deus. Teólogos e pregadores, de forma recorrente, levantavam a voz para salientar o privilégio dos clérigos de serem os únicos e legítimos depositários da palavra de salvação. Falavam dos riscos que representavam as muitas mulheres de movimentos ditos heréticos.

Por outro lado, não somente a palavra pública da mulher era alvo de atenção. Também as formas que suas manifestações verbais poderiam assumir no privado foram objeto de custódia. O perigo era de que, excluídas da vida pública, elas subvertessem os espaços a que eram reclusas: a casa e o convento. Havia um risco de que estes lugares, se não controlados, pudessem se tornar um reino do discurso feminino. Assim, as mulheres deviam seguir as *taciturnitas*.

Ou seja, manter um comportamento virtuoso que lhes determinava falar pouco, de modo contido e apenas em caso de necessidade.

Alguns autores chegaram a reconhecer na palavra feminina uma força conselheira e persuasiva importante para o conforto aos maridos e filhos, principalmente às filhas. Entretanto, mesmo esta capacidade era questionada, pois Aristóteles, na *Política*, indicava serem os conselhos das mulheres demasiado passionais e mutáveis, privados de coerência e de racionalidade.

Sem nenhum espanto, também a relação das mulheres com a palavra escrita é olhada com suspeita. Como anota Casagrande (1990), Felipe de Novara dizia que a mulher não deveria aprender a ler ou a escrever, senão para tornar-se freira, porque "muitos males" aconteciam por elas saberem ler e escrever.

A sobriedade na alimentação, a modéstia nos gestos, as poucas palavras, o limitado acesso ao mundo da cultura e do trabalho constituem um conjunto de elementos significativos para um processo bifronte de redução/eliminação da participação no público e custódia no privado. A mulher foi afastada da vida pública e segregada, seja em casa ou no mosteiro, onde deveria limitar-se à interioridade de sua alma.

3.2. OS DISCURSOS DA CUSTÓDIA

Como se pode observar, todo o sistema de custódia da mulher deve-se, em muito, à pregação eclesial. Contudo, não somente este foi o único discurso para a segregação feminina.

As pregadoras incomodavam a Igreja, para a qual somente os homens podiam ser os veículos da palavra de Deus. Mas, as artesãs, as rainhas, as professoras, as escritoras e tantas outras também eram inoportunas ao projeto misógino de poder que, surgido nos estertores do período medieval, atravessou a Idade Moderna e chegou até bem próximo de nossos dias.

Como registra Delumeau (1998), nas obras do pregador alsaciano Thomas Murner, principalmente na *Conjuração dos Loucos* e na *Confraria dos Diabretes* (ambas publicadas em 1512), a mulher era considerada um "diabo doméstico". De maneira que à esposa dominadora não se poderia hesitar em aplicar surras. *Não se diz que ela tem nove peles?*, perguntava, enfim, Murner.

A mulher foi construída como infiel, vaidosa, viciosa e coquete. Como o chamariz de que Satã se servia para atrair o homem para as profundezas. E para provar isso, pregadores como Ménot, Maillard e Glapion tanto falavam da beleza, ou dos trajes das mulheres, assim como desvalorizavam sua palavra (DELUMEAU, 1998).

Menot, por exemplo, afirmava que a beleza na mulher é a causa de muitos males, pois para que fosse vista por todos, utilizava-se de toda espécie de ornamentos: grandes mangas, a cabeça ataviada, o peito descoberto. Para Maillard, por sua vez, a cauda dos longos vestidos era semelhante à dos animais, dos quais a mulher se aproximava pela conduta; e os colares e correntes de ouro que traziam no colo, a prova de que o diabo as arrastava com ele, acorrentadas. Já para Glapion, Maria Madalena jamais poderia ter sido a testemunha da ressurreição de Jesus Cristo, "pois a mulher, entre todas as criaturas, é variável e mutável, pelo que não poderia provar suficientemente contra os inimigos de nossa fé" (1998, p. 321).

Como refere Delumeau (1989) a atitude masculina em relação às mulheres sempre foi contraditória. Com Atenas a imagem do feminino representava a divina sabedoria, com a Virgem Maria o canal de toda graça e bondade suprema. Mas, em muitas civilizações os cuidados com os mortos e os rituais funerários cabiam às mulheres, por serem consideradas ligadas ao ciclo eterno que vai da vida à morte. Elas criam, mas também destroem. É o princípio materno cego que impulsiona o ciclo da renovação, que provoca a explosão da vida, mas ao mesmo tempo espalha as pestes, a fome, as guerras, a morte (DELUMEAU, 1989, p. 312-313).

Nos meandros deste paradoxo, entre o satânico, que lhe é intrínseco, e a santificação, pela custódia, nos primeiros tempos da Idade Moderna, na Europa Ocidental, do mesmo modo que o judeu, a mulher foi identificada como um perigoso agente do demônio, não somente pelos homens da Igreja, como também pelos juristas.

3.2.1. O discurso teológico

Como já mencionado, a partir do século XIII, instala-se uma verdadeira "tensão mística" que culmina na repressão às mulheres que ousavam falar com Deus, de Deus e em nome de Deus. Em razão disso, os homens da Igreja reforçam, com violência verbal (num primeiro plano), a impossibilidade de as mulheres exercerem o ofício da prédica. Isso requereria uma condição de superioridade e de plenitude intelectual de que seu sexo não dispunha. Num segundo plano, a violência já não era apenas verbal, mas física, com a atuação do Santo Ofício, seus julgamentos, suas torturas, suas fogueiras.

As pregações provenientes dos representantes da Igreja, muito especialmente das ordens mendicantes, nada mais eram do que exploradoras e difusoras de uma doutrina estabelecida há muito tempo, em várias obras da própria Igreja. Um monge do século XII, por exemplo, numa obra poética intitulada *De contemptu feminae,* enumera uma porção de vícios femininos. As mulheres eram, segundo ele, ignóbeis, pérfidas, covardes, corrompem o que é puro, e aviltam as ações humanas.

Segundo Delumeau (1989), as falas e peregrinações mendicantes foram incrementadas com a invenção da imprensa. O *De statu et planctu ecclesiae (Do estado e pranto da igreja)*, por exemplo, redigido por volta de 1330, a pedido do Papa João XXII, pelo franciscano Álvaro Pais (então Cardeal presidente da Penitenciária Apostólica, tribunal eclesiástico de Roma), foi impresso em Ulm em 1474, reeditado em Lyon em 1517, e em Veneza em 1560. É a obra antecessora do *Malleus Maleficarum* em tudo o que este possui de mais misógino.

No *De Planctu* encontra-se um catálogo com os 102 "vícios e más ações" da mulher. Uma lista que, segundo Delumeau, é repetitiva e não contém uma coerência interna, mas que pode ser sintetizada em sete pontos principais. Delumeau (1989, p. 324) destaca os seguintes trechos:

c) (...) Algumas, "*muito criminosas*"[6], "servindo-se de encantamentos, de malefícios e da arte de Zabulão", impedem a procriação. (...) "Frequentemente" (notar-se-á a insistência nesse advérbio) sufocam, por falta de precaução, os filhos pequenos deitados (com elas) em sua cama. Frequentemente, elas os matam, tomadas de delírio. Algumas vezes, são as colaboradoras do adultério: seja porque entregam virgens à libertinagem, seja porque se arranjam para fazer abortar uma moça que se abandonou à fornicação" (N. 43, 79, 80, 81). (...) f) O marido deve desconfiar de sua esposa. Por vezes ela o abandona ou então "lhe traz um herdeiro concebido de um estranho", ou ainda lhe envenena a vida com suas suspeitas e com seu ciúme. Algumas agem contra a vontade do cônjuge e dão esmola para além do que ele permitiria. Outras, "tomadas de uma inspiração fantástica, querem adotar o traje de viúva, a despeito do marido a quem recusam a copulação carnal". Deixe-se à mulher toda a liberdade do casal e ela será tirânica: "Se não caminha segundo teu comando (*ad manum tuam*), ela te envergonhará diante de teus inimigos". De qualquer modo, como impedir que ela manifeste "um ódio quase natural" aos filhos e filhas de um primeiro casamento, a seus netos e noras? (N. 5, 11, 12, 15, 16, 20, 34, 77, 78).

g) Ao mesmo tempo orgulhosas e impuras, as mulheres trazem perturbação para a Igreja. Falam durante os ofícios e assistem a eles de cabeça descoberta, apesar das recomendações de São Paulo. Ora, elas deveriam cobrir os cabelos "em sinal de submissão e de vergonha pelo pecado que a mulher, em primeiro lugar, introduziu no mundo". Monjas tocam e maculam os panos sacros ou querem incensar o altar. "Elas se mantêm no interior dos gradis do coro e ali pretendem servir aos padres". "Leem e pregam do alto do púlpito", como se para isso tivessem autoridade. Algumas recebem ordens que lhes são proibidas ou coabitam com clérigos. Outras vivem como cônegas regulares – estatuto que a Igreja não aprovou – e concedem a benção solene e episcopal (N. 44, 57, 58, 59, 61, 65, 68, 73, 74).

A citação é longa, mas necessária, pois as passagens acima demonstram o quanto o processo de criminalização ultrapassou o delito da feitiçaria. Dizem respeito ao infanticídio e ao aborto, como crimes "típicos" femininos. E, por outro lado, a partir de características consideradas femininas, excluem as mulheres de qualquer esfera de proteção a partir de noções como a de "dever conjugal".

---

6 Grifei.

3.2.2. O discurso médico

A representação da mulher na medicina é um dos elementos--chave para justificar sua submissão e consequente aprisionamento. Também neste aspecto, a filosofia aristotélica exerceu uma grande influência durante o período medieval que, na segunda metade do século XIII, vê florescer o gênero enciclopédico, com as obras *Speculum Naturale* de Vicente de Beauvais, *De proprietatibus rerum* de Bartolomeu o Inglês, e *De Naturis Rerum* de Alexandre Neckham. Nelas, os autores estudaram o processo de procriação, a gravidez, assim como trataram cuidadosamente da anatomia e da fisiologia femininas (THOMASSET, 1990, p. 68).

No discurso médico a representação da mulher é condicionada por ideias simples e, por isso, facilmente incutidas na consciência coletiva. Na verdade, o estudo da anatomia feminina, em linhas gerais, serviu tão somente para confirmar o desprezo expresso pelos teólogos que, ancorados no *Gênesis,* consideravam a mulher como um produto secundário, e consequentemente inferior ao homem.

De Homero (século VIII a.C.) a Galeno (século II d.C.) o discurso relativo às mulheres apresenta uma coerência notável. A mulher, de regra, é tida como passiva e inferior anatômica, fisiológica, psicológica e racionalmente. Fizessem elas o que fizessem, e poderiam fazer tudo, faziam pior do que os homens (SISSA, 1990, p. 85-86).

Os médicos reconheciam que todo o indivíduo sexuado (macho ou fêmea) era portador de uma semente idêntica e andrógina. Mas que a parte feminina desta substância era mais fraca do que a masculina. Tanto Aristóteles, como depois Galeno, no período medieval, sustentaram a assertiva da semelhança inversa dos órgãos masculinos e femininos. O órgão masculino era considerado como "acabado", e "voltado para o exterior". Já o feminino era "diminuído" e "retido no interior", constituindo o inverso do equivalente masculino. Com tal observação sustentam-se juízos de inferioridade e de uma predestinação ao mal.

A leitura enviesada da anatomia feminina procede de um conjunto de três condicionamentos fundamentais. Um, ao princípio da analogia, que acabara de ser formulado, e que sempre submetia a análise do corpo feminino em comparação ao masculino; dois, o princípio absoluto da finalidade, presente no jogo etimológico e no pensamento teológico; e, três, o princípio da submissão absoluta à autoridade. Conforme Thomasset (1990, p. 70) estes três imperativos conjugaram-se para impedir qualquer observação verdadeira.

Ao longo de toda a Idade Média foi repetido que a mulher, por exemplo, possui pouco calor natural. Seu corpo é naturalmente frio, e mesmo a que tenha mais calor, não consegue se igualar ao homem neste aspecto. À exceção do período gestacional, os resíduos que seu corpo produz pela falta de calor são expelidos na forma de sangue menstrual.

Como já se lia em Aristóteles, afirmavam os estudiosos medievais que o expurgo das impurezas pelo sangue justificava o fato de as mulheres não terem hemorroidas, e terem uma pele lisa e aveludada. Nos homens a expurgação era realizada pela produção de barba, de pelos; e, nos animais, de cornos.

A menstruação sempre foi uma característica do corpo feminino que mereceu destaque. Segundo Alberto Magno, por exemplo, as mulheres pobres, que trabalhavam muito, não tinham regras, pois o pouco que comiam não era suficiente sequer para sua subsistência. Falava-se na existência das amenorreias da fome (THOMASSET, 1990, p. 79).

Sustentava-se que a lepra poderia ser transmitida por uma relação sexual com uma mulher menstruada. E alguns autores afirmavam que a criança concebida nestas condições poderia nascer leprosa. Registra Thomasset que um dos enciclopedistas dos mais conhecidos e citados, Guilherme de Conches, explicava que a mulher que mantivesse relações com um leproso não adquiriria a doença, mas transmitiria ao primeiro homem com que mantivesse relação após. Isso porque a mulher era fria, portanto, capaz de resistir à doença. Entretanto, a matéria pútrida que provém do coito com o leproso infecta a outro. A lepra, assim, transmitir-se--ia como uma doença venérea que a mulher porta, mas que destrói o homem (1990, p. 93).

113

Segundo Thomasset (1990, p. 95), a lepra cristaliza e exprime todos os medos do homem. É a doença que degrada e esgota a força física. O homem tornou-se, então, vítima impotente da mulher. Mas, esta é igualmente a cúmplice dos leprosos, criaturas representadas segundo os fantasmas masculinos, comunidade de sexualidade sempre ameaçadora, único ambiente, pensa o homem, em que, sempre insatisfeita, ela pode satisfazer o seu insaciável apetite sexual. E, deste modo, a mulher desta época é simultaneamente considerada como o instrumento do pecado, que merece o castigo, e como agente da transmissão de uma doença, que designa este pecado aos olhos da coletividade (1990, p. 96).

Como anotou Thomasset (1990, p. 92), em *Admiráveis segredos de magia do Grande Alberto e do Pequeno Alberto*, também falava-se das "velhas" que, pelo seu olhar infectado, inoculavam as crianças de berço com seu veneno. E, as mulheres pobres, que têm uma alimentação grosseira, difícil de digerir, eram consideradas mais venenosas que as outras.

Todas estas explicações pseudocientíficas excluem, e mantêm a distância, uma boa parte da sociedade, seja dentro de casa, seja no convento. São as raízes do paradigma etiológico. E a mesma fonte justificativa de políticas higienistas que seriam adotadas séculos mais tarde.

3.2.3. O discurso jurídico

Mesmo com as invasões bárbaras e o declínio do Império Romano Ocidental a influência romana não deixou de existir na Europa. A organização administrativa e religiosa preservou ainda durante muitos séculos as mesmas características da época imperial (MARTINS, 2011, p. 210).

Com o pleno desenvolvimento do feudalismo entre os séculos X, XI e XII, o direito ficou adstrito às regulamentações muito particulares, estabelecidas entre senhores e servos, com o desaparecimento quase completo do direito romano. É o direito canônico que se mantém, durante toda a Idade Média, como o único direito escrito e universal (MARTINS, 2011, p. 211).

A partir do final do século XII e início do século XIII, o direito romano ressurge vigorosamente a partir da retomada do *Corpus*

Juris Civilis de Justiniano. O que perdurara até meados do século XVI, quando se tornou possível a construção de um sistema jurídico que, mais tarde, foi fundado em uma razão de cunho jusnaturalista, desenvolvida pelos filósofos modernos dos séculos XVII e XVIII (MARTINS, 2001, p. 228).

Contudo, fosse puramente canônico, ou influenciado pelo direito romano[7], o discurso construído pelos juristas medievais sempre se constituiu como um dos pilares fundamentais da custódia feminina. De fato, a reconstituição do discurso oficial sobre as mulheres na época da renascença seria incompleta se dela se subtraísse o componente jurídico (DELUMEAU, 1989, p. 334).

Dentre os discursos de juristas da época destacaram-se os de André Tiraqueau (1488-1558) para quem, em citação de Delumeau (1989, p. 334), as mulheres eram:

menos providas de razão do que os homens. Portanto, não se pode confiar nelas. São faladoras, sobretudo as prostitutas e as velhas. Contam os segredos: "É mais forte que elas ('*vel invitae*'). Ciumentas, *são*

---

7 É de referir, de passagem, que o direito romano não tomava a divisão dos sexos como uma questão natural, mas como uma questão jurídica. O que é extremamente importante de ser compreendido, na medida em que, como refere Yan Thomas (1990), as particularidades do estatuto jurídico das mulheres da época, em que o direito justiniano foi gestado, não encontraram sua razão de ser apenas no quadro geral da sociedade romana, e não podem ser relacionadas apenas com a evolução econômica e social. Estas peculiaridades, antes, se articulam também com uma norma organizadora da diferença e da complementaridade do masculino e do feminino, o que não se transportou, como vimos, para o período medieval. Em Roma, a divisão entre os sexos não é um dado primário, mas um objeto sabidamente construído pelo direito. Os estatutos, masculino e feminino, não se relacionam tão somente com um tipo de organização política e social – (a cidade) –, considerada como meio mais ou menos favorável de desigualdade entre os sexos. Assim como a igualdade também não é um parâmetro em função do qual se possa escrever uma história das mulheres concebida linearmente, como uma sequência de progressos e retrocessos, de emancipações e dos obstáculos à emancipação. Estes estatutos constituem, também, uma arquitetura jurídica em que se constroem as diferenças (THOMAS, 1990, p. 136). Embora o direito romano seja também relevante em um olhar atual, não é o caso de aprofundá-lo neste trabalho. Por ora, o que interessa demonstrar é que teólogos e médicos apoiaram-se mutuamente para desvalorizar a mulher e fornecer, em conjunto, argumentos complementares e peremptórios aos juristas.

115

então capazes dos piores delitos[8], como matar o marido e o filho que tiveram dele. Mais frágeis que os homens diante das tentações, devem fugir da companhia das pessoas de má vida, das conversas lascivas, dos jogos públicos, das pinturas obscenas. Convém-lhes ser sóbrias 'para permanecer pudicas', evitar a ociosidade e sobretudo calar-se (*mulieres máxime decet silentium et taciturnitas*)".

Capazes dos piores crimes, inconfiáveis, faladeiras, as mulheres deveriam permanecer em silêncio e reclusas. As sentenças de Tiraqueau eram, para as mulheres, um catálogo de interdições de toda espécie. Nelas era, em todo momento, relembrada a ordem vigente que as proibia de ensinar, de pregar, de amamentar ou manter relações sexuais durante a menstruação.

Nas decisões de Tiraqueau também são reafirmadas as normas jurídicas que exigiam das mulheres um juramento das que, de alguma sorte, fossem chamadas a assumir responsabilidade. Assim como as que as proibiam de assinar contratos e fazer doações, ou de elaborar um testamento sem o consentimento do cônjuge.

Sem nenhuma surpresa, exatamente no mesmo período em que florescem pregações religiosas e as explicações médicas misóginas, de que tratei antes, legalmente, na França, no século XIV, é editada a lei que impediria a transmissão da coroa às mulheres, ou pelas mulheres. Regra que, por sinal, tornou-se geral em toda a Europa, com a proibição de acesso pelas mulheres a cargos públicos.

Neste mesmo período, também sem nenhum espanto, Boutillier (1340-1417) publicou obra, editada repetidas vezes, na qual afirmava que (DELUMEAU, 1989, p. 336):

> a mulher não pode nem deve de modo algum ser juiz, pois ao juiz cabe uma enorme constância e discrição, e a mulher, por sua própria natureza, delas não está provida. Igualmente são privadas as mulheres (de ser advogado em corte) em razão de sua impetuosidade.

Juridicamente a mulher estava sob poder do marido. Assim o afirmava, por exemplo, Philippe de Beuamanoir (1250-1296) segundo o qual, em relação ao homem, a mulher "lhe deve respeito

---

8 Grifei.

e obediência, pesando o dever de coabitação mais sobre ela do que sobre seu cônjuge. Muito deve a mulher séria sofrer e padecer antes que se ponha para fora da companhia de seu marido" (DE-LUMEAU, 1989, p. 336).

Na Idade Média, descreve Delumeau, a autoridade marital, ligada ao regime de comunhão de bens, visava assegurar a disciplina do casal dando a última palavra ao marido. E isso, no final do antigo regime, se tornou uma instituição de ordem pública, independente do arranjo matrimonial adotado. O marido, de mestre e senhor da comunhão na era clássica, torna-se mestre e senhor de sua mulher.

Divergências entre os juristas somente eram encontradas no que se referia aos fundamentos da pena que a ser judicialmente aplicada às mulheres. Alguns, como Tiraqueau, entendiam que a insuficiência de razão e a imbecilidade feminina constituiriam circunstâncias atenuantes aos crimes cometidos pelas mulheres. Segundo o magistrado francês (DELUMEAU, 1989, p. 337):

> O homem que comete a fornicação ou o adultério peca mais gravemente que a mulher, tendo em vista o fato de que o homem possui mais razão que a mulher (...) Portanto, minha opinião é esta: tendo os homens mais razão que as mulheres, graças à qual podem mais vigorosamente que elas resistir às incitações do vício e, como dizem os teólogos, às tentações, é justo que as mulheres sejam punidas com mais clemência. O que não significa não as punir absolutamente como se fossem animais brutos totalmente privados de razão. Pois as mulheres possuem um certo grau de razão (...).

Tiraqueau entendia que as mulheres deveriam ser menos severamente punidas quando os crimes envolvessem incesto (salvo em linha direta), sacrilégio ou adultério. Entretanto, a pseudobenevolência de Tiraqueau não se projetava em julgamentos (religiosos ou seculares) quando os julgamentos envolviam feitiçaria. Crime do qual pretendo tratar a seguir, em tópico específico.

Quanto ao testemunho feminino é interessante ver que esta é uma interdição que perdura ao longo dos tempos, mas que é relativizada durante o período em que vigorou a inquisição, quando a mulher passa a ser aceita como testemunha de acusação em casos envolvendo feitiçaria, mesmo que de forma mitigada.

De uma maneira geral, entretanto, a regra era a desvalorização, ou mesmo desconsideração, do testemunho feminino. Para Jean Bodin, assim como os autores do *Malleus Maleficarum*, a mulher seria a "flecha de Satã" e a "sentinela do inferno", e por isso, o testemunho de um homem equivaleria, pelo menos, ao de duas mulheres (DELUMEAU, 1988, p. 336-337).

3.3. A HERANÇA MEDIEVAL

Mais do que as torturas e as fogueiras, e todo o arcabouço jurídico que instituiu o sistema inquisitorial (de cujos resquícios até hoje tentamos nos libertar), o que os séculos XIII, XIV e XV nos legaram é uma política de custódia, orquestrada e executada em regime de cooperação dos mais diversos entes.

A vigilância, os maus-tratos, a desconstrução da identidade, a imposição do trabalho artesanal como forma de correção, as saídas restritas, a incomunicabilidade com o mundo exterior são características que marcam instituições de segregação de indivíduos perigosos. E é esse conjunto de práticas que chega ao Brasil e à América Latina nos séculos XVI e XVII.

A inquisição é realmente um momento fundamental para a consolidação do poder punitivo no final da Idade Média. Por outro lado, como dito anteriormente, trata-se de "um" momento em todo um contexto de criminalização e punição das mulheres que vai além das fogueiras, galés, e outras tantas penas aplicadas durante este período.

3.3.1. *As mulheres e a prisão*

Para as mulheres, séculos antes do advento do capitalismo industrial, e daquelas que são consideradas as primeiras instituições prisionais, a reclusão (muitas vezes perpétua) sempre foi uma realidade, no contexto de uma política de correção que oscilava entre a casa e o convento[9].

---

9 Pavarini e Melossi (2006, p. 21), embora concordassem que a realidade feudal não ignorava completamente o cárcere como instituição, entendiam que nesta época

Logicamente que não estou afirmando a estrita correlação entre a casa e o convento, como espaços de reclusão feminina, e as prisões existentes do século XIX em diante. Todavia, privar alguém da liberdade de locomoção em decorrência da prática de algo "indesejável" é o que consubstancia o conceito de prisão, em qualquer tempo e lugar. Visto sob este prisma, me distancio muito da opinião de Pavarini e Melossi (2006, p. 22) quando afirmam que:

> a passagem da vingança privada à pena como retribuição, isto é, a passagem de um fenômeno quase "biológico" a categoria jurídica impõe, como pressuposto necessário, o domínio cultural do conceito de equivalente, medido como troca de valores. A pena medieval certamente conserva esta natureza de equivalente, mesmo quando o conceito de retribuição não é mais diretamente conectado ao dano sofrido pela vítima do delito, mas sim com a ofensa a Deus. Por isso, a pena adquire cada vez mais o sentido de *expiatio*, de castigo divino. Essa natureza um tanto híbrida – *retributio* e *expiatio* – da sanção penal na época feudal não pode, por definição, encontrar no cárcere, ou seja, na privação de um *quantum* de liberdade, sua própria execução.

Para as mulheres, o projeto de custódia instalado no final da Idade Média fortaleceu a existência de cárceres, constituiu carcereiros e impôs o trabalho como forma de "melhoramento" de um grupo considerado perigoso. Não é à toa que o primeiro decreto de clausura universal para as mulheres, de 1298, levou o nome de *Periculloso,* e que um traço marcante da vida religiosa feminina sempre foi a necessidade e importância da clausura[10].

A literatura criminológica, em geral, reporta o surgimento das primeiras instituições de encarceramento na Inglaterra do século XVI, com a construção das primeiras *bridwells* e *workhouses*

---

era ignorado o internamento como pena de privação da liberdade. Segundo esses autores, no sistema de produção pré-capitalista, o cárcere não existiu.

10 De modo diverso do que ocorria com os religiosos homens, a reclusão total era exigida das mulheres. E, de outro lado, as comunidades religiosas de mulheres jamais gozaram de autonomia, tanto em termos administrativos, quanto aos relativos à própria subsistência da comunidade. Todo o contato com o mundo exterior deveria dar-se através de procuradores e administradores homens. As casas religiosas "apresentavam-se como cidades fechadas. Muros em primeiro lugar, um 'claustro' (*claustrum*), cujo acesso devia ser estritamente controlado, uma única porta, aberta ou fechada em certas horas como a porta das cidades (...)" (DUBY, 1990, p. 52).

que abrigavam indistintamente homens, mulheres e crianças, na maioria esmagadora, pobres. Entretanto, como afirma Leila Algranti (1993, p. 45), a preocupação com o internamento de mulheres leigas antecede o movimento estudado por Foucault, Melossi, Igratieff e outros.

Não se sustenta, seguindo Algranti, a ideia de que o encarceramento foi o resultado de uma necessidade burguesa, principalmente ligada ao trabalho no contexto de constituição do capitalismo industrial. A reclusão de mulheres leigas sempre foi praticada sob o véu de princípios morais, de preservação dos bons costumes e da castidade feminina.

Segundo Rusche e Kirchheimer (2004), até o fim do século XVIII era comum que em uma mesma instituição combinassem diferentes propósitos. Em 1780, por exemplo, metade do conjunto dos internos de uma instituição alemã (Ludwigsburg) era de condenados. A outra metade compunha-se de órfãos, pobres e loucos. Nas palavras dos autores (2004, p. 98-99):

> a mesma variedade pode ser achada nos *Hôpitaux généraux*, embora apenas uma minoria de criminosos esteja incluída no começo por causa de sentenças severas sob o *Ancien Régime*. Os hospitais também adquiriram as características de prisões, mas sem abandonar a prática de admitir velhos, insanos e crianças.

Ainda conforme Rusche e Kirchheimer (2004, p. 97), um século antes, em Amsterdã, nas casas de correção também não eram separados criminosos condenados de outras pessoas recrutadas por outros fins, dentre estas, por exemplo, "crianças cujos pais, cidadãos respeitáveis, as internavam para serem corrigidas".

Ou seja, que diferentes instituições serviram de cárcere não é algo desconhecido. Por outro lado, considerá-las como locais de encarceramento de determinados grupos considerados perigosos é uma opção ideológica que varia de acordo com o que, ou quem, se pretende visibilizar.

Dentre os pobres, loucos ou crianças internadas, quantos eram mulheres? E, pressupondo que elas tenham existido nessas prisões, além da pobreza, por que razão estavam reclusas?

Para as mulheres, o cárcere não foi uma novidade moderna para as que eram pobres e ociosas. O que ocorre é "o surgimento

120

de instituições leigas de reclusão destinadas a mulheres, quer fossem pobres ou ricas" (ALGRANTI, 1993, p. 45). As transformações sociais e de mentalidades que agitaram os primeiros tempos deste novo período histórico atingiram mulheres pobres, mendigas e prostitutas. Mas não só a estas, porque a questão não se resumia à falta de trabalho. Tratava-se da custódia necessária às mulheres que não dispunham de "proteção" masculina[11].

Tanto quanto as prisões, os conventos foram locais de confinamento de grupos considerados perigosos. Instituições totais, assim definidas por Goffman (1999, p. 11), como "um local de residência e trabalho onde um grande número de indivíduos com situação semelhante, separados da sociedade mais ampla por considerável período de tempo, levam uma vida fechada e formalmente administrada". Um híbrido social, parcialmente comunidade residencial, parcialmente organização formal, como que a "estufa para mudar as pessoas" (GOFFMAN, 1999, p. 22).

Segundo Goffman, as instituições totais podem ser enumeradas em cinco agrupamentos. No primeiro estão as instituições

---

11 No recinto doméstico o dever primeiro do "chefe da casa" era vigiar, corrigir, matar, se preciso, sua mulher, suas irmãs, suas filhas, as viúvas e as filhas órfãs de seus irmãos, de seus primos e de seus vassalos. O poder patriarcal sobre a feminilidade via-se reforçado porque a feminilidade representava o perigo (DUBY, 1990, p. 88). Como descreve Duby: "Tentava-se conjurar esse perigo ambíguo encerrando as mulheres no local mais fechado do espaço doméstico, o quarto – o 'quarto das damas', que não deve se tomar, com efeito, por um espaço de sedução, de divertimento, mas sim de desterro: elas eram ali encerradas porque os homens as temiam" (DUBY, 1990, p. 88). Somente o senhor, e aqueles por ele autorizados, tinham acesso livre ao quarto das damas. Escolhidos pelo patrono, outros homens podiam entrar no quarto para seus divertimentos íntimos ou para receberem cuidados se feridos ou doentes. Fora tais casos, o espaço feminino somente receberia a presença masculina de clérigos sob o pretexto de disputar consciências (DUBY, 1990, p. 88). Como registra mais uma vez Duby: "O gineceu, entrevisto pelos homens mas do qual são naturalmente excluídos, aparece a seus olhos como um domínio 'estranho', um principado separado do qual a dama, por delegação de seu senhor, detém o governo, ocupado por uma tribo hostil e sedutora cuja parte mais frágil é muitas vezes encerrada mais estreitamente, mas bem protegida em uma comunidade religiosa, um convento interno regido por uma regra sob a autoridade de uma superiora que não é a esposa do senhor, mas uma viúva da parentela ou uma moça que não conseguiu casar" (DUBY, 1990, p. 89-90).

criadas para cuidar de pessoas que, segundo se pensa, são incapazes e inofensivas (casas para idosos, órfãos ou indigentes). No segundo grupo, estão os locais destinados para cuidar de pessoas consideradas incapazes para cuidar de si mesmas e que são uma ameaça à comunidade, embora de maneira não intencional (sanatórios, manicômios, hospitais). O terceiro tipo de instituição total é organizado para proteger a comunidade contra perigos intencionais (cadeias, penitenciárias, campos de concentração). O quarto modelo são aquelas estabelecidas para realizar tarefas de trabalho (quartéis, escolas internas, campos de trabalho). E no quinto estão os estabelecimentos destinados ao refúgio do mundo (mosteiros, conventos).

Goffman deixa claro que esta classificação não é exaustiva, e que não tem uso analítico imediato. Ela tão somente fornece uma definição a ser tomada como ponto de partida, de maneira que definir uma instituição total depende de seu enquadramento em diferentes características gerais. Neste sentido, de tudo o que se pode recolher na literatura nacional e estrangeira, os conventos femininos, pós-século XIII, se enquadram muito mais no terceiro tipo, do que no quinto onde estão hoje classificados.

Na historiografia são muitas as menções aos conventos como locais de encarceramento. Não eram somente como locais de expiação de culpas, mas de cumprimento de penas de caráter perpétuo, sustentadas em uma compreensão de crime e do agente criminoso e da periculosidade.

É com esta concepção que surge, desde o início do século XIII, um grande número de ordens e conventos femininos. Muitos, ou a maioria, sob o controle e jurisdição de autoridades locais que determinavam ordens e instruções de comportamento. Por ser difícil precisar a extensão destas novas fundações e o número de mulheres que levavam uma vida religiosa, só pode ser avaliado aproximativamente (OPTIZ, 1990).

Seja como for, conforme registros históricos, por volta dos anos 1300, somente na Alemanha, por exemplo, havia 74 conventos de dominicanas (apesar de a ordem dominicana ter se instalado naquele território há apenas 50 anos). E, estes conventos estavam superlotados, assim como as casas das outras ordens como as dos franciscanos (clarissas para as mulheres) e a dos cistercienses.

Outro exemplo é o de Colônia, onde, em meados do século XIV, havia 169 conventos com cerca de 1.170 residentes. E outro, ainda, é o de Estrasburgo, onde havia na mesma época cerca de 600 mulheres reclusas. Estima-se que, em Estrasburgo, 10% da população feminina local estava sujeita à "vida religiosa". Rara, ou nenhuma, alternativa existia para as mulheres. Ser conduzida para um convento significava a separação do mundo, pelo menos teoricamente, total e em definitivo. Permanecer em casa exigia conciliar os ideais da reclusão doméstica e a hegemonia do espírito sobre o corpo. Como sintetiza Casagrande (1990, p. 125-126):

No caso das religiosas procede-se de maneira que cada relação entre o convento e o mundo seja eliminada e que as exigências do corpo sejam negadas em favor da alma; no caso das leigas trata-se de reduzir e regulamentar qualquer contato entre o espaço doméstico e o espaço social e de conter todos os impulsos desordenados da carne sob as regras ditadas pela castidade.

A ideologia é a de custodiar a mulher. O que interessava tanto ao homem, enquanto pai ou marido, como também interessava às instâncias eclesiásticas, políticas e econômicas que desejam seu afastamento da esfera pública. Eis o porquê da criação de uma política de "correção" da mulher ainda não experimentada, mesmo que milenar já fosse a submissão feminina entre gregos, romanos, hebreus e outros povos.

Esta política atravessou o mar, e chegou às Américas. Ultrapassou a baixa Idade Média, avançou pela Moderna, e bateu às portas de dias muito próximos de nós.

3.3.2. *Cenas do Brasil*

Portugal não permaneceu alheio ao movimento de ideias inspirado nos escritos de Platão e Aristóteles, e da forte tradição misógina eclesial que tomou conta da Europa a partir dos séculos XII e XIII (VAINFAS, 2010). Era português o autor do já citado *De*

Planctu Ecclesiae. O livro que, escrito em 1332, descrevia os "102 vícios e delitos da mulher". Entretanto, mais do que a aplicação de penalidades extremas, como chegou a ocorrer em muitas regiões da Europa[12], nos processos que envolviam o crime de bruxaria, o mecanismo de "correção" das mulheres, que cruzou o oceano e chegou ao Brasil, estava centrado na custódia.

De uma forma geral, o principal crime de que foram acusados os brasileiros e portugueses residentes nestas terras não foi o de feitiçaria, mas o de praticarem, em segredo, a religião judaica. Os crimes contra a fé, como anota Novinsky (2009), eram considerados os mais graves e recebiam, também por isso, as penas mais severas. Já as proposições heréticas ou a feitiçaria recebiam, em geral, penas mais leves.

De acordo com Anita Novinsky (2009), durante os três séculos de seu funcionamento, a Inquisição portuguesa sempre foi destinada à caça aos judeus. Esta, por sinal, a razão de sua existência. Segundo as pesquisas da autora, dos 1.076 prisioneiros, entre homens e mulheres, excetuando-se os "sem dados", 46,13%

---

12 Segundo Brian Levack (1988), mesmo no continente europeu, é problemática a tentativa de determinar um único contexto social em que se desenvolveu a Inquisição. De acordo com o autor, os casos dos julgamentos por bruxaria, embora surgissem de condições socioeconômicas semelhantes, eram determinados por condições que, obviamente, variavam de lugar para lugar e de época para época. Segundo o autor, mesmo quando as atenções dos historiadores são concentradas em uma área geográfica específica em um relativamente curto período de tempo, descobre-se que as acusações refletiam geralmente uma gama de tensões sociais. Assim, é impossível estabelecer uma interpretação socioeconômica única para todo o continente europeu. O máximo que se pode fazer é descrever os ambientes em que as acusações mais comumente surgiam, estabelecer as características mais comuns dos indivíduos escolhidos para serem julgados e explorar algumas das razões pelas quais tais indivíduos eram particularmente vulneráveis à acusação de bruxaria (LEVACK, 1988, p. 121). A afirmação de Levack tem importância para a compreensão do processo inquisitorial no Brasil em suas características próprias de tempo e lugar. Ou seja, a inquisição na Europa, não era a mesma no Brasil e, de resto, na América Latina. A inquisição portuguesa e espanhola apresentam diferentes aspectos em relação à francesa ou alemã. O que se pode perceber é que o que atravessa o além-mar é a custódia e a política de correção. Esta, sim, pode até ter se reinventado em alguns aspectos, mas a máquina de perseguição e custódia feminina não muda em suas linhas gerais da Europa ao Brasil.

dos homens e 81,92% das mulheres foram acusados de judaísmo. No século XVI foram presas por judaísmo 11 mulheres. Em contrapartida, duas por feitiçaria. No século XVII, nove foram presas por judaísmo, nenhuma por feitiçaria. E no século XVIII, 202 mulheres presas por judaísmo e 10 por feitiçaria (NOVINSKY, 2009, p. 46)[13].

Entretanto, como disse anteriormente, tida como bruxa, ou não, nenhuma mulher escapou da custódia que sobre ela se abatia. Mesmo a esposa, mãe ou filha dedicada carregava consigo o peso do pecado original e, por esse motivo, era vigiada muito de perto. Daí por que, no tempo colonial, vigorar a regra segundo a qual a mulher somente podia sair de casa três vezes durante toda sua vida: para ser batizada, para casar e para ser enterrada.

Em 1751, o arcebispo de Salvador queixava-se de que os pais proibiam as moças de assistir as lições no Colégio Santa Mercês, das ursulinas. Segundo o religioso era impossível conseguir que os pais consentissem que suas filhas saíssem de casa sequer para a missa. E, dizia o arcebispo, que essa era a prática não somente em relação às donzelas brancas, mas com as pardas e pretas (ARAÚJO, 2008, p. 49).

---

13 Entretanto, embora não fossem as feiticeiras o alvo principal da inquisição lusa, Portugal, e por consequência o Brasil, não se mantiveram alheios à associação explícita que se fazia entre bruxaria e aspectos marcantemente femininos, como a sexualidade, por exemplo. A crença de que os feitiços influíam no campo afetivo era muito forte. Tanto que as Ordenações Filipinas apenavam com o açoite público, e o degredo perpétuo, aquelas que preparassem feitiços para o "querer bem ou mal a outrem, ou outrem a ele" (Livro V, Título III). Também, pelo sínodo diocesano reunido em Salvador, em 1707, foi condenado todo e qualquer tipo de feitiçaria destinada a influir no sentimento alheio (ARAÚJO, 2008). Como relata o historiador Emanuel Araújo (2008, p. 48), na década de 1590, antes da Primeira Visitação do Santo Ofício ao Brasil (1593-1595), as feiticeiras, suas "beberagens", "cartas de tocar" e sabás eram muito conhecidas em Salvador. Isabel Rodrigues, de apelido Boca Torta, por cinco tostões vendia as tais "cartas de tocar", tirinhas de papel com fórmulas infalíveis para conquistar o amor de alguém. Antônia Fernandes Nóbrega era especialista em beberagens para "amigar" desafetos. E Maria Gonçalves Cajado, de apelido "Arde-lhe o Rabo", contava aos quatro ventos que à meia-noite em seu jardim com a cabeça ao ar, com a porta aberta para o mar, nua da cintura para cima e com os cabelos soltos, enterrava e desenterrava umas botijas, falava com os diabos.

Evidentemente, os primeiros tempos do Brasil colonial não podem ser comparados com a Europa dos mesmos séculos. Na Colônia portuguesa bordar, coser ou cozinhar, por exemplo, era uma necessidade decorrente da precária estrutura existente. Entretanto, tal como na Europa, o trabalho manual sempre foi recomendado às mulheres pelos moralistas, e por todos aqueles que se "preocupavam" com a "educação" feminina na época moderna. Com essas "práticas educativas", visava-se evitar a ociosidade e consequentemente os maus pensamentos. Como diz Algranti (1997, p. 122), ocupadas "com o bastidor e a agulha, esperava-se que se mantivessem entretidas, não havendo ocasião para agirem contra a honra da família".

Nas décadas que seguiram ao descobrimento do Brasil, não eram muitas as mulheres brancas na Colônia. De modo que não se justificava a existência de conventos por estas terras. A construção de conventos femininos no Brasil difere substancialmente do processo de instalação ocorrido na América espanhola. Nos territórios tomados pelos espanhóis as instituições religiosas femininas seguiram-se à chegada dos primeiros representantes das ordens masculinas. O primeiro convento foi aberto em 1540 e, entre esta data e 1811, já existiam 57 conventos em colônias hispânicas.

Como registra Algranti (1993), a diferença de política entre espanhóis e portugueses justifica-se, principalmente por fatores econômicos e sociais. Citando Susan Soeiro, Algranti explica que (p. 73):

> a fundação exigia recursos suficientes para a manutenção do estabelecimento por parte dos colonos, enquanto expressão da religiosidade e devoção dos fiéis. O aparecimento de casas religiosas para mulheres tão cedo na América espanhola reflete as fortunas extraídas das minas de prata e a existência de um setor privilegiado da população – "os encomendeiros" –, que se tornaram patronos dessas instituições. Mas no Brasil, só com o desenvolvimento da indústria açucareira se formaria um grupo de senhores de engenho capazes de financiar tais empreendimentos.

Para Portugal o povoamento não foi sequer uma preocupação governamental imediata. Povoar o território somente passa a ser importante entre os séculos XVII e XVIII em razão da necessidade de defender as fronteiras da terra conquistada e de interromper o processo de formação de uma população mestiça, que poderia ser perigosa aos interesses da Coroa.

Neste contexto, era preciso que mulheres brancas, ricas ou pobres, órfãs ou mesmo prostitutas viessem de Portugal, para cumprir a função de reprodutoras de uma nação branca e comprometida com a defesa do território. Os conventos, em um cenário destes, eram empecilhos aos objetivos reais.

Como afirma Maria José Rosado Nunes esta situação nos mostra como era o funcionamento da sociedade da época mediante o controle da capacidade reprodutiva das mulheres e de sua liberdade de escolha. Segundo a autora (2008, p. 485), mesmo que, em princípio, as mulheres pudessem, como os homens, decidir pelo casamento ou pela vida religiosa, de fato esse direito de escolha, na prática, era negado. E os conventos estavam no centro da política demográfica portuguesa para a Colônia; eram proibidos ou incentivados segundo os interesses sociopolíticos e econômicos em jogo.

Embora já existissem as chamadas casas de recolhimento[14], é a partir do século XVII, que, paulatinamente, mulheres vindas da Metrópole aumentaram em número na Colônia, momento em que surge, também, o primeiro convento feminino. Mais precisamente, o convento de Santa Clara do Desterro, na Bahia, em 1677. A partir da fundação do convento baiano, segue-se a abertura do Convento da Ajuda, no Rio de Janeiro, e do Recolhimento de Santa Tereza, em São Paulo, todos com autorização da Metrópole. E no século XVIII, estas instituições multiplicam-se Brasil afora.

Dentro da lógica de funcionamento social de controle da reprodução, de que fala Nunes, os conventos surgem com múltiplas funções. Por exemplo, as mulheres que não encontravam noivos à altura de sua condição social ou não possuíam dotes atrativos o suficiente, precisavam ser encerradas em algum lugar.

---

14 Estas casas não eram estabelecidas canonicamente não sendo obrigatórios os votos. Entretanto, seguiam as regras organizativas e disciplinares como se conventos fossem. A mais antiga no Brasil é a da Ordem Terceira Franciscana, aberta em Olinda, em 1576.

No contexto colonial brasileiro os conventos funcionavam como um instrumento de regulação do casamento, pois quando se tornava difícil encontrar bons casamentos para todas as filhas a solução era casar apenas uma e enviar as demais para "viver com Deus".

Anota Nunes (2008) que, segundo informações da época, era comum encontrar várias mulheres de uma mesma família em um mesmo convento. Assim, a riqueza e o poder político de um pequeno grupo de famílias restavam preservados. Para muitas famílias com posses era símbolo de prestígio ter uma filha no claustro. Por outro lado, as histórias de mulheres encarceradas contra sua vontade são inúmeras (NUNES, 2008).

Casas de recolhimento, ou conventos, estas instituições no Brasil também não deixaram de ser espaço de encarceramento e correção para as mulheres. Mas aqui, não para todas, pois conventos e recolhimentos não tinham o mesmo significado social para todas as mulheres. O público-alvo eram somente as mulheres brancas e de classe alta. Muitos destes estabelecimentos exigiam pureza de sangue para que neles as mulheres pudessem ingressar, estando interditados para mestiças e cristãs novas.

Além do controle do casamento, os conventos também serviam para resolver o problema das mulheres "desviantes". Ou seja, de insubmissas, que tentavam escapar à autoridade de pais e maridos rejeitando as normas de conduta que lhes eram impostas (NUNES, 2008, p. 488). De fato, "à reclusão doméstica, por todos almejada em defesa da própria honra ou virgindade das filhas, somar-se-ia a prisão nos conventos e recolhimentos" (VAINFAS, 2010, p. 172). Como diz Nunes (2008, p. 488):

> segundo o relato de viagem de Amadée François Fresier, no início do século XVIII, cerca de 30 mulheres foram assassinadas pelos maridos em um único ano, acusadas de adultério. Muitas dessas transgressoras que perturbavam a ordem patriarcal vigente eram encerradas nos conventos. O mesmo acontecia às jovens – "de família" – violentadas sexualmente; eram "guardadas" por toda a vida, ou até que um bom casamento lhes permitisse voltar honradamente ao convívio social, apesar de sua "falta de virtude".

Gilberto Freyre (2003), em *Sobrados e mucambos,* refere como De Freycinet descreve os recolhimentos das jovens no Brasil. Segundo o texto, alguns eram verdadeiras escolas ou colégios, mas outros "estabelecimentos de correção ou conventos onde ficam reclusas mulheres e moças, não precisamente de má vida, mas que deram algum grave motivo de descontentamento aos pais e maridos". Como escreveu Freyre (2003, p. 243), nem sempre havia algum motivo grave de descontentamento para enviar uma mulher para o convento, às vezes somente suspeitas de um namoro bastavam. E para alguns maridos nem isso era necessário.

Sabe-se até – escreveu um viajante alemão, Hermann Burmeister – que muitos brasileiros internam suas mulheres, sem plausível razão, durante anos, em um claustro, simplesmente a fim de viverem tanto mais a seu gosto na sua casa com uma amante. A lei presta auxílio a este abuso, quem se quer livrar da própria esposa, vai à polícia e faz levá-la ao convento pelos funcionários, desde que pague o custo de suas despesas.

De mais a mais, a mulher precisava ser santa no lar também a partir de sua autocustódia. Como já referido, a literatura médica, jurídica e pastoral colocava-se a serviço do empreendimento de custodiar a mulher com todo o seu prestígio cultural, e toda a sua força retórica.

Era comum buscar nas escrituras sagradas exemplos de abnegação, de mulheres que se afastaram do mundo e que impuseram a seus corpos uma disciplina rígida. Na Bíblia tem-se o exemplo de Judite, que se refugiava num canto secreto da casa para jejuar; de Ana, a velha profetiza que nunca abandonou o templo onde pregava e jejuava dia e noite; e, claro, da Virgem Maria, que esperou em sua casa, inerte e silenciosa, o anúncio divino[15].

---

15 No Brasil, como os conventos foram fundados muito tardiamente, inúmeras foram as donzelas que fizeram de suas próprias casas um claustro. Mott descreve que, por exemplo, em Alagoas no início do século XVIII, as donzelas Maria de Castro e Beatriz da Costa, sob contínuas orações, viveram em perpétuo cárcere, sob um jejum infinito e rigoroso, ferindo o próprio corpo com açoites, usando penetrantes espinhos em lugar de cilícios (MOTT, 2008). Um dos casos mais fantásticos dessa peculiar forma de religiosidade doméstica envolveu seis irmãs (Ana, Luzia, Beatriz, Margarida, Luiza e Maria), no Recife, filhas de família nobre, que viviam no meio da mata, num lugar solitário. Lá, Maria, "com suas próprias mãos formou

Ao lado de todos estes exemplos a serem seguidos intervêm também preceitos, regras, conselhos, frequentemente colhidos em textos autorizados de padres e monges. As mulheres que os sabem escutar e pôr em prática aprendem, pouco a pouco, a afastar-se da atração do mundo e dos desejos do corpo para viverem retiradas e tranquilas entre as paredes de uma casa ou do convento (CASA-GRANDE, 1990, p. 126).

Tal como na Europa, na sociedade colonial, a reclusão feminina era um recurso utilizado para aquelas que insistissem em permanecer surdas ao discurso disciplinador. As instituições de reclusão funcionavam, portanto, como dispositivo de dominação masculina nos conflitos familiares.

O *know-how* adquirido pela Igreja na administração dos conventos talvez explique o fato de que, nos países latino-americanos, a iniciativa de criar centros de detenção femininos, no século XIX, tenha provindo de grupos religiosos. Como anota Carlos Aguirre (2009), por exemplo, as irmãs do Bom Pastor, congregação muito ativa na administração de prisões de mulheres no Canadá e França, foram também as administradoras das primeiras casas de correção de mulheres em Santiago do Chile (1857), em Lima (1871) e em Buenos Aires (1880).

---

de barro e ramas uma casinha tão estreita que mal podia estender o corpo dormindo sobre uma tábua de quatro palmos de comprido por um e meio de largo. E para não gastar o tempo nas perversões e preparos para o seu sustento, uma laranjeira que dava os frutos azedos, plantada ao pé da casinha, era a ministra da sua comida e bebida e com o sumo que exprimia de uma laranja, passava dois ou três dias. (...) Todas as noites vinha à sua cova uma irmã e com uma grossa corda a prendia de pés e mãos, e se retirava, deixando-a amortalhada sobre a terra nua. No meio da casinha, tinham as formigas fabricado o seu aposento e eram elas de certa casta que têm os dentes tão venenosos, que a parte picada por elas incha e causa grande dor. Assim atada de pés e mãos, se entregava às inumeráveis formigas que saindo de suas covas, investiam contra o corpo da serva de Deus que com inalterável paciência e sem algum movimento sofria as mordeduras" (MOTT, 2008, p. 180). Os relatos transparecem algo como que insano. Entretanto, não é insano viver entre o pecado e a santidade? Entre a prostituta Madalena e a Virgem Maria? Rezar, jejuar, se autopenitenciar por ter nascido mulher, aceitar um casamento arranjado, viver sob maus-tratos físicos (corretivos), não falar, não sair à rua... Nesse contexto era simples preservar a sanidade?

Conforme o "entendimento científico" predominante, as mulheres criminosas não necessitavam de uma estrutura rígida e militarizada como a existente para o encarceramento dos homens. Elas precisavam de um ambiente "amoroso" e "maternal", pois eram percebidas como vítimas da própria debilidade moral, de sua falta de racionalidade e inteligência.

A concepção de que o "caráter feminino" era mais fraco do que o masculino, e a de que as mulheres precisavam ser "protegidas" (custodiadas) contra as tentações estava internalizada entre autoridades religiosas e estatais. De modo que as prisões femininas se guiavam pelo modelo casa-convento. As presas eram como que "irmãs desgarradas" que precisavam de bons exemplos e de trabalhar em tarefas próprias de seu sexo, tais como costurar, lavar e cozinhar.

A administração penitenciária feminina sob a coordenação de ordens religiosas foi algo recorrente até meados do século XX, o que corrobora o entendimento de que a noção de crime, criminoso e pena não se coaduna com o processo de transformação econômica que vem do século XVI até praticamente nossos dias. Para as mulheres há algo mais.

Como registra Aguirre, ao lado das penitenciárias instituídas a partir do início do século XX, também estavam em funcionamento o que se poderia, em suas palavras, chamar de "casas de depósito, que incluíam não só prisões para mulheres julgadas ou sentenciadas, mas também *casas correcionais*[16] que abrigavam esposas, filhas, irmãs e criadas de homens de classe média e alta que buscavam castigá-las ou admoestá-las" (AGUIRRE, 2009, p. 51).

O registro de Aguirre fortalece o argumento de que, para as mulheres, sempre existiu um sistema penal aparente e um sistema penal subterrâneo[17]. Mulheres sempre foram vítimas de penas

---

16 Grifei.
17 Segundo Lola Aniyar Castro, o sistema penal subterrâneo precisa ser analisado em profundidade a fim de encontrar-se seus diferentes matizes e descobrir sua próprias manifestações (2010, p. 70), pois opera nos diferentes níveis do sistema social (2005, p. 128). Ou seja, ele atua tanto nos mecanismos de controle formal, quanto nos de controle informal. E aparece tanto nos conteúdos como nos não conteúdos do controle social. Assim, enquanto o sistema penal aparente formula expressamente

públicas e privadas, de castigos, de critérios de condenação jurídicos e extrajurídicos fundados no papel de gênero que deveriam representar.

Em síntese, não é possível criticar os compromissos e objetivos do poder punitivo tão somente a partir das revoluções burguesas do século XVIII. Pois, fazer isso, é desconsiderar todo o processo histórico de custódia da mulher, que é anterior ao estabelecimento do modo econômico, social e político burguês, e, com isso, por consequência, eliminá-la do saber criminológico enquanto sujeito da criminalização e vitimização que o sistema sempre lhe impôs.

3.4. Do medievo aos dias atuais: o *lawfare* de gênero como a dimensão instrumental do patriarcado

Se, como vimos, o sistema de custódia o conjunto de tudo o quanto se faz para reprimir, vigiar e encerrar (em casa ou em instituições totais), mediante a articulação de mecanismos de exercício de poder do Estado, da sociedade, de forma geral, e da família fato é que, do medievo até os dias atuais, significativa parcela de sua incidência sempre se valeu de procedimentos jurídicos capazes de lhe dar concretude. Afinal, como já disse linhas atrás, historicamente, o direito e a práxis procedimental sempre foram dispositivos a serviço do patriarcado com o fim de legitimar até mesmo o extermínio das consideradas "inimigas". Sempre foram muitos e diferentes os artifícios jurídicos utilizados ao longo de séculos que levaram milhares de mulheres às fogueiras, aos conventos, aos manicômios e às prisões.

Seguindo esta mesma linha de investigação, já há alguns anos, venho me dedicando a observar e refletir sobre o atual estágio do sistema de custódia e sobre como ele se projeta nos sistemas judiciário, administrativo, ético-disciplinar e político. E, em um paralelo com o direito penal, cuja realidade concreta não existe

---

o que é "mau" nas leis incriminadoras, é o sistema penal subterrâneo que decretará o que é bom. E, consequentemente, quem são os "bons" do sistema social.

fora da via do processo penal, minha constatação é a de que também o patriarcado, enquanto uma das estruturas de sustentação do Estado, se vale do processo como instrumento para sua realização no mundo jurídico-político. Algo que tenho denominado como a *dimensão instrumental do patriarcado*. Dar nome às vivências que experimentamos como mulheres politiza a discussão pública sobre aquelas. De maneira que é desse conjunto de razões político-epistemológicas que surge a nomenclatura *lawfare de gênero* como um fenômeno que encerra diferentes formas de violência reais e simbólicas que o uso (ou abuso) do direito viabiliza e sobre o qual exemplos não faltam.

O processo político que levou ao impeachment da ex-Presidenta Dilma Rousseff foi expressão do *lawfare* de gênero. Assim como também, mais recentemente, na legislatura iniciada em 2023, é o caso envolvendo as deputadas federais Célia Xakriabá (Psol--MG), Sâmia Bomfim (Psol-SP), Talíria Petrone (Psol-RJ), Erika Kokay (PT-DF), Fernanda Melchionna (Psol-RS) e Juliana Cardoso (PT-SP), representadas perante o Conselho de Ética da Câmara dos Deputados (REP n. 08/2023), com pedido de cassação de mandato por suposta "quebra de decoro parlamentar", em razão de suas manifestações durante a votação do Marco Temporal das Terras Indígenas (PL 490/2007)[18].

De outro lado, tomando o sistema judiciário como objeto de análise, desde meus estudos preliminares sobre violência processual, tema sobre o qual tive a honra de contar com a filósofa Marcia Tiburi como interlocutora inicial, foi possível identificar que a existência de um certo padrão "vale tudo" de exercício da advocacia seria uma das chaves de compreensão sobre o cotidiano vivido pelas mulheres, fossem elas parte em procedimentos judiciais,

---

18 De acordo com nota emitida pela Bancada Feminina da Câmara dos Deputados, firmada por sua coordenadora, Deputada Benedita da Silva, as representações formuladas no intuito de punir as parlamentares pelo legítimo exercício de seus mandatos caracterizam atos de violência política de gênero, nos termos da Lei n. 14.192/2021. Disponível em: https://www2.camara.leg.br/a-camara/estruturaadm/secretarias/secretaria-da-mulher/noticias/coordenacao-da-bancada-feminina-manifesta-apoio-a-deputadas-vitimas-de-violencia-politica.

fossem elas suas próprias advogadas. Uma constatação que me levou a propor, em setembro de 2021, a *I Roda de Formação em Advocacia Feminista do Distrito Federal*, no qual dos temas de discussão foi especificamente denominado de *"Violência Processual e Ética: aprenda como defender sua cliente e se defender"*.

A estratégia de chamamento de advogadas feministas para a composição deste que se tornou um espaço de compartilhamento de experiências não poderia ter surtido melhor efeito, pois dali surgiram as primeiras reflexões conjuntas entre mim e Isadora Dourado, então mestranda em Direito pela Universidade de Brasília, que deram origem à nomenclatura *lawfare* de gênero que, posteriormente, apresentamos no artigo intitulado *"LAWFARE* DE GÊNERO: o uso do direito como arma de guerra contra mulheres", publicado em fevereiro de 2022, no portal da Agência Patrícia Galvão.

Naquele trabalho, apontamos que a combinação de *law* (direito) com *warfare* (guerra) era utilizada para designar a utilização de leis e procedimentos jurídicos para ataque a um inimigo ou para obtenção de resultado ilegítimo. Uma forma de guerra não tradicional que se tornou visível no âmbito da disputa política de vários países, em especial, no Brasil com a criminalização e prisão do ex-presidente Luiz Inácio Lula da Silva.

Constatamos, sem embargo, que, em uma análise mais aprofundada, partindo da própria definição de *lawfare* como o "uso estratégico do Direito para fins de deslegitimar, prejudicar ou aniquilar um inimigo", o sentido de "guerra jurídica" não era algo novo para as mulheres.

Tendo o judiciário como território, o direito como arma e o processo como ferramenta de realização concreta, na seara criminal, contra as mulheres enquanto parte, são recorrentes, por exemplo, o uso (e abuso) de interpelações, representações por denunciação caluniosa; na esfera dos direitos das famílias a alegação vaga de alienação parental, o inadimplemento de alimentos ou incumprimento das regras de convívio; e, em sede dos juizados de violência doméstica e familiar, a burla a medidas protetivas de urgência com o ingresso de pedidos de guarda compartilhada e outros procedimentos (MENDES & DOURADO, 2022).

Sob o manto de uma deturpada compreensão do que sejam os direitos de ação e de defesa[19], o sistema de custódia expressa-se de diversas formas. O que, não excepcionalmente, também se mostra pela desqualificação, ameaça, importunação e perseguição de advogadas, em particular das que atuam em favor de mulheres. Algo possível de ser identificado no sistema judiciário, mas que dele transborda para o sistema ético-disciplinar, como um novo campo de batalha de eliminação das consideradas "inimigas".

Como era esperado, ao nomearmos o *lawfare* de gênero enquanto tal, não demorou muito para que esta expressão fosse incorporada ao vocabulário das advogadas surtindo o efeito que todas as categorias teóricas feministas, politizadas que são, surtem: tornar-se uma bandeira de lutas. Neste caso, com o objetivo de denunciar e rechaçar todo o conjunto histórico de violências (simbólicas e reais) destinados a manutenção do patriarcado mediante a utilização do direito como arma de guerra e o processo como seu principal instrumento.

O número e a gravidade dos casos demonstrativos do *lawfare* de gênero que passaram a chegar até mim já não eram administráveis, até que, em razão de um rumoroso caso de ameaça pública a uma advogada[20], surgiu o momento adequado para uma articulação com um maior nível de organicidade política. Uma iniciativa tentada em dois sentidos.

O primeiro mediante o diálogo interno com as forças vivas da chamada "política de Ordem", a fim de demonstrar a urgência de tomada de posição. Todavia, infelizmente, logo restou claro que mesmo nos grupos considerados mais progressistas do chamado sistema OAB, não eram poucas as vozes discordantes (ou que, no mínimo, duvidam) de que casos de violência, como o que se tornou paradigma, fossem enquadrados como violação de prerrogativas nos termos do Estatuto da Advocacia.

---

19 *Vide* capítulo 4 desta obra, em particular sobre o que discorro em relação à tese da legítima defesa da honra no ponto 4.6.2.3.

20 Tal como procedemos em relação às quase duas centenas de advogadas que responderam à pesquisa, o nome da profissional ameaçada será igualmente mantido em sigilo.

135

Sem sucesso naquele espaço político, apresentei como sugestão o chamamento de uma reunião ampliada para a qual foram convidadas e responderam advogadas de todas as partes do território brasileiro. E, foi neste fórum, onde formulei as propostas de: um, a criação de um grupo de discussão em uma rede social; e, dois, a realização de uma pesquisa nacional para identificação de casos de violência de gênero contra advogadas em razão do exercício da profissão.

Ambas as propostas foram aceitas. Nasce, então, o grupo virtual *Lawfare* de Gênero, como estratégia de articulação política. E, no mesmo instante, a disposição de produzir conhecimento científico feminista que, como tal, por suposto, objetiva(va) a transformação social.

O desafio não foi pequeno. Tratava-se de realizar em curto espaço de tempo uma pesquisa inédita e de abrangência nacional, cujo objetivo seria o de coletar dados e relatos das advogadas brasileiras para os fins de subsidiar estudos, análises, bem como a elaboração de documentos e informes nacionais e/ou internacionais de denúncia capazes lançar luzes sobre esse quadro de violência vivenciado por advogadas de todo o país.

Academicamente[21] a investigação, cuja coordenação-geral coube a mim, transformada em projeto, foi registrada junto ao CNPq pelo grupo de pesquisa Carmim – Feminismos Jurídicos, vinculado ao Programa de Pós-Graduação em Direito da Universidade Federal de Alagoas – UFAL, sob a liderança da Profa. Dra. Elaine Pimentel sob o título *"Lawfare de Gênero: a necessária e urgente construção de um protocolo para a atuação ética e profissional de integrantes da advocacia sob a perspectiva de gênero a partir da pesquisa nacional para identificação de casos de violência de gênero contra advogadas em razão do exercício da profissão"* (MENDES, PIMENTEL e DOURADO, 2023).

---

21 Além das pesquisadoras vinculadas ao grupo de pesquisa, participaram na etapa de elaboração do questionário utilizado para a coleta de dados, além de mim, as advogadas Ana Beatriz Pereira El Kadri, Mariana Regis De Oliveira, Marina Ruzzi e Natasha De Vasconcelos Soares.

Iniciados os trabalhos em março de 2022, já no mês de abril, ainda com dados provisórios recolhidos, me coube reduzi-los a texto dirigido à Relatora Especial das Nações Unidas sobre a Violência Contra a Mulher, suas Causas e Consequências, Sra. Reem Alsalem, cuja visita oficial estava programada para ocorrer entre 23 de maio a 1º de junho daquele mesmo ano.

Àquela altura, em poucos dias, já eram cento e oitenta (180) relatos de vítimas diretas de violência de gênero em razão do exercício da advocacia sobre os quais pude me debruçar no texto enviado à Relatora. Sendo um dos requerimentos formulados a emissão de recomendação para que a Ordem dos Advogados do Brasil, por seu Conselho Federal tomasse medidas para a elaboração (e efetiva aplicação) de um *Protocolo para a Atuação Ética e Profissional de Integrantes da Advocacia sob a Perspectiva de Gênero*, com previsão de canal de denúncia e de mecanismos de proteção e valorização da advocacia por mulheres.

A visita da relatora não se realizou. Sinal dos tempos obscuros que vivíamos, especialmente em relação aos direitos das mulheres. Contudo, encerrada a fase final de coleta, haviam nos chegado 191 respostas enviadas[22] por advogadas de todas as unidades federativas. Donde foi possível traçar um amplo panorama que nos permitiu conhecer muito da realidade vivida por elas no exercício da profissão.

Para além das respostas ao questionário, a pesquisa coletou 132 relatos descritivos das situações vivenciadas pelas profissionais enquanto tais. Foram recebidos 51 arquivos de documentos, a maioria deles com dezenas de páginas e do qual resultou o relatório finalizado em 20 de dezembro de 2022 e lançado em março de 2023 com o apoio da OAB – Seccional São Paulo.

Dentre os múltiplos aspectos de relevo identificados na investigação e que, neste momento[23], valem ser ressaltados, estão os de que:

---

22 Uma única advogada não autorizou a utilização de seus dados para fins da pesquisa. De modo que foram consideradas, no todo, 190 respostas.

23 MENDES, Soraia da Rosa. *Lawfare* de Gênero (no prelo). A análise pormenorizada da pesquisa, e das etapas posteriores a ela ainda em desenvolvimento, assim como

– 80,6% das advogadas já se sentiu ameaçada no exercício da profissão em razão do seu gênero e/ou de suas clientes;

– majoritariamente, as violações não foram pontuais, tendo ocorrido sistematicamente durante a relação profissional (35,6%) e, inclusive, extrapolaram a atuação profissional em 19,4% dos casos;

– em 90,4% dos casos a violência foi praticada por pessoa do sexo masculino (o que reforça a condição de gênero inerente ao *lawfare*);

– 82,4% entende que a violência é passível de enquadramento como violação de sua prerrogativa de livre exercício da advocacia; e

– 87,8% a violência praticada é passível de enquadramento como violação ética por parte dele.

Perguntadas se chegaram a denunciar as violências sofridas, 73,1% respondeu negativamente, em um grupo de 171 entrevistadas. Dentre as razões para o silêncio em relação às violências sofridas, para 58,9% das advogadas está a certeza da impunidade do agressor, o medo da exposição (em 41,1% dos casos) e medo de represálias (em 37,2% das repostas a esta pergunta). Das entrevistadas, 87,9% acredita que, a partir de própria experiência (e/ou de outros casos conhecidos por ela) a OAB não prioriza a proteção das advogadas contra a violência de gênero no exercício da profissão.

É significativo também que 66,1% das advogadas acredite que denunciar a violência baseada no gênero no exercício da profissão a torna mais vulnerável a esse tipo de violência. Sensação de insegurança que desestimula a denúncia e que demonstra a efetividade das dinâmicas de violências inerentes ao *lawfare* de gênero.

Tudo a evidenciar, portanto, uma enorme lacuna, que pode e deve ser objeto de atenção da OAB, em todo o Brasil. Sendo óbvia a necessidade de uma mudança de cultura no campo ético-disciplinar para que, minimamente, as definições de violações de prerrogativas inseridas no Estatuto da Advocacia pela Lei 14.612/2023, saiam do texto para a realidade.

A tipificação do assédio moral, assédio sexual e discriminação trazidas pela Lei representam um avanço. Contudo, a previsão

---

as múltiplas questões teóricas, históricas e epistemológicas que cercam o fenômeno do *lawfare* de gênero, serão objeto de outro livro a que me dediquei e que será publicado em breve.

legal representa somente uma face do problema que, como a pesquisa também mostrou, envolve a atuação dos Tribunais de Ética e Disciplina da OAB[24], órgãos normalmente utilizados como território de guerra contra as advogadas.

Não há mais eficiente meio de perpetuar violências contra as mulheres do que calar a voz das que as defendem.

Observe-se que 64,4% das advogadas declararam terem sido alvo de violência de gênero praticada pelo advogado da outra parte. E que, em 29,7% dos casos, as questionadas responderam já terem se sentido ameaçadas (ou vítimas de constrangimento similar) concernentes a abertura de processo ético disciplinar perante a OAB e/ou de outros tipos de procedimentos criminais ou cíveis (interpelação, denunciação caluniosa, danos morais etc.) vindas justamente de colegas de profissão.

É altíssimo o número de advogadas (83,6%) que acredita que atuar em causas pautadas em violência baseada no gênero a torna

---

24 Em 03/05/2022, a convite do Tribunal de Ética e Disciplina da OAB/RJ, juntamente com a Comissão de Direitos Humanos e Assistência Judiciária, Comissão Especial de Estudo e Combate ao Lawfare, Comissão de Mentoria Jurídica, Ouvidoria da Mulher, Prerrogativas, Corregedoria-Geral, CAARJ e Advocacia sem Machismo, após proferir a *Lawfare* de Gênero com a apresentação da pesquisa, no Plenário Lins e Silva – 4ª da OAB/RJ, foi assinada a Resolução n. 01/2023, mediante a qual foram estabelecidas diretrizes gerais para julgamento de processos ético-disciplinares com perspectiva de gênero no âmbito do tribunal de ética e disciplina da seccional do Estado do Rio de Janeiro. Trata-se de importante e inovadora iniciativa que dentre outros aspectos determina que: i. a perspectiva de gênero possa ser reconhecida por ato *ex officio* ou por manifestação da parte, passando a tramitar de forma prioritária; ii. a decisão que deferir ou indeferir o reconhecimento deva ser fundamentada do processo; iii. sendo verificado que a presença da parte contrária poderá causar humilhação, temor, intimidação ou sério constrangimento à mulher, será facultada a realização de audiências e do julgamento de forma híbrida; iv. o Tribunal poderá se valer de marcos normativos e precedentes nacionais ou internacionais, assim como recomendações, opiniões consultivas ou observações gerais emitidas pelos organismos regional e internacional que se relacionados ao tema; v. jurisprudência relacionada a estes julgamentos deverá ser sistematizada, cabendo ao relator ou relatora fazer incluir na ementa do julgado o termo "julgamento segundo Perspectiva de Gênero"; e que, vi. Tribunal de Ética e Disciplina promoverá cursos e palestras com conteúdo relativos aos direitos humanos e gênero, em perspectiva interseccional, visando a permanente capacitação de suas e seus integrantes.

mais vulnerável a esse tipo de violência. Sendo estarrecedor que, em um cenário como esse, o adoecimento tenha se tornado a regra, visto que 84,9% das entrevistadas relatam que sua saúde mental, psicológica e/ou física foi afetada em razão da violência sofrida. E que, 45,5% já tenham pensado em desistir da advocacia, em mudar de área (14,9%) ou de não mais atender mulheres em situação de violência (6,7%).

A Carta Constitucional brasileira é clara ao dizer que *a advogada* é essencial à administração da justiça. Algo que, todavia, somente será efetivo se o exercício da profissão não for objeto de ameaças, perseguições, humilhações e todas as formas de violência a que temos sido submetidas na tentativa de nos silenciar ou nos fazer desistir da advocacia.

Em breve síntese, de tudo o que foi possível identificar com os resultados da pesquisa acima apresentada, considerando que as experiências concretas constituem o fundamento epistemológico do conhecimento feminista (necessariamente, interseccional e decolonial[25]), entendo ser possível, agora, definir como *lawfare de gênero a dimensão instrumental do patriarcado na qual o direito (por uso ou o abuso) converte-se em arma e os diferentes sistemas (judiciário, administrativo, disciplinar e político) em território de guerra onde, por meio do processo, toda e qualquer forma de violência de gênero é admitida para os fins de silenciar e/ou expulsar as mulheres da esfera pública em qualquer âmbito e independente do lugar que ocupam.*

Espero muito que o conceito acima torne-se uma ferramenta de análise útil para tantas outras investigações que ainda estão por serem realizadas. Sigamos agora para o quarto e último capítulo no qual a empreitada será a de tecer *uma* criminologia feminista.

---

25 *Vide* capítulo 2, ponto 2.6, desta obra.

4

TECENDO UMA CRIMINOLOGIA FEMINISTA

(...) as pesquisas feministas mais interessantes surgiram precisamente nas áreas de investigação que permanecem organizadas artesanalmente. (...) As afirmações mais revolucionárias talvez tenham surgido de situações de pesquisa em que feministas isoladas, ou em pequenos grupos, identificaram um fenômeno problemático, formularam uma hipótese provisória, imaginaram e realizaram a coleta de dados e depois interpretaram os resultados.
(Sandra Harding)

A inquisição, de fato, é de suma relevância para que se compreenda a mulher como uma "classe perigosa" a ser reprimida. Todavia, a herança do período medieval é ainda mais profunda do que o número de mortas nas fogueiras. Para as mulheres, no que concerne aos processos de criminalização e de vitimização, o ideário medieval inquisitorial ainda persiste. Creio que, a partir desta constatação, seja possível compreender como o poder punitivo se consolidou ao longo dos tempos, sob as bases de um amplo esquema de sujeição.

Segundo Zaffaroni (1995, p. 29-30) o poder punitivo, na forma que hoje o conhecemos, não existiu sempre, mas é produto das sociedades em que o poder se concentra e se verticaliza em um modelo corporativo. Esse modelo corporativo, por seu turno, também não apareceu de uma única vez, e se instalou para sempre, mas teve avanços e contra-avanços. Sofreu uma derrota séria com a queda de Roma. Mas reapareceu no final da Idade Média, e, aí, consolidou-se na forma que o conhecemos até hoje.

141

Tomando os estudos de Pietro Costa como ponto de partida é possível compreender que, de fato, no final do período medieval, a sociedade passa a organizar-se como uma rede de relações de senhoria e de obediência, que encontra precisas respostas no imaginário coletivo e, como vimos, na reflexão teleológica e jurídica. Naquele tempo, tanto o cosmos, quanto a sociedade humana, eram concebidos como uma rede de diferenças que se traduz em uma ordem de superioridade e sujeição (COSTA, 2010, p. 134).

Para Costa (2010), cosmos e sociedade eram entes ontologicamente diferenciados e ordenados, segundo uma escala de complexidade e de perfeição, crescente e culminante no vértice. O poder estava no alto. No vértice de uma ordem composta de uma multiplicidade de níveis diferentes.

O forte liame associativo entre realeza e divindade pressupõe (e ao mesmo tempo reforça) o profundo enraizamento, no imaginário medieval, da metáfora da verticalidade (COSTA, 2010, p. 137). Complementarmente, a representação da ordem encontra na metáfora do corpo um potente instrumento para sublinhar a intrínseca unidade.

Não se trata, entretanto, de uma unidade indiferenciada. O corpo é também ele um regime hierárquico, uma ordem de diferenças (COSTA, 2010, p. 138). Segundo Costa, para Bodin (que, como já destaquei, foi um dos mais árduos defensores da criminalização da mulher em razão da própria condição feminina) a ordem se funda sobre uma cadeia de relações assimétricas entre entes e sujeitos diferenciados. O tecido conectivo da ordem é o poder, enquanto relação entre um sujeito dominante e um sujeito relegado à obediência. A palavra "poder" se usa propriamente, então, para todos aqueles que se encontram em condições de *poder* comandar os outros.

A ordem coincide com uma linha de poderes ascendentes: indivíduo-família-cidade-soberano. "A diferença entre a família e os corpos e colégios, e entre estes e o Estado, é como aquela do todo com relação às partes" (COSTA, 2010, p. 140). Destarte, a família é uma peça da engrenagem que alimenta o Estado, e é alimentada pelo mesmo Estado, que dela necessita para garantir a ordem de submissão global. Neste sentido, o poder punitivo, portanto, se consolida, em relação às mulheres, de forma transversal na linha de poderes ascendentes, a partir de um conjunto de sujeições, sustentado pela teologia, pela medicina e pelo direito, que conformam um discurso único legitimador do binômio perseguição/repressão.

4.1. O PARADIGMA FEMINISTA COMO PONTO DE PARTIDA

Discurso competente é aquele que pode ser proferido, ouvido e aceito como verdadeiro ou autorizado. É o discurso instituído que se confunde com a linguagem institucionalmente permitida ou autorizada, ou seja, como um discurso no qual os interlocutores já foram previamente reconhecidos como tendo o direito de falar e ouvir. No qual os lugares e as circunstâncias já foram predeterminados para que seja permitido falar e ouvir. E, enfim, no qual o conteúdo e a forma já foram autorizados segundo os cânones de sua própria competência (CHAUÍ, 2007, p. 19).

Toda(s) a(s) criminologia(s) construiu(íram) discursos competentes. Discursos do conhecimento, inspirados numa parcial realidade dos fatos, e na suposta eficácia dos meios de ação. Por mais que a questão da subordinação de classe esteja mascarada no discurso científico da criminologia tradicional, não é possível entender que o discurso, que desnuda o primeiro – tradicional, etiológico –, não seja também um discurso instituído, ou da ciência institucionalizada. E que, como discurso instituído, também dissimule, sob a manto da crítica, a existência da real dominação (CHAUÍ, 2007, p. 23).

Como visto, a criminologia nasceu como um discurso de homens, para homens, sobre as mulheres. E, ao longo dos tempos, se transformou em um discurso de homens, para homens e sobre homens. Pois, já não era mais necessário, para alguns, "estudar" as mulheres; ou, politicamente relevante, para outros, considerar as experiências destas enquanto categoria sociológica e filosófica, como ensina Lourdes Bandeira. De maneira que, no discurso criminológico competente atual, a mulher surge somente em alguns momentos. Mas, no máximo, como uma variável, jamais como um sujeito.

Ante esta constatação, é de seguir a orientação de Sandra Harding (1993, p. 11) quando diz que precisamos aprender a ver nossos projetos teóricos como acordes claros que se repetem entre os compassos das teorias patriarcais, e não como releituras dos temas de quaisquer delas, que, só aparentemente, são capazes de expressar o que achamos que queremos dizer no momento. Como ensina a autora, a experiência das mulheres não deve constituir-se como um critério homogêneo e estereotipado, ou como uma "consciência atual". A experiência das mulheres se define como as condições teóricas para criarem alternativas.

No que se refere à criminologia, sob prisma epistemológico do *standpoint*, parece-me que a assunção do paradigma feminista significa uma subversão da forma de produzir conhecimento, até então, dado sob parâmetros epistemológicos distanciados das experiências das mulheres, e da compreensão do sistema sexo-gênero.

O paradigma feminista implica uma radicalização completa na medida em que perspectiva de gênero não é um "aditivo", como ocorre em análises criminológicas realizadas sob o paradigma da reação social. Ademais, o reconhecimento do processo de custódia, construído ao longo de séculos, e vigente até nossos dias, torna impossível a adoção do sistema de justiça criminal como o objeto principal (no mais das vezes único) do campo de conhecimento.

Adotar o ponto de vista feminista significa um giro epistemológico, que exige partir da realidade vivida pelas mulheres (sejam vítimas, rés ou condenadas) dentro e fora do sistema de justiça criminal. Penso que aí está o objetivo maior de uma criminologia feminista, que não tem como ser concebida como "um novo ingrediente" nos marcos do que já foi produzido por outras criminologias.

Na verdade, o processo de produção do conhecimento em quaisquer dos vieses da criminologia não se afasta do paradigma do interrogatório[1]. Ou seja, de uma fórmula na qual o sujeito do conhecimento se coloca em posição de inquisidor, sempre em um plano superior ao objeto interrogado. É um *dominus* que pergunta para poder. De modo que a discriminação hierarquizante entre os seres humanos é um pressuposto e uma consequência desta forma de saber do *dominus*. Inconscientemente, ou não, o conhecimento criminológico se constrói em uma lógica de descobrimento[2] que apresenta resultados marcadamente sexistas.

O sexismo[3] é a crença na superioridade do masculino que se estabelece por um conjunto de características que resulta em

---

1 O conhecimento sob este paradigma, resultado do avanço do saber mediante o interrogatório e a tortura ou violência (indagação e experimento), tem uma particularidade que lhe marca: o sujeito pergunta ao objeto para dominá-lo. O objeto responde com toda sua profundidade. Mas o sujeito não está preparado para escutar a resposta dada com toda a profundidade do ser perguntado. Porque só está preparado para escutar o que busca dominar. A parte não escutada de todas as respostas se acumula sobre os sujeitos e lhes esmaga (ZAFFARONI, 2001, p. 60).

2 Segundo Harding (2002, p. 19-20) a lógica do descobrimento implica fazer somente: aquelas perguntas acerca da natureza e da vida social que os homens (brancos, ocidentais, burgueses) desejam que se respondam. Desta perspectiva, são válidas perguntas como as seguintes: como podemos "nós, os humanos", conseguir maior autonomia? Que política legal se deve seguir em relação aos estupradores e às mulheres vítimas de estupro, deixando ao mesmo tempo intactas as normas estabelecidas de comportamento sexual masculino?

3 Como salienta Margrit Eichler, tomar o sexismo a partir de distintas formas nos permite analisá-lo mais adequadamente. E, para a análise da criminologia, é fundamental compreender o que é o androcentrismo, a sobregeneralização, e a sobre--especificação, o familismo, e suas implicações. Tem-se androcentrismo quando um estudo, análise ou investigação tem como enfoque preponderante a perspectiva masculina apresentando-a como central para a experiência humana de maneira que o estudo da população feminina, quando existente, se dá unicamente em relação às necessidades, experiências e preocupações dos homens. O androcentrismo pode se manifestar de duas formas que são a misoginia e a ginopia. A misoginia consiste no repúdio ao feminino e ginopia na impossibilidade de ver o feminino ou a invisibilidade da experiência feminina. Como diz a autora, estamos acostumados/ as a ler e escutar explicações do humano que deixam as mulheres totalmente de fora. Entretanto, nos sentimos todos/as incomodados(as) quando se esquece o homem (FACIO, 1991, p. 83). E isso é assim precisamente por esta característica do sexismo que toma como modelo do humano o homem. Por isso, quando o homem falta, homens e mulheres sentem a falta do humano. Por outro lado, há sobregene-

ralização quando um estudo analisa somente a conduta do sexo masculino e apresenta os resultados deste estudo como válidos para ambos os sexos. Esta forma de sexismo se dá quando, por exemplo, se analisam as necessidades de um grupo de trabalhadores do sexo masculino e se apresentam como válidas para toda a classe trabalhadora. Neste sentido o trabalho de Heleieth Saffioti (*Emprego doméstico e capitalismo*) sobre o emprego doméstico é fundamental para que se perceba que falar da classe trabalhadora em termos gerais é sobregeneralizar o padrão masculino de trabalhador. Também se dá a sobregeneralização quando um estudo se apresenta de um modo que é muito difícil ou impossível saber se o sujeito do discurso é o homem ou a mulher. Um exemplo disso é, segundo Facio, quando se fala da evolução dos direitos humanos sem levar em consideração que muitos deles foram promulgados ou conceitualizados quando somente poderiam ser gozados pelos homens. Segundo a autora, é de se perguntar, então, se a história dos direitos humanos para a mulher representa realmente uma evolução (FACIO, 1991, p. 86). A sobre-especificidade é a siamesa da sobregeneralização, e consiste em apresentar como específico de um sexo certas necessidades, atitudes e interesses que são tanto de homens quanto de mulheres. E, finalmente, por familismo se compreende a identificação da mulher com a família, de modo que ao referir-se ou (considerar--se) a mulher esta sempre será em relação à família, ou seja, com preponderância ao seu papel no núcleo familiar. É a sua condição de mãe, esposa, filha, neta, enteada etc. que determina sua existência e com isso suas necessidades e a forma como são estudadas e analisadas suas relações com o mundo exterior. Além das categorias que destaquei, segundo as formulações de Margrit Eichler (1999) podemos identificar o sexismo a partir de outras quatro categorias que a autora conceitua. São elas: a insensibilidade de gênero; o duplo parâmetro; o dever ser de cada sexo; e o dicotomismo sexual. Todas estas são expressões do mesmo fenômeno que chamamos sexismo. A insensibilidade de gênero ocorre quando uma pesquisa ou política ignora a variável sexo como socialmente importante ou válida. De modo que não é possível identificar quais são os problemas de um ou outro sexo ante a ausência desta informação. O duplo parâmetro ocorre quando uma mesma conduta, uma situação idêntica e/ou características humanas são valoradas ou avaliadas com parâmetros ou instrumentos distintos para um e outro sexo a partir da concepção do dever ser de cada sexo. A categoria *do dever ser de cada sexo,* o sexismo, se manifesta no estabelecimento de um dever para cada sexo, consiste em partir de que há condutas ou características humanas que são mais apropriadas para um do que para outro sexo. O dicotomismo sexual consiste em tratar os sexos como diametralmente opostos e não com características semelhantes. Como a refere a autora, ele poderia se considerado como uma forma extrema de duplo padrão que consiste em tratar as mulheres e homens como se fossem absolutamente diferentes ao invés de tratá-los como dois grupos que têm muitas semelhanças e algumas diferenças. É importante salientar que Margrit Eichler (1999) elaborou esquematicamente sete categorias de um mesmo fenômeno, o sexismo, somente para fins didáticos. Todavia, em termos analíticos, algumas delas aparecem como pouco explicativas, algumas complementares entre si, e outras recortes problemáticos do conceito de gênero como categoria social. Este é o caso da categoria *insensibilidade de gênero* que não oferece segurança o suficiente para que com ela se possa observar um maior nível de sensibilidade ao gênero visto fundar-se tão somente na presença da variável sexo. Venho repetindo que incluir a palavra mulher ou a variável sexo feminino

146

privilégios aos homens. Privilégios estes que se manifestam em todas as seuas, tais como, a econômica, a política, a social, a cultural, a familiar e, também, a científica. E, neste último aspecto, a sobregeneralização, e/ou a sobre-especificação, o familismo, ou o androcentrismo, de um modo ou de outro, caracterizam as análises criminológicas.

É bem verdade que, em estudos mais atuais, o sexismo não é tão rudimentar quanto no período lombrosiano. Contudo, o discurso competente que oculta a mulher como sujeito no campo da criminologia não é campo reservado a esta ou àquela corrente. De etiológicos a críticos todos incorrem em alguma forma de sexismo.

Para Baratta (1999, p. 46), por exemplo, "o direito penal é um sistema de controle específico das relações de trabalho produtivo, e, portanto, das relações de propriedade, da moral do trabalho, bem como da ordem pública que o garante. A esfera da reprodução, da troca sexual de um casal, da procriação, da família e da socialização primária, em outras palavras, a ordem privada, não é objeto de controle exercitado pelo direito penal, ou seja, do poder punitivo público. *O sistema de controle dirigido exclusivamente à mulher (no seu papel de gênero) é o informal, aquele que se realiza na família*"[4].

Ora, a isso responde Joan Scott (1990), que, para explicar a divisão sexual do trabalho e a oposição entre o lar e o trabalho no século XIX, inverte radicalmente o caminho tradicional da interpretação histórica, enfatizando a importância do discurso na constituição de uma questão socioeconômica. A divisão sexual do trabalho é, no seu entender, um efeito do discurso. Segundo ela

---

em uma dada pesquisa não é o suficiente para que se responda à dimensão histórica e discursiva da presença, ou ocultação, da mulher na teoria criminológica. Já as categorias *duplo parâmetro, o dever ser de cada sexo,* assim como *dicotomismo sexual,* são complementares, possibilitando serem reunidas em uma única categoria que poderia tomar qualquer um dos nomes que as designam separadamente. Como dito, das categorias propostas, para os fins do que pretendo, tomarei como referenciais o androcentrismo, a sobregeneralização e a sobre-especificação, bem como o familismo, que considero os mais apropriados para análise da criminologia.

4 Grifei.

(1990, p. 448), "ao invés de procurar causas técnicas e estruturais específicas, devemos estudar o discurso a partir do qual as divisões do trabalho foram estabelecidas segundo o sexo. O que deve produzir uma análise crítica mais aprofundada das interpretações históricas correntes".

É de se concordar com Scott, na linha do que defendo neste trabalho, que a diferença sexual inscrita nas práticas e nos fatos é sempre construída pelos discursos que a fundam e a legitimam, e não como um reflexo das relações econômicas. É, portanto, questionável a tese de que a industrialização provocou uma separação entre o trabalho e o lar, obrigando as mulheres a escolher entre o trabalho doméstico e o assalariado.

Para Scott (1990), o discurso masculino, que estabeleceu a inferioridade física e mental das mulheres, que definiu a partilha *"aos homens, a madeira e os metais"* e *"às mulheres, a família e o tecido"* é que provocou uma divisão sexual da mão de obra no mercado de trabalho, reunindo as mulheres em certos empregos, substituindo-as sempre por baixo de uma hierarquia profissional, e estabelecendo seus salários em níveis insuficientes para sua subsistência.

Utilizando as categorias de sexismo formuladas por Margrit Eichler[5], é notável que a criminologia crítica, no mais das vezes, cai nas armadilhas da sobregeneralização, da sobre-especificação e do familismo. Conforme Alda Facio, quando os criminólogos críticos falam de adotar o ponto de vista das classes marginalizadas, estão falando de adotar o ponto de vista dos homens das classes marginalizadas. Segundo a autora (1995, p. 63):

> Mesmo as teorias sobre o controle social que são escritas a partir dos "marginalizados", não fazem referência às mais marginalizadas dos marginalizados por classe, etnia, idade, preferência sexual, deficiência visível, etc., e mulheres dessa mesma classe, setor ou grupo discriminado, contribuindo assim à marginalização e silenciamento às mulheres desses grupos, mas, pior ainda, contradizendo seus próprios prin-

---

5 Explicação aprofundada neste ponto encontra-se na nota de rodapé n. 3 deste capítulo.

cípios de partir do ponto de vista do marginalizado e, por fim, caindo no erro de não ver a totalidade da realidade.

Conforme Lola A. Castro (2010, p. 70) foi um erro reduzir a opressão às condições materiais de vida, ao funcionamento das instituições ou às ideologias. As repressões se estendem a todas as instâncias, a todos os níveis, incluindo os da vida sexual e afetiva. Segundo ela, é chegado o momento de também lançar luzes sobre os poderes que se ocultam na intimidade, pois estes são ainda mais arbitrários e incontroláveis.

Concordo com Facio e Camacho (1995) que o objetivo de demonstrar que o androcentrismo é paradigmático na criminologia não se reduz a uma pura denúncia do sexismo que impera neste ramo do conhecimento. Mais do que isso: trata-se de uma tentativa de persuasão dos/as criminólogos/as de que o conhecimento sobre o tema de seu interesse será mais objetivo se pautado em uma epistemologia feminista.

Para Baratta a aplicação do paradigma de gênero é uma condição necessária para o sucesso da luta emancipatória das mulheres no campo da ciência e da política do direito (BARATTA, 1999, p. 23). Por outro lado, afirma o autor, que "uma criminologia feminista pode desenvolver-se, de modo oportuno, somente na perspectiva epistemológica da criminologia crítica" (BARATTA, 1999, p. 39). Parafraseando-o, ouso dizer, pelas reais necessidades metodológicas e epistemológicas da criminologia crítica, que *a criminologia crítica somente poderá sobreviver na perspectiva epistemológica de uma criminologia feminista.*

Como dizem Alda Facio e Rosália Camacho no fragmento que escolhi para a epígrafe do segundo capítulo desta obra, penso que agora que temos o conhecimento e a metodologia para trabalhar com enfoques de gênero, é necessário que demonstremos os erros, parcialidades e a falta de objetividade dos estudos e investigações que foram feitas sem eles, não com a intenção de desmerecer o trabalho, que sei é comprometido com a construção de um "outro mundo". Entretanto, para mostrar que o que parece inquestionável, universal e paradigmático é, na realidade, apenas uma de muitas variáveis da realidade humana.

Os paradigmas extraídos do mundo masculino das ciências sociais redundam na negação da humanidade da mulher. Penso como Facio e Camacho que, somente quando conseguirmos demonstrar isto será possível, conjuntamente, homens e mulheres, criar modelos, parâmetros e paradigmas que respondam a uma concepção de mundo, e de nosso papel nele, mais harmonioso, pacífico e enriquecedor.

4.2. DISCUTINDO O CONTROLE SOCIAL

De acordo com Vera Regina Pereira Andrade (2004), entende-se por controle social, em sentido lato, as formas com que a sociedade responde, informal ou formalmente, difusa ou institucionalmente, a comportamentos e a pessoas que contempla como desviantes, problemáticas, ameaçadoras ou indesejáveis, de uma forma ou de outra e, nesta reação, demarca (seleciona, classifica, estigmatiza) o próprio desvio e a criminalidade como uma forma específica dele. Conforme a autora (2004, p. 267):

> Daí a distinção entre controle social informal ou difuso e controle social formal ou institucionalizado. A unidade funcional do controle é dada por um princípio binário e maniqueísta de seleção; a função do controle social, informal e formal, é selecionar entre os bons e os maus os incluídos e os excluídos; quem fica dentro, quem fica fora do universo em questão, sobre os quais recai o peso da estigmatização.

Como afirma Andrade (1995), tanto a criminalização secundária insere-se no *continuum* da criminalização primária, quanto o processo de criminalização seletiva, acionado pelo sistema penal, se integra na mecânica do controle social global da conduta desviada de uma maneira que, para compreender seus efeitos, é necessário apreendê-lo como um subsistema encravado dentro de um sistema de controle e de seleção de maior amplitude.

Em síntese, o sistema penal não realiza o processo de criminalização e estigmatização à margem ou contra os processos gerais de etiquetamento que tem lugar no seio do controle social informal, como a família, a escola, o mercado de trabalho, entre outros.

Segundo Andrade, desta perspectiva, fica relativizado tanto o lugar do direito e da justiça penal no controle social formal, quanto o lugar deste em relação ao controle social global.

Se de um lado o controle a que estão submetidas as mulheres na família, escola, trabalho, meios de comunicação não é propriamente jurídico, por outro, o sistema penal cumpre também uma função disciplinadora para manter a subordinação feminina. Os controles, formal e informal, assim, "se alimentam entre si para perpetuar e legitimar a subordinação das mulheres"[6] (OBANDO, 2007, p. 108).

Como arremata Andrade (2004) o sistema de justiça criminal está inserido na mecânica global de controle social, de tal modo que não se reduz ao complexo estático da normatividade, nem da institucionalidade. Ele é concebido como um processo articulado e dinâmico de criminalização ao qual concorrem não apenas as instituições do controle formal, mas o conjunto dos mecanismos do controle social informal. Existe, como aponta a autora, um macrossistema penal formal, composto pelas instituições oficiais de controle, circundado pelas instituições informais de controle, e nós integramos e participamos da mecânica de controle, seja como operadores formais ou equivalentes, seja como senso comum ou opinião pública.

Em uma primeira análise, a concepção de controle social, tal como definida acima, parece irreparável. Entretanto, assim como em outros campos do conhecimento científico, na criminologia a dicotomização entre público e privado (ou formal e informal) contribui para a invisibilidade do sistema sexo-gênero nas pesquisas realizadas. Pois, por mais que se afirme a interdependência, a separação entre formal e informal, no que se refere ao controle dirigido às mulheres, é elemento primordial para a não realização de estudos que busquem compreender as peculiaridades dos processos de criminalização e vitimização da mulher que, necessariamente, ultrapassam o sistema de justiça criminal como objeto.

---

6 Tradução livre. No original: "se alimentan entre si para perpetuar y legitimar la subordinación de las mujeres".

Assim admitiu Baratta ao tratar dos limites da interdisciplinaridade interna.

Note-se que, como já ressaltei, e repito *ipsis litteris,* para Baratta (1999), "o direito penal é um sistema de controle específico das relações de trabalho produtivo, e, portanto, das relações de propriedade, da moral do trabalho, bem como da ordem pública que o garante". Para ele, a esfera da reprodução[7], da troca sexual de um casal, da família e da socialização primária, ou seja, da ordem privada, não é objeto do direito penal, em outras palavras, do poder punitivo público. Consequentemente, o sistema de controle dirigido exclusivamente à mulher (no seu papel de gênero) é o informal, ou seja, aquele que se realiza na família (BARATTA, 1999, p. 46)[8.]

Ocorre que, em todas as análises criminológicas produzidas sob este prisma, a família, por exemplo, é um dado pressuposto, e

---

7 Especificamente quanto à esfera da reprodução, poder-se-ia perguntar se a criminalização do aborto não estaria aí incluída. Como adiante terei oportunidade de discorrer mais detidamente, a tipificação da interrupção da gravidez por ato voluntário da mulher encontra-se na esfera de controle de sua autodeterminação.

8 Neste mesmo sentido, para a criminóloga Tereza Miralles, a instituição familiar se estruturava ao redor de dois papéis que são o do homem, como produtor de bens, e o de reprodutora, destinado à mulher. A disciplina social é garantida na família pela figura masculina de pai e marido à qual a mulher está sujeita. Segundo a autora, ao papel de reprodução se agregam algumas características particulares, quais sejam as referentes à disciplina com relação ao marido que condizem com o papel secundário da mulher na família e na sociedade. Como ela diz, "la mujer es realmente mujer cuando es femenina, es decir: suave, dulce, dependiente, obediente, obsequiosa, agradable; en resumen cuando dedica su vida a la felicidad de los demás que forman su entorno nuclear familiar. Por ello, la educación que se recibe de la familia se enseña a las hijas un método de socialización propio de su sexo: la niña aprende a ser más controlada, pasiva, doméstica. La mujer ha de pedir protección contra la agresividad, contra la fuerza física. Cuando la mujer posee estas características es valorada por el entorno familiar y por la sociedad" (MIRALLES, 1983, p. 134). Contudo, é a constante investigação familiar e social sobre este conjunto de características que torna a família o primeiro mecanismo de controle sobre a mulher no intuito de garantir que mantenha-se subordinada realizando o trabalho doméstico que não tem valor econômico de troca. Trata-se de uma situação de invisibilidade pública que restringe direitos e estabelece deveres por leis abstratas de conteúdo conceitual "neutro" que esconde a natureza da opressão da mulher. Para Miralles, tal como para Baratta, o controle social exercido sobre as mulheres é preponderantemente informal. Coerção esta que desempenha um papel fundamental na perpetuação da ordem social existente.

não o elemento integrante da própria análise enquanto espaço de relações de poder. Exemplifico.

Em visita[9] ao Presídio Feminino de Brasília, em 30 de setembro de 2011, ouvi o relato de uma detenta que chamarei de "D". Presa há cinco anos, "D" foi vítima de violência doméstica desde os quatorze anos quando se casou com "X", envolvido com o tráfico de drogas. Após anos, nas palavras de "D", ele foi *"finalmente"* preso. Segundo "D", com a prisão dele ela imaginava que encontraria a *"liberdade e a paz"*. Ledo engano. Ele continuou a controlar sua vida, e a dos filhos, mesmo de dentro do presídio. "D" o visitava regularmente, pois sentia medo de negar-se. Sofria violência física e sexual, inclusive, dentro do Presídio. Era obrigada a levar drogas para ele. Em uma das visitas "D" foi presa com drogas. Sua história "D" assim resume: *"ele tanto fez que conseguiu me trazer para cá"*.

A experiência com a violência de gênero e a dominação, como relata "D", não é exceção nas histórias de vida das mulheres encarceradas. Histórias idênticas ouvi de outras detentas, não somente no Distrito Federal, mas também no Rio Grande do Sul em oportunidades que tive de ministrar oficinas sobre direitos humanos na penitenciária Madre Pelletier, em Porto Alegre.

A análise de sentenças, processos, tipos de crime ou perfil socioeconômico de presas é fundamental. No caso das mulheres, contudo, a aparentemente absurda pergunta *"por que você está aqui?"* pode revelar como o poder punitivo, em sua plenitude, é exercido em relação a elas.

O tráfico de entorpecentes, por exemplo, não só passou a fazer parte das estatísticas criminais femininas, como também representa 57% das mulheres encarceradas em nosso país. Por outro lado, das mulheres presas por este crime, um número ínfimo

---

9 A visita fez parte de uma série de atividades desenvolvidas pela pesquisadora Maria Luzineide da Costa Ribeiro, especialista em Literatura Brasileira e mestranda em Letras na Universidade de Brasília. O projeto intitulou-se *Um Encontro com Adélia Prado*, e uma das atividades foi um encontro com estudantes da disciplina Controle Penal e Gênero, ministrada na graduação pela Profa. Dra. Ela Wiecko.

apresenta um *status* de comando dentro de alguma organização criminosa. Ou seja, na maioria esmagadora, estas mulheres não são chefes de quadrilha, nem mesmo ocupam funções importantes dentro destas. Elas são mulas, e muitas delas, meros meios de transporte de drogas para o interior de presídios para suprir as necessidades de maridos e companheiros[10]. Para compreender como, onde e por que este crime ocorre não são suficientes perguntas epistemologicamente construídas a partir da condição socioeconômica destas mulheres.

Como propõe Alvarez (2004), as pesquisas sobre o controle social precisam ultrapassar uma visão instrumentalista e funcionalista do mesmo, "como uma misteriosa racionalidade voltada para a manutenção da ordem social", e buscar, em contrapartida, formas mais multidimensionais de pensar o problema, capazes de dar conta dos complexos mecanismos que não propriamente controlam, mas sobretudo produzem comportamentos considerados adequados ou inadequados com relação a determinadas normas e instituições sociais. Em meu entender, esse é o caso das mulheres vitimizadas e criminalizadas.

Para Alvarez, a ideia mesma de controle[11] precisa ser repensada, pois, encontra-se em descrédito desde o final do sé-

---

10 Neste sentido ver o estudo de Paulo Roberto da Silva Bastos "Criminalidade feminina: Estudo do perfil da população carcerária feminina da Penitenciária Professor Ariosvaldo de Campos Pires – Juiz de Fora (MG)/2009", segundo o qual, normalmente, as mulheres atuam como coadjuvante, enquanto os protagonistas continuam sendo os homens. Dificilmente alguma delas é chefe do tráfico, mantendo sua histórica posição subalterna e circunscrevendo-se quase sempre às funções de *vapor*, que é o encarregado do preparo e embalagem, produto para consumo; *mula*, indivíduos que geralmente não possuem passagens pela polícia e que se aventuram a realizar o transporte da droga; e *olheiro*, como são chamadas as pessoas que se posicionam em locais estratégicos para vigiar as vias de acesso.

11 Em verdade, como adverte Alvarez, no Brasil, um balanço mais aprofundado das discussões relativas ao controle social ainda está por ser feito. Segundo o autor, é possível apontar, no entanto, que as concepções críticas acerca do problema do controle social – influenciadas por Foucault, mas não somente – penetram nos debates do pensamento social no Brasil já no final dos anos 70 do século XX. Por exemplo, diversas pesquisas históricas voltaram-se para o período específico da Primeira República como um momento privilegiado para o estudo da emergência

culo XX. De minha parte, concordo com o autor que a noção de controle somente poderá voltar a ser útil caso, entre outros aspectos, seja capaz de: um, indicar a que práticas sociais específicas corresponde; dois, recuperar as diferentes respostas dos agentes submetidos aos mecanismos de controle; três, mostrar que essas práticas podem ser produtivas e não apenas repressivas, já que podem produzir comportamentos em indivíduos e grupos sociais e não somente restringir e controlar as ações; quatro, evitar a dicotomia Estado/sociedade e pensar as práticas de controle social constituindo-se na relação entre as diversas dimensões institucionais da modernidade; e cinco, não cair numa visão por demais finalista da racionalidade dos mecanismos de controle social.

---

de estratégias de controle social dirigidas à classe operária ou à população pobre em geral, sobretudo nos dois mais destacados centros urbanos do período, Rio de Janeiro e São Paulo. Surgiram, assim, trabalhos sobre o controle social dos trabalhadores urbanos no Rio de Janeiro e São Paulo no período (Chalhoub, 1986; Rago, 1985), a respeito da regulação dos padrões femininos de conduta (Soihet, 1989), sobre o tratamento jurídico e institucional da infância pobre (Alvarez, 1989; Londoño, 1991), acerca da institucionalização da doença mental (Cunha, 1986; Barbosa, 1992), sobre a organização e controle dos espaços urbanos e da pobreza urbana (Sevcenko, 1984; Adorno, 1990; Adorno; Castro, 1987; Schindler, 1992), entre muitos outros. Ainda segundo o autor, se essas abordagens inovaram ao desvelar novos campos de pesquisa, seus desdobramentos apontaram para obstáculos metodológicos idênticos ao já discutidos com respeito à vulgarização da noção de controle social na discussão internacional. Assim, percebeu-se que a ênfase exagerada no caráter unidirecional das práticas de controle social impedia que fossem analisadas as formas por meio das quais aqueles que eram sujeitados por essas práticas resistiam, negociavam ou mesmo compactuavam com elas. Trabalhos mais sensíveis a esses problemas metodológicos passaram a buscar a outra face destas transformações, ou seja, as formas como os diversos grupos assujeitados se posicionavam diante dos códigos de comportamento impostos pelas elites dominantes, como os trabalhos de Esteves (1989), em que a autora confrontou o discurso jurídico e o cotidiano das relações amorosas no Rio de Janeiro da Belle Époque, e o trabalho de Rago (1991), no qual foi estudado o modo como as prostitutas se constituíram como sujeitos morais diante dos discursos disciplinadores da Medicina e do Direito na cidade de São Paulo entre os anos de 1890 e 1930. Ainda permanece aberto um vasto campo de pesquisa sócio-histórica envolvendo as complexas relações entre estratégias de controle social das elites, modos de vida das populações pobres, campos de saber voltados para o estudo da criminalidade e do desvio etc.

Para que se possa compreender todas as maneiras a partir das quais é possível "controlar" um ser humano, e perceber quem se beneficia das distintas nuances como se exerce e formaliza esse controle, é preciso que se estude como se estrutura o poder dentro da esfera privada. Não basta estudar o controle social apenas na esfera pública, porque isso fornece um conhecimento parcial do modo em que se opera o sistema de custódia da mulher.

As mulheres não são controladas, mas custodiadas. Entretanto, para compreender como se dá este processo é necessário saber o que pensam as mulheres sobre os comportamentos socialmente negativos praticados contra elas pelos homens (FACIO, 1995, p. 65), e, com isso, penetrar na lógica das contradições que a realidade social apresenta, apreender as necessidades dos indivíduos e da comunidade no seu sentido historicamente determinado, e orientar a ação visando a superação dessas contradições e a satisfação dessas necessidades. Para que não se deixe de fora a realidade das mulheres, ou seja, para que não se produza uma análise sexista, é preciso que se incluam conceitos, análises, valores e técnicas de coleta de informação que tenham o gênero em consideração em suas diferentes dimensões.

Não é possível analisar os processos de criminalização e vitimização das mulheres sem que se considerem crenças, condutas, atitudes e modelos culturais (informais), bem como as agências punitivas estatais (formais). A análise dos processos de criminalização e vitimização das mulheres exige esta dupla tarefa. Lançar luzes sobre esta dicotomia permite compreender o desinteresse da(s) criminologia(s) pela família, não somente como núcleo primário de agregação e convivência, mas, também, das relações de poder.

A afirmação que talvez melhor resuma o propósito de uma criminologia feminista, sob o aspecto que aqui estou tratando, é aquela que Kate Millet enunciou em sua obra *Política sexual*: "o pessoal é político" (1974, p. 39). E como isso quero dizer que a crítica feminista à separação público/privado tem enorme relevância para a criminologia.

Público e privado são conceitos existentes, mas, jamais, ou

muito pouco, explicitados nos conceitos, categorias e/ou teorias criminológicas. Penso que formal e informal sejam exemplos disso.

Separar o que é formal do que é informal, enfim, é uma decisão política que ideologicamente constrói o campo de pesquisa do que é mais importante, do que é estrutural. E este campo é onde estão os homens, sujeitos ao controle formal. As mulheres estão ocultas, no controle informal, bem menos exigente do Estado e da própria ciência criminológica.

4.3. O DIREITO COMO CAMPO DE DISPUTA

Da mesma forma que a teoria feminista, também a chamada teoria jurídica feminista[12] é passível de múltiplos enfoques, que, por sua vez, dependem da concepção de direito que cada um/a constrói. Todavia, me parece interessante iniciar a discussão sobre o direito como um campo de disputa a partir da classificação apresentada por Carol Smart, para quem podem ser identificadas três fases das posições feministas em relação ao direito. A primeira, segundo a autora, é a de que o direito é sexista, a segunda, de que o direito é masculino, e a terceira, a de que o direito é sexuado.

É sexista porque, ao distinguir homens de mulheres, o direito discrimina as mulheres distribuindo-lhes menos recursos, negando-lhes oportunidades iguais, não reconhecendo a violência que é praticada contra elas. O direito, assim, atua de modo irracional e não objetivo.

Para Smart (1999) esta argumentação está baseada na ideia de que discriminação e diferenciação significam a mesma coisa. O conceito de sexismo implica que se possa superar a diferença sexual como se fosse um fenômeno superficial e não entranhado no

---

12 No Brasil, como mostrou pesquisa realizada por Samantha Buglione (Um laboratório tipicamente brasileiro: Gênero e Direito no Brasil), a teoria feminista do direito é praticamente ignorada. Ainda são as publicações sobre o tema, e praticamente não existem grupos de pesquisa na área. Embora não sejam poucas as ONGs e movimentos de mulheres que trabalham com o tema dos direitos das mulheres no Brasil, ainda são poucos os trabalhos voltados para a reflexão teórica feminista sobre o direito.

modo como compreendemos e negociamos a ordem social. Assim, para combater a discriminação deveríamos ser capazes de pensar em uma cultura sem gêneros[13].

O segundo ponto de vista descrito e criticado por Smart é o de que o direito é masculino, tal como sustentado por Catherine MacKinnon. Para Smart, quem denuncia que o direito é masculino afirma que o problema não é tanto o fato de que o direito não opera através de critérios objetivos, senão que, ao contrário, estes critérios são masculinos.

Segundo Mackinnon, os conceitos de neutralidade e objetividade celebrados no direito são valores masculinos, embora sejam adotados como se fossem valores universais. Em comparação com o ponto de vista anterior (direito sexista) essa análise sugere que, quando um homem e uma mulher estão perante o direito, não é que o direito falhe ao aplicar critérios objetivos quando decida um assunto feminino, mas que a aplicação da "objetividade" jurídica é masculina. Insistir na igualdade, na neutralidade e na objetividade é, ironicamente, aceitar que as mulheres sejam julgadas por valores masculinos (SMART, 1999, p. 189)[14].

Para Smart, entretanto, esta posição reafirma a ideia de que o direito é unitário, e não é capaz de investigar suas contradições internas. Ademais, implica dizer que qualquer sistema fundado sobre valores aparentemente universais e seus critérios decisórios orientados à imparcialidade servem aos interesses dos homens entendidos como categorias unitárias.

Smart critica a construção do masculino e do feminino como categorias binárias, não tanto por que são opostas, rígidas e reciprocamente excludentes, mas, sobretudo, porque são monolíticas e impedem que as diferenças internas se revelem.

---

13 Como diz a autora (1999, p. 188-189): "(...) what seems like a relatively easy solution such as the incorporation of gender-neutral terminology into law, masks a much deeper problem. Moreover, as many feminists have argued, it is not at all certain that the desired outcome of feminism is some form of androgyny".

14 Tradução livre. No original: "To insist on equality, neutrality and objectivity is thus, ironically, to insist on being judged by values of masculinity" (SMART, 1999, p. 189).

A ideia de que o direito é sexuado permite, na visão de Smart, enfocar os processos segundo os significados diversos que os homens e mulheres lhes conferem. Segundo a autora, uma prática não é necessariamente danosa para as mulheres somente porque diferencia mulheres e homens. A ideia de que o direito é sexuado não exige uma categoria fixa a um referente empírico para homem ou mulher. Ela permite uma mudança no uso do conceito mais fluido de "posicionamento sexuado", com o qual é possível explorar as estratégias que intentam conectar o gênero a sistemas de significado rígidos sem que com isso caia na mesma armadilha.

Como entende Smart, os objetivos da investigação mudam. Não se trata de buscar um direito que transcenda o gênero, mas de uma análise de como o gênero opera no direito e como o direito contribui para produzir o gênero. O direito não se define como o sistema que pode impor a neutralidade sobre o gênero, mas como um dos sistemas produtores não somente da diferença de gênero, mas também da subjetividade e identidade a que o indivíduo está vinculado e associado.

Smart propõe que o direito seja tomado como estratégia de gênero. O direito se converte em uma das tecnologias de gênero, através da qual se produz a "mulher", ao mesmo tempo "em geral", ou seja, em oposição ao "homem", e "em particular", por exemplo, a prostituta, a criminosa, a boa ou má mãe etc. A partir deste ponto de vista Smart sugere cautela ao utilizar o direito como um instrumento ao nosso favor.

Para ela, o desejo de incidir politicamente se confundiu com o desejo das feministas de serem práticas e eficazes. Por isso, o direito continua ocupando um espaço conceitual em nosso pensamento que induz as juristas feministas a serem cúmplices na juridificação da vida cotidiana.

Para ela o direito pode ser, mais que um instrumento, um terreno de conflito, de modo a ser visto não somente como instância que proíbe e censura, mas também como um discurso produtor de lugares e posições de gênero. Em síntese, para Smart o direito não é uma estratégia útil para as mulheres, na medida em que é como um código autônomo e autorreferencial inacessível à influência de discursos e códigos externos.

Apesar das críticas formuladas por Smart, quanto à utilidade do direito, não vejo como dispensá-lo como uma ferramenta para as mulheres. Parece-me que ele pode ser usado como uma estratégia de legitimação de novas pretensões e novos princípios, como linguagem para a reconstrução da realidade, desde o ponto de vista das mulheres. Entendo, assim, estar correta Tamar Pitch ao propor que é de se pensar em construir o direito a partir da experiência das mulheres. Dar uma nova significação a partir de suas vivências. Segundo a autora (2003, p. 263):

> Pode-se construir um direito novo, não simplesmente no sentido de agregar normas novas ou de reformar antigas normas, mas no sentido de construir um sistema normativo interiramente novo condizente com as mulheres. Tudo isso não significa propor a criação de dois sistemas normativos, um para os homens, e outro para as mulheres, mas, por outro lado, a desconstrução da estrutura normativa tradicional se dá através de uma construção alternativa, com a alteração dos limites postos, a introdução de novos temas, a implosão de velhas estruturas[15].

No sentido de que fala Pitch, é possível usar o direito porque este é útil enquanto um conjunto de normas que podem servir de instrumento para a justiça social e a liberdade das mulheres. O direito não é masculino por estrutura ou vocação. Ele o é conforme foi construído historicamente por homens e para homens. Como diz Pitch (2003, p. 262):

> o que não significa que as mulheres não apareçam, mas que o direito se concebe de dois modos – segundo um modelo masculino e um femi-

---

15 Tradução livre. No original: "(...) puede construirse derecho nuevo, pero no simplemente en el sentido de añadir normas nuevas o de la reforma de normas viejas, como en el sentido de la construcción de un entero sistema normativo nuevo, a la medida de las mujeres. Todo ello no significa ponerse como objetivo la creación de dos sistemas normativos, uno vigente para los varones, otro para las mujeres, sino la deconstrucción, en cambio, de la estructura normativa tradicional, allí donde la deconstrucción (...) se produce a través una construcción alternativa, alteración de los límites da dados, introducción de nuevos temas, implosión de las viejas estructuras".

nino, este último originado nas percepções masculinas acerca de como são as mulheres ou como deveriam ser[16].

É preciso, portanto, dar lugar às diferentes histórias que refletem as realidades vividas pelas mulheres. E com estas premissas apresentar novas concepções. De minha parte, penso em um programa de direito penal mínimo que se construa a partir dos direitos fundamentais das mulheres.

4.4. O DIREITO PENAL E AS MULHERES

Segundo Zaffaroni é corriqueiro que os grupos que lutam contra a discriminação critiquem severamente o discurso legitimador do poder punitivo, mas, por outro lado, estes mesmos grupos não tardam em reivindicar o uso pleno daquele mesmo poder quando o assunto é a necessidade de combater a discriminação que sobre estes recai em particular. Essa aparente dissintonia, para o autor, configura-se em uma armadilha neutralizante e retardatária, pois o poder punitivo opera sempre seletivamente, atuando conforme a vulnerabilidade e com base em estereótipos. A seleção criminalizante é o produto último de todas as discriminações (ZAFFARONI, 2001, p. 66).

No caso específico das mulheres, em minha compreensão, embora seja verdadeiro muito do que afirma Zaffaroni, me parece mais adequado seguir os passos de Gerlinda Smaus quando diz que a violência contra estas não pode ser um problema a ser debatido fora do âmbito do direito penal, porque isso só serviria para estabilizar mais as relações de poder. Segundo Smaus (2008):

> Do mesmo modo que os trabalhadores organizados têm tratado de buscar a tutela de seus interesses no direito, as mulheres não podem renunciar a este instrumento. (...) Em vez de adotar uma posição defensiva, deve ter-se em conta que a melhora da situação das mulheres na organização jurídica e na sociedade tem um caráter progressivo: o

---

16 Tradução livre. No original: "lo que no significa que las mujeres no aparezcan: más bien el derecho se concibe de dos modos – según un modelo masculino y uno femenino, este último originado por las percepciones masculinas acerca de cómo son las mujeres o de cómo deberían ser" (PITCH, 2003, p. 262).

movimento deve permanecer em movimento. O mesmo vale para o direito penal[17].

É bem verdade que uma apelação indiscriminada do discurso feminista, como de outros discursos contradiscriminatórios, ao poder punitivo pode reforçá-lo. Assim como também é verdadeiro que a sociedade hierarquizante pode tão somente incorporar tais discursos, limitar-se a reconhecê-los, usá-los para legitimar o próprio poder punitivo, e os neutralizar em seu potencial transformador (ZAFFARONI, 2001). Nas palavras de Zaffaroni (2001, p. 81):

> poucas vezes na história, frente aos dados das ciências sociais, o poder punitivo esteve tão carente de legitimidade e, como nunca, precisou racionalizar em altíssimo grau disparates políticos traduzidos em leis penais incoerentes, superabundantes, notoriamente ineficazes para seus propósitos declarados, meramente sensacionalistas e demonstrativas de uma quebra sem precedentes do poder dos Estados Nacionais.

Enfim, admito, existe um risco de entregar ao poder punitivo certo grau de legitimidade, que talvez lhe faça falta. O problema que trago ao debate, contudo, está em encontrar uma resposta que, de um lado, não seja *meramente* legitimadora do poder punitivo, mas que também não seja, por outro lado, a manutenção do déficit de proteção do qual as mulheres historicamente são vítimas.

Talvez uma das alternativas seja dar real significado a formas de atuação punitiva comunitárias desenvolvidas pelas próprias mulheres. Não se pode fechar os olhos para o que as mulheres estão construindo como alternativas de solução de conflitos, que não dispensam o direito penal completamente, mas que mostram ser possível diminuir muito sua esfera de incidência. Um exemplo: o projeto do Grupo de Mulheres Cidadania Feminina[18], apoiado

---

17 Tradução livre. No original: "(...) del mismo modo en el que los trabajadores organizados han tratado de imponer la tutela de sus intereses en el derecho, las mujeres no pueden renunciar a este instrumento. (...) En lugar de tomar desde el principio una posición defensiva, debe advertirse que el mejoramiento de la situación de las mujeres en la organización jurídica y en la sociedad tiene un carácter progresivo: el movimiento debe permanecer en movimiento. Lo mismo vale para el derecho penal".

18 O Grupo de Mulheres Cidadania Feminina é uma organização não governamental feminista, criada em 2002, na comunidade do Córrego do Euclides em Recife, Per-

pelo Fundo Brasil de Direitos Humanos, que quero descrever sucintamente.

Essa ONG mantém, desde 2003, um projeto chamado *Apitaço – Mulheres enfrentando a violência*, que é uma adaptação de experiências bem-sucedidas, em diversos países sul-americanos, de denúncia da violência contra mulheres. A ideia do apitaço, divulgado na comunidade por meio de uma rádio comunitária[19], é a de estimular a reação, por parte de outras mulheres e da comunidade, contra ações de violência doméstica ou sexista, no momento em que ocorrem, pelo uso de apitos em frente ao local do crime, como forma de denúncia e constrangimento do agressor. Como resultado, constatou-se a diminuição dos casos de violência e o estímulo ao enfrentamento das agressões.

Segundo a coordenadora da organização não governamental:

Percebemos que as mulheres aqui da comunidade Córregos do Euclides não falavam sobre a violência que sofriam. Fizemos várias visitas familiares para sabermos como elas viviam. Vimos claros indícios de agressões físicas e psicológicas. A mulher agredida apresenta hematomas e fica claramente perturbada.(...)

Num seminário, descobri que, na década de 70, mulheres colombianas saíam às ruas apitando e batendo em panelas para denunciar e protestar contra a agressão feminina. Trouxe a ideia para a comunidade e as

---

nambuco, que trabalha com mulheres e jovens em situação de violência doméstica e sexista e de exploração sexual. A ONG atua em seis dos bairros mais carentes e violentos do Recife, sendo seu objetivo principal a formação e a organização de mulheres para o enfrentamento da violência através de processos de discussão e conscientização étnica, social e política. Ela também desenvolve projetos de fomento de alternativas produtivas visando à autonomia econômica através da valorização e da reciclagem de capacidades preexistentes, além de promover reuniões socioeducativas e temáticas quinzenais com 84 mulheres. E, também, articula grupos de trabalho com mulheres idosas, jovens e lésbicas, e mantém um núcleo de Jornada Ampliada do Programa de Erradicação do Trabalho Infantil – PETI, atendendo 50 crianças e adolescentes, a Biblioteca Comunitária da Cidadania e o INTERCENTER – Informática para mulheres.

19 Em outro trabalho, *Esfera pública e direitos fundamentais*: estudos sobre a liberdade de comunicação (2008) tive a oportunidade de realizar pesquisa de campo com rádios comunitárias do sul e nordeste do Brasil, e ali demonstrar que estas constituem verdadeiras esferas públicas contra-hegemônicas potencialmente geradoras de direitos.

pessoas foram se identificando. Aos poucos, um número cada vez maior de mulheres começou a sair às ruas, também apitando, inibindo possíveis criminosos e mostrando que elas podem, sim, reagir. A violência predominante é a doméstica. Às vezes, a própria mulher que está prestes a sofrer a agressão apita. As vizinhas ouvem e começam a apitar também, e assim sucessivamente. Mas às vezes ela não pode reagir, então a iniciativa tem de partir das colegas. Por isso ficamos constantemente atentas a barulhos, gritos e xingamentos. (FUNDO BRASIL DE DIREITOS HUMANOS)

A solução do conflito se dá sempre, primeiro, por iniciativa das próprias mulheres, como conta a coordenadora:

A princípio, nós mesmas tentamos resolver o problema. Cercamos o agressor e tentamos tirar a vítima de lá e levá-la para o nosso grupo. A intenção é deixar o agressor constrangido e inibido o suficiente para ir embora.

Mas nem sempre isso acontece, porque o homem pode ser mais violento ou estar alterado, por exemplo. Intimidá-lo fica mais difícil. Nesses casos, chamamos a polícia. (FUNDO BRASIL DE DIREITOS HUMANOS)

Afirma que a violência diminuiu, embora não possua dados estatísticos, pois a diferença é evidente. Destaca:

O mais importante é que as mulheres passaram a se valorizar mais. Ainda não vivemos numa comunidade tranquila, porque também temos focos de violência psicológica e sofremos preconceito. Alguns homens não gostam da gente porque acham que mulher tem que estar cozinhando em casa, não apitando por aí. "Minha mulher não faz mais comida para mim!", reclamam. Há muito machismo aqui ainda. (FUNDO BRASIL DE DIREITOS HUMANOS)

O projeto das apitadeiras é um exemplo, como tantos outros que devem existir em nosso país, de que o direito penal não precisa ser a primeira porta, ou, menos ainda, a única porta para a solução de conflitos. A ação das apitadeiras se aproxima de uma de perspectiva ampliada de proteção e segurança das mulheres que me parece cabível ser definida como um garantismo positivo.

Na linha que defende Alessandro Baratta (1999b) a ampliação da perspectiva do direito penal constitucional enquanto uma política integral de proteção dos direitos significa também definir o garantismo não somente no sentido negativo, como limite do sistema positivo, isto é, como expressão dos direitos de proteção em relação ao Estado, mas como um *garantismo positivo*. Nas palavras do autor (1999b, p. 110):

Isto significa a resposta às necessidades de segurança de todos os direitos, também dos de prestação por parte do Estado (direitos econômicos, sociais, culturais) e não somente de uma parte deles, que poderíamos denominar direitos de prestação de proteção, em particular contra agressões provenientes de comportamentos delitivos de determinadas pessoas. Não se pode ignorar aquela parte da insegurança urbana devida efetivamente a comportamentos delitivos. A necessidade de segurança dos cidadãos não é somente uma necessidade de proteção da criminalidade e dos processos de criminalização. A segurança dos cidadãos corresponde à necessidade de estar e sentir-se garantidos no exercício de todos os direitos: direito à vida, à liberdade, ao livre desenvolvimento da personalidade e das próprias capacidades, direito a expressar-se e a comunicar-se, direito à qualidade de vida, assim como o direito de controlar e influir sobre as condições das quais depende, em concreto, a existência de cada um. A relação existente entre garantismo negativo e garantismo positivo equivale à relação que existe entre a política de direito penal e a política integral de proteção dos direitos. O todo se serve de cada um dos elementos que, por sua vez, o conformam, mas cada um destes elementos necessita do todo[20].

A exemplo das apitadeiras, não se trata de abandonar, mas de (re)pensar a resposta punitiva de modo a que esta signifique

---

20 Tradução livre. No original: "Esto significa la respuesta a las necesidades de seguridad de todos los derechos, también de los de prestación por parte del Estado (derechos económicos, sociales y culturales) y no sólo de aquella parte de ellos, que podríamos denominar derechos de prestación de protección, en particular contra agresiones provenientes de comportamientos delictivos de determinadas personas. No se puede ignorar aquella parte de la inseguridad urbana debida efectivamente a comportamientos delictivos. No obstante, la necesidad de seguridad de los ciudadanos no es solamente una necesidad de protección de la criminalidad y de los procesos de criminalización. La seguridad de los ciudadanos corresponde a la necesidad de estar y de sentirse garantizados en el ejercicio de todos los derechos: derecho de la vida, a la libertad, al libre desarrollo de la personalidad y de las propias capacidades, derecho a expresarse y a comunicarse, derecho a la calidad de vida, así como el derecho a controlar y a influir sobre las condiciones de las cuales depende, en concreto, la existencia de cada uno. La relación existente entre garantismo negativo y garantismo positivo equivale a la relación que existe entre la política de derecho penal y la política integral de protección de los derechos. El todo se sirve de cada uno de los elementos que cada vez lo conforman, pero cada uno de estos elementos necesita del todo".

não a mera defesa social dos interesses constituídos. O objetivo do direito penal, neste contexto, é a proteção do fraco contra o mais forte. Como diz Ferrajoli, é exatamente monopolizando a força, delimitando os pressupostos e as modalidades de uso desta, assim como reduzindo as possibilidades de exercício arbitrário dos sujeitos não autorizados, que a proibição e a ameaça penal protegem os ofendidos contra os delitos e, nas palavras do autor, *por mais paradoxal que pareça,* também protegem os réus contra as vinganças e outras reações mais severas.

Tem razão Ferrajoli quando diz que a abolição do direito penal oficial é uma utopia regressiva. Se fosse abolido, reações públicas ou privadas arbitrárias se multiplicariam. E as mulheres conhecem, melhor que qualquer outro grupo social, as consequências do exercício de poderes extrajurídicos.

4.5. O MODELO DE DIREITO PENAL MÍNIMO

O *garantismo,* segundo Ferrajoli (2006), está baseado na tutela dos valores ou direitos fundamentais cuja satisfação, mesmo que contramajoritária, é o fim justificante do direito penal. Que fim, ou fins? Um, a imunidade dos/as cidadãos(ãs) contra a arbitrariedade das proibições e das punições. Dois, a defesa dos fracos mediante regras do jogo iguais para todos. Três, a dignidade da pessoa do imputado e, portanto, a garantia da sua liberdade através do respeito pela sua verdade.

Pode-se definir o modelo garantista de direito ou de responsabilidade penal como um modelo-limite que se constrói com a concatenação e ordenação sistemática de dez axiomas considerados como os princípios axiológicos fundamentais, não deriváveis entre si, que seriam: *nulla poena sine crimine; nullum crimen sine lege; nulla lex (poenalis) sine necessitate; nulla necessitas sine injuria; nulla injuria sine actione, nulla actio sine culpa, nulla culpa sine judicio, nullum judicium sien accusatione, nulla accusatio sine probatione, nulla probatio sine defensione.*

A estrutura do sistema garantista (SG), a seu turno, exige a presença de onze condições de possibilidade. São elas: a pena, o delito, a lei, a necessidade, a ofensa, a conduta, a culpabilidade, o juízo, a acusação, a prova e a defesa.

Como ensina Salo de Carvalho, a cadeia elaborada por Ferrajoli serve como o instrumento avaliativo de toda a incidência do sistema penal, da elaboração da norma pelo legislativo, à aplicação/ execução da pena. Conforme o autor (2008, p. 83), todo este sistema:

> Viabiliza ao intérprete uma principiologia adequada para (des)legitimação de toda atuação penal: teoria da norma (princípio da legalidade, princípio da necessidade e princípio da lesividade); teoria do delito (princípio da materialidade e princípio da culpabilidade); teoria da pena (princípio da prevenção dos delitos e castigos); e teoria processual penal (princípio da jurisdicionalidade, princípio da presunção de inocência, princípio acusatório, princípio da verificabilidade probatória, princípio do contraditório e princípio da ampla defesa).

O sistema garantista, compreendido a partir dos citados princípios, corresponde às regras do jogo do direito penal nos Estados Democráticos de Direito. E, em decorrência de sua gradual incorporação nos textos constitucionais, conforma vínculos formais e materiais de validade das normas e decisões (CARVALHO, 2008, p. 83).

O modelo teórico minimalista se caracteriza, portanto, por dez restrições ao arbítrio legislativo, ou ao erro judicial. Conforme este modelo, não se admite qualquer imposição de pena sem que um fato (1), previsto legalmente como crime (2), tenha sido cometido, sem que seja necessária a proibição e punição (3), sem que este tenha gerado efeitos danosos a terceiros (4), caracterizado pela exterioridade e materialidade da ação criminosa (5), pela imputabilidade e culpabilidade do autor (6) e, além disso, tenha sido empiricamente comprovado (7) mediante uma acusação deduzida perante um juiz imparcial (8), em um processo público e contraditório em face da defesa (9) e através de procedimentos legalmente preestabelecidos (10) (FERRAJOLI, 2006, p. 312).

É a presença e prevalência das citadas condicionantes que identificam o modelo de direito penal mínimo como o modelo do Estado de Direito, compreendido, assim, como um tipo de ordenamento no qual o Poder Público e, particularmente, o poder penal, estejam rigidamente limitados e vinculados à lei no plano substancial (ou dos conteúdos penalmente relevantes), e submetidos a um plano processual (ou das formas processualmente vinculantes). Os modelos de direito penal máximo, caracterizados pela debilidade ou ausência de algum ou alguns dos limites acima traçados, convergem na direção de um Estado totalitário.

Logicamente, entre um direito penal mínimo, e um direito penal máximo, existe uma zona gris na qual se estruturam diversos modelos intermediários, de modo que, segundo Ferrajoli, se poderá falar mais apropriadamente, no que se refere às instituições e aos ordenamentos concretos, de uma *tendência* ao direito penal mínimo ou de uma *tendência* ao direito penal máximo. Tendências estas que, nos ordenamentos dos modernos Estados de Direito, caracterizados pela diferenciação em vários níveis de normas, convivem entre si.

A primeira tendência caracteriza os níveis normativos superiores, e a segunda tendência os níveis normativos inferiores. O que dá lugar, com sua separação, a uma ineficiência tendencial dos primeiros e a uma ilegitimidade tendencial dos segundos. Isso explica o contraste entre os princípios garantistas previstos de maneira mais ou menos rigorosa no Texto Constitucional, e as práticas judiciais e policiais que admitem de fato figuras de responsabilidade penal consentânea com as garantias citadas (FERRAJOLI, 2006, p. 102).

Voltando aos extremos, o modelo de direito penal máximo é incondicionado e ilimitado, sendo caracterizado, para além de sua excessiva severidade, pela incerteza e imprevisibilidade das condenações e das penas. Trata-se de um sistema de poder não controlável racionalmente, em face da ausência de parâmetros certos e racionais de convalidação e anulação.

O direito penal mínimo, por outro lado, condicionado e limitado ao máximo, corresponde não apenas ao grau máximo de tutela das liberdades cidadãs frente ao poder punitivo, mas a um ideal de racionalidade e de certeza. Segundo Ferrajoli (2006, p. 102):

> Com isso resulta excluída de fato a responsabilidade penal todas as vezes em que sejam incertos ou indeterminados seus pressupostos. Sob este aspecto existe um nexo profundo entre garantismo e racionalismo.

(...) Uma norma de limitação do modelo de direito penal mínimo informada pela certeza e pela razão é o critério do *favor rei*, que não apenas permite, mas exige intervenções potestativas e valorativas de exclusão ou e atenuação da responsabilidade cada vez que subsista incerteza quanto aos pressupostos cognitivos da pena. A este critério estão referenciadas instituições como a presunção de inocência do acusado até a sentença definitiva, o ônus da prova a cargo da acusação, o princípio do *in dubio pro reo*, a absolvição e, caso de incerteza acerca da verdade fática e, por outro lado, a analogia *in bonam partem*, a interpretação restritiva dos tipos penais e a extensão das circunstâncias eximentes ou atenuantes em caso de dúvida acerca da verdade jurídica. Em todos estes casos teremos certamente discricionariedade, mas se trata de uma discricionariedade dirigida não para estender, mas para excluir ou reduzir a intervenção penal quando não motivada por argumentos cognitivos seguros.

O garantismo toma como única justificativa do direito penal a sua função de *lei do mais fraco*, em contraposição à *lei do mais forte*, que vigora na sua ausência. De modo que, o monopólio do poder estatal do poder punitivo é tanto mais justificado quanto mais baixos forem os custos do direito penal em relação aos custos da *anarquia punitiva* (FERRAJOLI, 2006, p. 312).

Ferrajoli define o direito penal como uma técnica de definição, de individualização e de repressão da desviação. Técnica esta que manifesta-se através de coerções e restrições aos potenciais desviantes, aos suspeitos de sê-lo, ou, ainda, aos condenados enquanto tais. As restrições são três, e correspondem, em igual número, aos momentos da técnica punitiva, ou seja, ao delito, ao processo e à pena (2006, p. 195).

O primeiro momento, do delito, consiste na definição ou proibição dos comportamentos legalmente classificados como desviantes e, assim, a uma limitação da liberdade de ação de todas as pessoas. O segundo momento, do processo, é o momento da sujeição coercitiva ao juízo penal de todos os suspeitos de haver violado as proibições penais. E o terceiro momento, o da punição, dos julgados culpados. Em síntese, trata-se de saber quando e como proibir, quando e como julgar, e quando e como punir.

Incontestavelmente a mulher é o "*mais fraco*", no momento em que é parte ofendida, ré ou condenada. De outra banda, se os direitos fundamentais adquirem o papel de limites do direito penal nas sociedades democráticas, resta saber, em relação às mulheres, quais direitos seriam estes direitos fundamentais sob a perspectiva de gênero. Ou qual conteúdo assumem tais direitos enquanto elementos limitadores do sistema.

Nas linhas que seguem, proponho-me a refletir sobre os direitos fundamentais das mulheres à autodeterminação e à proteção, a partir da dignidade da pessoa.

4.6. OS DIREITOS FUNDAMENTAIS DAS MULHERES COMO LIMITES AO DIREITO PENAL (ou por um programa de direito penal mínimo para as mulheres)

No campo penal, muito do debate feminista sobre os direitos das mulheres gira em torno da liberdade (autodeterminação) e da inviolabilidade do corpo. O que, para muitos, corresponde a uma pauta de reivindicações contraditória do movimento feminista, pois, ao mesmo tempo em que reivindica de forma libertária a descriminalização do aborto (numa tendência abolicionista), assume uma postura punitivista, ao pleitear penas mais duras em casos de violência de gênero.

Entendo tratar-se apenas de uma aparente contradição, possível de ser desfeita quando a pauta de feminista é analisada sob a ótica dos direitos fundamentais[21]. Daí por que responder à ques-

---

21 Dedico-me neste tópico (4.6) a responder à questão *o que são direitos fundamentais?*, e, especialmente, *quais são os direitos fundamentais exclusivos das mulheres?*. Contudo, embora o texto seja explicativo do conceito de direitos fundamentais e de suas características de universalidade e indisponibilidade, parece-me importante esclarecer a diferença terminológica existente entre "direitos fundamentais" e "direitos humanos". A expressão "direitos humanos" está normalmente vinculada a posições jurídicas reconhecidas ao ser humano enquanto tal, independentemente de sua ligação com determinada ordem constitucional, aspirando validade universal para todos os povos e todos os tempos. Trata-se, portanto, de uma noção de contornos amplos e relativamente imprecisos. De outro lado, por "direitos fundamentais" compreendem-se posições jurídicas mais precisas na medida em que constituem o conjunto de direitos e liberdades institucionalmente reconhecidos e garantidos pelo direito positivo de determinado Estado. Direitos

tão *o que são direitos fundamentais?* é algo a que me dedico nas linhas que seguem.

Segundo Ferrajoli (2005, p. 89) este questionamento pode ser respondido sob quatro diferentes ângulos. Em primeiro lugar, segundo o autor, sob o ponto de vista da *justiça,* a interrogação é de tipo axiológico. Ou seja, a melhor pergunta é: *quais direitos é justo que sejam estabelecidos como direitos fundamentais?*

Para Ferrajoli (2005, p. 90) aqui a resposta é de tipo normativo, posto que depende de critérios metaéticos ou metapolíticos – a convivência pacífica, a igualdade, a dignidade das pessoas, as suas necessidades vitais ou similares – idôneos para justificar a previsão de determinados interesses ou necessidades como direitos fundamentais. Nesse caso o fundamento dos direitos fundamentais é de ordem axiológica concernente aos valores ou princípios de justiça nos quais radicam os próprios direitos fundamentais.

Em segundo lugar está o ponto de vista da validade, do direito positivo, que corresponde a uma resposta de tipo empírico e assertivo, já que são fundamentais aqueles direitos que no ordenamento jurídico estão estipulados como tais. A origem está no ordenamento jurídico. Sob este prisma, são direitos fundamentais os postos na Constituição, assim como os decorrentes dos tratados e convenções internacionais (como a Declaração Universal dos

---

delimitados espacial e temporalmente cuja nomenclatura decorre de seu caráter básico e fundamentador do sistema jurídico do Estado de Direito. No intuito de preservar a fundamentalidade material cunhada em documentos internacionais de reconhecimento e proteção de valores essenciais a todos os seres humanos, própria dos direitos humanos, bem como a fundamentalidade formal que os direitos fundamentais com estes compartilham, há quem defenda a utilização da expressão *direitos humanos fundamentais.* Nesta defesa encontram-se Manuel Gonçalves Ferreira Filho e Alexandre de Moraes, por exemplo. De minha parte, concordo com Pérez Luño (2011, p. 46-47) que a melhor forma de determinar a diferença entre as duas categorias é a concreção positiva, pois em relação aos direitos das mulheres, a opção terminológica por direitos fundamentais não se dá em um sentido semântico, mas no sentido político da obrigação estatal de vincular-se a um programa de direito penal mínimo construído a partir dos direitos fundamentais exclusivos das mulheres. Neste contexto, liberdade (autodeterminação) e proteção não são valores abstratos, mas direitos cuja não realização põe em xeque a própria noção de Estado Democrático de Direito.

Direitos Humanos de 1948, ou a Convenção para a Eliminação de Todas as Formas de Discriminação contra as Mulheres).

Em terceiro lugar o ponto de vista é o da efetividade, que corresponde, também, a uma resposta empírica e assertiva. Entretanto, a referência empírica não é constituída pelas normas, mas por aquilo que de fato acontece ou aconteceu no ordenamento em relação à concreta tutela, ou concreta violação dos direitos neste estabelecidos.

No terceiro ângulo, o fundamento dos direitos fundamentais refere-se à origem histórica, ou o substrato sociológico das conquistas da civilização que eles próprios representam (FERRAJOLI, 2005, p. 90-91). Neste aspecto, as trajetórias do feminismo e do constitucionalismo se cruzam. Pois, a construção histórica dos direitos fundamentais não é meramente teórica, já que nenhum direito deste teor simplesmente "caiu do céu". Eles, os direitos fundamentais, são o resultado de disputas políticas, sociais, econômicas etc. Ou seja, trata-se de uma história escrita a partir de rupturas que, para alguns autores, vão desde a revolução americana e francesa, até as lutas operárias, pacifistas, ecologistas e, obviamente, sufragistas, feministas.

Para Ferrajoli existe, ainda, uma quarta resposta, dada pela teoria do direito, entendida por ele como "estipulativa e convencional". Para o autor, direitos fundamentais "são todos aqueles que são atribuídos universalmente a todos enquanto pessoas, enquanto cidadãos, ou enquanto seres capazes de agir" (2005, p. 92).

Esta última resposta não diz nada sobre os conteúdos dos direitos fundamentais, somente identifica sua forma e estrutura lógica. Por outro lado, ela diz que, se queremos garantir um direito como "fundamental", devemos subtraí-lo da disponibilidade política e da disponibilidade do mercado, formulando-o na forma de uma regra geral válida para todos (FERRAJOLI, 2005, p. 93).

Para o autor a universalidade é a única técnica de tutela das necessidades e expectativas, quaisquer que sejam, veiculadas pelos direitos fundamentais. E isso, por três razões, que estão no plano da justiça, da validade e da efetividade.

A justiça está relacionada à igualdade, e refere-se ao fato de que, ao contrário dos direitos patrimoniais (por natureza, disponíveis e alienáveis), os direitos fundamentais são indisponíveis. A indisponibilidade dos direitos é o corolário de sua forma universal (FERRAJOLI, 2005, p. 99).

A validade centra-se no fato de que a forma universal de tais direitos representa a base para a sua garantia normativa. Como diz Ferrajoli (2005, p. 99):

Compostos por normas que estão estabelecidas em constituições rígidas supraordenadas à legislação ordinária, esses direitos não só são indisponíveis, como também funcionam como limites e restrições à legislação e, mais em geral, ao poder político da maioria, que não pode derrogá-los. Desenham aquela que chamamos de "esfera do não decidível (que não)". Precisamente os direitos de liberdade, consistindo em imunidades as quais correspondem proibições por parte do Estado, definem a esfera daquilo que nenhuma maioria pode decidir fazer (...).

A efetividade relaciona-se ao fato de que os direitos fundamentais, enquanto direitos universais, são normas, ou seja, regras gerais. E, portanto, exigem, como condições de efetividade, a introdução das respectivas garantias como leis de atuação. Como exemplifica Ferrajoli (2005, p. 102):

A existência de uma norma constitucional sobre o direito à saúde, por exemplo, não implica a existência das relativas garantias, se essas não tiverem sido introduzidas, na atuação de tal direito, com a instituição de serviços de saúde gratuitos para todos. Nem mesmo o homicídio seria punível por força da simples existência do direito à vida, se não fossem as leis penais e processuais que o preveem como delito e disciplinam a investigação e a punição.

No plano fático, todavia, sabemos que é possível que não existam – mesmo que devessem existir – obrigações ou vedações correspondentes a um direito fundamental, por causa da (indevida) inexistência da norma que os preveja. Esse era o caso, entre nós, do § 8º do art. 226 da Constituição Federal de 1988, cuja concreção somente se dá em 2006, com a promulgação da Lei n. 11.340, conhecida como Lei Maria da Penha.

Pode ocorrer também que não existam – mesmo que devessem existir – órgãos e procedimentos hábeis para declarar as violações, e aplicar as respectivas sanções, por causa, também, da indevida inexistência de normas. E, além disso, também é possível que dado um direito fundamental, consistente em uma permissão (por exemplo, a liberdade de manifestação de qualquer pensamento), exista – mesmo se não devesse existir, por força do princípio da não contradição – a vedação (ou a não permissão) do mesmo comportamento (por exemplo, da manifestação de pensamentos vilipendiosos), por causa da (indevida) existência da norma que o prevê[22] (FERRAJOLI, 2005, p. 102-103).

Lacunas e antinomias são, portanto, possíveis. E, em alguma medida, até inevitáveis, dentro de um sistema nomodinâmico[23] de direito positivo. Mas, é, nesse momento, que se há de exigir mais da ciência jurídica. Há de se exigir o cumprimento de um papel crítico de assunção do dever de detectar e atuar em direção às leis de atuação que a estipulação dos direitos fundamentais determina sejam produzidas.

Neste sentido, a pergunta que se impõe é *quais são os direitos fundamentais das mulheres?*, ou melhor, ainda, *quais são os direitos fundamentais exclusivamente das mulheres?*

Tendo em vista a concepção de que os direitos fundamentais são concebidos como aqueles que não estão dados à disponibilidade política, ou à disponibilidade do mercado, e que, a universalidade desses direitos, corresponde à indisponibilidade, a limites, a restrições à legislação, e à reivindicação de leis de atuação, é

---

22 Entre nós este foi o caso da utilização do § 3º do art. 33 da Lei n. 11.343/2006 (Lei de Drogas) para o enquadramento de manifestações públicas em prol da descriminalização do uso da maconha. Neste caso, o Supremo Tribunal Federal julgou procedente em 23 de novembro de 2011 a Ação Direta de Inconstitucionalidade n. 4.274-2, dando interpretação conforme à Constituição para excluir qualquer significado que enseje a proibição de manifestações e debates públicos acerca da legalização ou descriminalização do uso de drogas ou de qualquer substância que leve o ser humano ao entorpecimento episódico, ou então viciado, das suas faculdades psicofísicas.

23 Nomodinâmica significa o sentido do movimento (dinâmica), que no âmbito constitucional se refere à inconstitucionalidade formal, procedimental. Está em contraste com a nomoestática, relativa à inconstitucionalidade material, ou seja, da própria norma constitucional.

possível traçar a configuração de *direitos fundamentais das mulheres*, a partir do princípio da dignidade da pessoa humana.

A dignidade da pessoa humana abrange (embora a isso não se restrinja) a vedação da coisificação. Sendo que, em uma dupla perspectiva ontológica e instrumental, compreende a dimensão negativa (defensiva) e a positiva (prestacional). Na definição do Sarlet (2001b, p. 60), a dignidade da pessoa humana define-se como:

> a qualidade intrínseca e distintiva reconhecida em cada ser humano que o faz merecedor do mesmo respeito e consideração por parte do Estado e da comunidade, implicando, neste sentido, um complexo de direitos e deveres fundamentais que assegurem a pessoa tanto contra todo e qualquer ato de cunho degradante e desumano, como venham a lhe garantir as condições existenciais mínimas para uma vida saudável, além de propiciar e promover sua participação ativa e corresponsável nos destinos da própria existência e da vida em comunhão com os demais seres humanos.

Neste contexto, a dignidade possui uma dimensão dúplice, que se manifesta enquanto simultaneamente expressão da autonomia da pessoa humana, bem como da necessidade de sua proteção (Sarlet, 2001b). E a garantia da dignidade humana reside nos direitos fundamentais que asseguram o respeito da identidade como pessoa. Respeito este que reclama tanto os direitos de liberdade, quanto os direitos sociais.

Temos assim, como garantia da qualidade intrínseca e distintiva reconhecida em cada ser humano, por um lado, os direitos de liberdade como todos os direitos à afirmação, à tutela e à valorização de todas as diferenças de identidade que fazem de homens e mulheres igualmente merecedores/as do mesmo respeito e consideração por parte do Estado, da comunidade e da família. Por outro lado, os direitos sociais, o direito à sobrevivência (saúde, educação, alimentação, entre outros), que são todos direitos à redução das desigualdades nas condições de vida.

Todos os direitos fundamentais são (e se justificam enquanto tais), como ensina Ferrajoli, leis dos mais fracos em alternativa às leis dos mais fortes que vigorariam na sua ausência[24]. E, nesta ordem de ideias, em primeiro lugar estará o direito à vida, contra a lei de quem é mais forte fisicamente; em segundo lugar, os direitos de imunidade e de liberdade, contra a lei de quem é mais forte politicamente; em terceiro lugar, os direitos sociais, que são os direitos à sobrevivência contra a lei de quem é mais forte social e economicamente.

Como diz Ferrajoli (2011a, p. 107), é exatamente porque os direitos fundamentais são sempre leis dos mais fracos contra a lei dos mais fortes, que esses têm validade como direitos do indivíduo para proteger as pessoas também – e acima de tudo – contra as suas culturas, e, até mesmo, contra suas famílias: a mulher contra o pai e o marido, o menor contra os pais, e, em geral, os oprimidos contra suas culturas opressivas.

Tomando a dignidade da pessoa humana[25] como pano de fundo, parece-me que, tanto o direito à autodeterminação, quanto o direito à proteção, se colocam como vetores estruturantes a partir dos quais devem ser deduzidos os limites de atuação do direito penal especificamente nas situações que envolvem os direitos reprodutivos e a violência de gênero. Ou, mais especificamente, o aborto e todas as formas de violência física e sexual.

4.6.1. O direito à autodeterminação

A liberdade é um conceito fundamental para todos os juristas, entretanto, adquire relevo ainda maior para as mulheres, para

---

24 Importa frisar que Ferrajoli erige o papel dos direitos fundamentais enquanto *lei dos mais fracos* como um dos critérios para determinar quais direitos devem ser garantidos como fundamentais.

25 Segundo Ferrajoli são critérios metaéticos e metapolíticos capazes de dar uma resposta racional – em sede de *filosofia política* e, mas amplamente, em sede moral e política – para a pergunta "quais direitos devem ser garantidos como fundamentais?", além da dignidade da pessoa e a da igualdade, também a paz e a própria concepção dos direitos fundamentais como tutela dos mais fracos. Especificamente com relação à paz Ferrajoli afirma existir "uma relação biunívoca entre o grau de paz e o grau de garantismo para o suporte de todos estes direitos. Para ele, a paz é tanto mais sólida e os conflitos tanto menos violentos e chocantes – dentro das sociedades nacionais em nível internacional, na esfera pública e na esfera privada das relações interpessoais – quanto mais as garantias de tais direitos são extensas e efetivas" (FERRAJOLI, 2011a, p. 108).

quem configura liberdade de autodeterminação e autorrealização (PITCH, 2003, p. 262). Contudo, o conceito de liberdade tem um âmbito de aplicação quase ilimitado. Pois, quase tudo o que desde algum ponto de vista é considerado bom ou desejável é vinculado com ele.

Segundo Alexy (2002) é impossível caracterizar com maior precisão a conotação *emotiva* da palavra liberdade. Geralmente quem designa algo como "livre" não somente descreve, mas expressa uma valoração positiva, e cria em seus ouvintes um estímulo para compartilhar esta valorização. A conotação emotiva positiva relativamente constante pode ser vinculada com significados descritivos mutáveis. Quem deseja estimular alguém para que realize uma ação pode tentar fazê-lo dizendo que "liberdade" consiste em realizar esta ação. Enfim, liberdade é um conceito polissêmico.

Em termos mais restritos, entretanto, de acordo com Alexy, é possível falar em liberdade jurídica na exata medida em que esta liberdade configure uma alternativa de ação – termos em que se poderá falar de uma *liberdade negativa*. Assim, uma pessoa é livre em sentido negativo na medida em que não lhe estão vedadas alternativas de ação. Nas exatas palavras de Alexy (2002, p. 214), "o conceito de liberdade negativa não diz nada acerca do que deve fazer uma pessoa livre no sentido negativo ou fará sob determinadas condições, tão somente diz sobre sua capacidade para fazer algo"[26].

Liberdade positiva e liberdade negativa, nas acepções que lhe conferem Alexy, se diferenciam somente porque, na *liberdade positiva,* o objeto da liberdade é uma ação. Enquanto que, na *liberdade negativa,* consiste em uma alternativa de ação. E, é neste último aspecto que, como demonstrarei, a liberdade é elemento fundamental de limitação da atuação penal com relação às mu-

---

26 Tradução livre: No original: "concepto de libertad negativa no dice nada acerca de qué debe hacer una persona libre en sentido negativo o hará bajo determinadas condiciones; tan sólo dice algo acerca de sus posibilidades para hacer algo".

lheres, pois, sob o prisma do direito das mulheres[27], a liberdade se define no contexto de vidas concretas, e na exata medida destas mesmas vidas. E é neste contexto que se coloca a discussão, no campo do direito penal, sobre a (des)criminalização do aborto. O direito à autodeterminação, especificamente quanto ao direito de decidir sobre ser ou não mãe, é um direito que é, ao mesmo tempo, fundamental e exclusivo[28] das mulheres porque

---

27 Segundo Tamar Pitch (2003, p. 261), o direito das mulheres se constitui como uma disciplina científica e acadêmica a partir dos fracassos das políticas de igualdade tanto formal quanto substancial e com um impulso cognoscitivo e político. Segundo ela, Tove Stang Dahl indica três fontes de conhecimento fundamentais para a construção da nova disciplina: as doutrinas jurídicas, os dados empíricos, e os valores morais e políticos. O direito das mulheres não pode tão somente inverter e atravessar os limites dos diversos ramos do direito, precisamente porque as vidas concretas das mulheres não se deixam encerrar nem compreender pelas rígidas regras do privado ou do direito público. Estas, de outro lado, devem ser entendidas – e aí a necessidade de recorrer a instrumentos das ciências sociais – e interpretadas politicamente à luz de valores como justiça e liberdade. E justiça e liberdade não são somente valores axiomáticos como nas doutrinas do direito natural, mas valores que se constroem "desde baixo", quer dizer, cabendo admiti-los como resultados das experiências concretas e das valorações que emergem, tanto do movimento de mulheres em geral, como de práticas específicas. Como exemplo destas últimas, Pitch cita o serviço de atendimento jurídico da Faculdade de Direito da Universidade de Oslo. De minha parte, faço referência ao Projeto de Extensão para o Atendimento a Mulheres em situação de Violência Doméstica, desenvolvido no âmbito da Faculdade de Direito da Universidade de Brasília, sob a coordenação da Professora Dra. Ela Wiecko Volkmer de Castilho. O projeto, desenvolvido em parceria com o Departamento de Psicologia Clínica da Universidade de Brasília, sob a coordenação da Professora Dra. Gláucia Ribeiro Starling Diniz, visa o atendimento a mulheres em situação de violência doméstica em uma perspectiva interdisciplinar que envolve a atuação tanto de profissionais e estudantes do Direito, quanto de profissionais e estudantes da Psicologia.

28 Segundo Ferrajoli o direito à autodeterminação em relação à maternidade constitui o único direito fundamental exclusivo das mulheres. Para o autor (2010, p. 86), "(...) el derecho a la maternidad voluntaria como autodeterminación de la mujer sobre el propio cuerpo le pertenece de manera exclusiva porque en materia de gestación los varones no son iguales a las mujeres, y es sólo desvalorizando a éstas como personas y reduciéndolas a instrumentos de procreación como los varones han podido expropriarlas de esa su personal potencia sometiéndola al control penal. No puede, por tanto, configurarse un 'derecho a la paternidad voluntaria' análogo y simétrico al 'derecho a la maternidad voluntaria', por la simple razón de que la gestación y el parto no pertenecen a la identidad masculina sino sólo a la femenina. Allí donde la decisión de traer o no al mundo a través de un cuerpo femenino estu-

forma um todo com a liberdade pessoal (autodeterminação) da mulher em optar em se tornar mãe ou não. Trata-se, portanto, de uma liberdade negativa, de uma alternativa de ação.

De fato, qualquer decisão heterônoma, justificada a partir de interesses estranhos aos da mulher, equivale a uma lesão do segundo imperativo kantiano, segundo o qual nenhuma pessoa pode ser tratada como meio ou instrumento (neste caso, de procriação) para fins não próprios. Pois, enfim, diferente de outras proibições, a do aborto equivale a uma obrigação que é de tornar-se mãe, suportar a gravidez, dar à luz, criar um filho. E isso contrasta com todos os princípios liberais do direito penal. Conforme Ferrajoli (2010, p. 85):

> De fato, não somente se trata de uma liberdade fundamental negativa (de não tornar-se mãe e, portanto, de abortar), mas uma imunidade contra construções e servidões pessoais que é complementar de uma liberdade positiva: o direito-poder de gerar, de trazer pessoas ao mundo, que é um poder por assim dizer *constituinte*, de tipo pré ou metajurídico, posto que é o reflexo de uma capacidade natural inerente de maneira exclusiva à diferença feminina. Não se trata só de um direito de liberdade, como também de um direito-pretensão ao que devem corresponder obrigações públicas, concretamente exigíveis, de assistência e de cuidado, tanto no momento da maternidade como do aborto[29].

Uma *injustiça,* como ensina Habermas (2003b), define-se a partir da exata medida em que a liberdade é limitada e a dignidade humana é atingida por restrições que retira dos/as "oprimidos/as" e "submetidos/as" a possibilidade de exercer sua autonomia priva-

---

viera subordinada también al acuerdo con los potenciales padres, la decisión de éstos sería sobre el cuerpo de otra persona y equivaldría, pues, al ejercicio de un poder del hombre sobre la mujer que violaría al mismo tiempo la libertad de las mujeres y el igual valor de las personas".

29 Tradução livre. No original: "En efecto, no sólo se trata de una fundamental libertad negativa (de no convertirse en madre y, por tanto, de abortar), sino de una inmunidad de construcciones y de servidumbres personales que es complementaria de una fundamental libertad positiva: el derechopoder de generar, traer personas al mundo, que es un poder por así decir *constituyente,* de tipo pre- o meta-jurídico, puesto que es el reflejo de una potencia natural inherente de manera exclusiva a la diferencia femenina. No se trata sólo de un derecho de libertad, sino también de un derechopretensión al que deben corresponder obligaciones públicas, concretamente exigibles, de asistencia y de cuidado, tanto en el momento de la maternidad como en el del aborto".

179

da e pública. Significa que os direitos fundamentais, cuja tarefa é garantir às mulheres um delineamento autônomo para suas próprias vidas, não podem ser formulados de modo adequado à revelia das próprias envolvidas. Sem que estas articulem e fundamentem os aspectos considerados relevantes para o tratamento igual ou desigual em casos típicos. Ou seja, que a autodeterminação seja elaborada a partir do que ela significa para as próprias mulheres.

Considerando o supraexposto, sempre defendi a tese de que, nos marcos de um Estado (Laico) Democrático de Direito, em que está garantida a liberdade, como direito à autodeterminação, a criminalização do aborto, tal como hoje prevista no Código de 1940, sequer foi recepcionada pela Constituição de 1988.

Quando da publicação da primeira edição desta obra vivia-se sob o clamor de uma ampla reforma no Código Penal. Sendo que, por vários meses, uma Comissão de Juristas, convocada pelo Senado Federal, havia acabado de apresentar propostas para a elaboração de um anteprojeto[30].

A palavra de ordem era *"modernizar"* nossa legislação penal. Entretanto, "modernizar", *a priori*, é um termo vazio, que pode ser preenchido sob a ótica dos direitos fundamentais, ou com base em razões morais e religiosas. E, como dizia eu à época, à vista do anteprojeto, os direitos fundamentais das mulheres à autodeterminação e à proteção não foram a tônica. A proteção da mulher frente à violência praticamente não aparecia no texto, e o exercício da liberdade/autonomia feminina ainda permanecia criminalizado.

Segundo o art. 125 do anteprojeto seria crime *provocar aborto em si mesma ou consentir que outrem lhe provoque*. Para esse crime, a pena é de prisão, de seis meses a dois anos. O aborto somente não seria considerado crime em quatro hipóteses:

---

30 Instalada em outubro de 2011 pelo requerimento RQS 756/2011, de autoria do Senador Pedro Taques (MT), a Comissão de Juristas apresentou no dia 9 de julho de 2012, ao presidente do Senado Federal, Senador José Sarney (AP), o anteprojeto de reforma à legislação penal brasileira.

Primeiro, se houvesse risco à vida ou à saúde da gestante. Segundo, se a gravidez resultasse de violação da dignidade sexual, ou do emprego não consentido de técnica de reprodução assistida.

Terceiro, se comprovada a anencefalia, ou quando o feto padecesse de graves e incuráveis anomalias que inviabilizem a vida extrauterina (em ambos os casos atestado por dois médicos). E, quarto, se por vontade da gestante, até a décima segunda semana da gestação, quando o médico ou psicólogo constatar que a mulher não apresenta condições psicológicas de arcar com a maternidade. Ou seja, ressalvados estes quatro casos (previstos no art. 128 do anteprojeto), portanto, o aborto permaneceria criminalizado.

Reitero que, à luz da Constituição Federal, a manutenção do aborto como crime é juridicamente insustentável, em qualquer caso. E que, portanto, mesmo a quarta hipótese descriminalizadora era, no mínimo, tímida.

Como já dizia eu, no julgamento da ADPF n. 54 (caso da anencefalia), pelo Supremo Tribunal Federal, alguns Ministros/as, a começar pelo Relator, Min. Marco Aurélio, afirmaram que não estavam decidindo de forma genérica sobre a *descriminalização* do aborto. Nas palavras dos/as julgadores/as tratava-se ali somente da anencefalia. É verdade. São muitas e diversas as situações que levam uma mulher a interromper a gravidez.

Contudo, o Relator também disse, em seu voto, que o assunto envolvia a *dignidade humana, a liberdade, a autodeterminação, a saúde e o reconhecimento pleno de direitos individuais, especificamente, os direitos sexuais e reprodutivos de milhares de mulheres.* Ou seja, falou de todos os direitos fundamentais das mulheres, cujo respeito é necessário para que se conforme o princípio da dignidade da pessoa humana.

Observemos bem que o Ministro poderia ter dito que a discussão envolvia somente o direito à saúde. Em princípio bastaria. Mas, foi além. Falou em liberdade, em autodeterminação, em direitos reprodutivos, em direitos fundamentais das mulheres.

Sim, as mulheres têm direitos fundamentais. E um deles é o de livremente decidir sobre seu próprio corpo. Trata-se de um direito fundamental e exclusivo das mulheres[31]. Um direito que

---

31 Teço algumas breves considerações sobre o porquê de não ter incluído a prostituição neste contexto de autodeterminação, embora considere que a liberdade de dispor do próprio corpo por todos e todas que se prostituem seja hipocritamente mitigada. De início dispor do próprio corpo no que se refere à prostituição não é um direito fundamental exclusivo das mulheres, como aqui busquei traçar. Claro que, historicamente é notável a prostituição feminina, entretanto, o direito de dispor do próprio corpo sexualmente é um direito fundamental de todos e todas que, em sentido inverso, somente será exclusivo das mulheres se discriminatório em relação aos homens. No direito penal, desde o, ainda vigente, Código de 1940, a prostituição não é tipicamente feminina, tampouco considerada crime. E, desde 7 de agosto de 2009, com a modificação promovida pela Lei n. 12.015 o capítulo V, do título VI do Código Penal, que trata dos crimes contra a dignidade sexual, deixou de referir-se ao lenocínio e ao tráfico de mulheres, para se referir ao lenocínio e ao tráfico de "pessoa" para fim de prostituição ou outra forma de exploração sexual não punindo a pessoa que comercializa sexualmente o próprio corpo, mas, sim, os exploradores, mediadores da prostituição. Enfim, a prostituição, ou melhor, a proibição da exploração desta, para fins penais, é destinada à proteção da dignidade sexual de todos e todas. Contudo, algo mais precisa ser dito para que não se tenha a falsa impressão de que a não punição da prostituição em si decorreu de uma opção de respeito a direitos fundamentais. Pelo contrário, ela representa mais uma face da coisificação promovida pelo patriarcado. Note-se bem que, Nélson Hungria, pai do Código Penal de 1940, e um dos mais festejados e, ainda hoje, citados penalistas brasileiros, em seus famosos Comentários ao Código Penal, esclarece o porquê de não ser criminalizada a prostituição diretamente. Segundo ele (HUNGRIA, 1959, p. 269): "A nota diferencial, caraterística do lenocínio (em cotejo com os demais crimes sexuais), está em que, ao invés de servir à concupiscência de seus próprios agentes, opera em torno da lascívia alheia, da prática sexual *inter alios*. E esta é a nota comum entre proxenetas, rufiões e traficantes de mulheres: todos corvejam em torno da libidinagem de outrem, ora como mediadores, fomentadores ou auxiliares, ora como espectadores parasitários. São moscas da mesma cloaca, vermes da mesma podridão. No extremo ponto da escala da indignidade, porém, estão, por certo, os que agem *lucri faciendi causa*: o proxeneta de ofício, o rufião habitual, o 'marchante' de mulheres para as feiras de Vênus Libertina. De tais indivíduos se pode dizer que são os espécimes mais abjetos do gênero humano. São as tênias da prostituição, os parasitas do vil mercado dos prazeres sexuais. Figuras típicas da malavita. Constituem, como diz VIAZZI, um peso morto na luta solidária para a consecução dos fins coletivos. As meretrizes (segundo o tropo do padre VIEIRA) 'comem do próprio corpo, e essa ignóbil caterva de *profiteurs* disputa bocados e nacos no prato de tal infâmia'". Segundo Hungria, a prostituição, deve permanecer excluída da repressão penal, porque, mesmo sendo "um mal deplorável, não deixa de ser, até certo ponto, em que pese aos moralistas teóricos, necessário. Embora se deva procurar reduzi-la ao mínimo possível, seria desacerto a sua incriminação. Sem querer fazer-lhe o elogio, cumpre reconhecer-lhe uma função preventiva na entrosagem da máquina social: é uma válvula de escapamento à pressão de irrecu-

expressa aquilo que Stuart Mill chamava de "a soberania" de cada um para decidir sobre a própria mente e o próprio corpo".

Por outro lado, também está no voto que as garantias do Estado secular e da liberdade religiosa impedem que o Estado *endosse concepções morais religiosas, vindo a coagir, ainda que indiretamente, os cidadãos a observá-las.* E que a conciliação entre a liberdade religiosa e o Estado laico significa que as religiões não

---

sável instinto, que jamais se apaziguou na fórmula social da monogamia, e reclama satisfação antes mesmo que o homem atinja a idade civil do casamento ou a suficiente aptidão para assumir os encargos da formação de um lar. Anular o meretrício, se isso fora possível, seria inquestionavelmente orientar a imoralidade para o recesso dos lares e fazer referver a libido para a prática de todos os crimes sociais" (HUNGRIA, 1959, p. 270). Subjacente a uma "defesa da prostituição" está uma razão fundada na coisificação da mulher sob o pretexto de preservar a família e a moralidade pública. A política criminal ao redor do tema prostituição gira, portanto, entre o moralismo e o paternalismo, na medida em que, como conclui Stellita (2007), nos casos em que a prostituição em si não é punida, existem dois níveis de fundamentação que dão suporte aos crimes que a envolvem indiretamente. O primeiro é moralista, pois afirma que a prostituição é ruim. E o segundo é paternalista, porque a proibição, embora sendo dirigida àqueles que vivem dos proveitos da prostituição alheia, é estabelecida para "proteger" a prostituta de ter o que ela deseja, sob o fundamento de que o Estado sabe melhor o que é bom para ela, ou seja, "não ser uma prostituta". Importante destacar também que, para a prostituição existem três regimes jurídicos: o proibicionista, o regulamentarista e o abolicionista. O proibicionismo (típico da período medieval) postulava a criminalização da prostituição. Já nos séculos XIX e XX, surgem o regulamentarismo e o abolicionismo. Este último em duas vertentes: o abolicionismo proibicionista e o abolicionismo liberal. O abolicionismo proibicionista nasce como uma reação às tentativas de regulamentar a prostituição. Os ditos abolicionistas, na verdade, entendiam que a regulamentação da prostituição significava um estímulo a ela, e o objetivo principal deveria ser combatê-la. É bom mencionar, entretanto, que muitas feministas também pugnaram pela abolição da regulamentação, sustentando o direito a uma sexualidade livre tanto para homens, quanto para mulheres. Nesta linha, juntamente com os anarquistas e libertários, as feministas formavam a vertente abolicionista liberal. Já os regulamentaristas defendiam a necessidade do controle sanitário e da contenção da prostituição (tida como um "mal necessário") em certas áreas e locais. Para tanto seria necessária uma legislação especial, com características de controle policial e administrativo das prostitutas. No Brasil o regulamentarismo foi instituído por meio do Decreto n. 7.223, de 1935, que determinava a fiscalização dos meretrícios sob a competência da Delegacia de Costumes. Entretanto, em 1951, foi ratificada a Convenção para a Repressão do Tráfico de Pessoas e do Lenocínio (promulgada em 1959, pelo Decreto n. 46.981). Desde este marco, nosso país aderiu ao abolicionismo.

guiarão o tratamento estatal dispensado a outros direitos fundamentais, tais como o direito à autodeterminação, o direito à saúde física e mental, o direito à privacidade, o direito à liberdade de expressão, o direito à liberdade de orientação sexual e o direito à liberdade no campo da reprodução.

Ou seja, não é juridicamente possível que num Estado laico uma lei tenha como conteúdo uma concepção moral e religiosa. Muito menos é possível obrigar alguém a obedecer a uma lei que parta daí.

A Constituição não diz quando começa a vida. Esta é uma construção moral/religiosa de cada um. E, diferentemente de qualquer outra proibição penal, como já disse Ferrajoli, a que se refere ao aborto equivale a uma obrigação. A obrigação de tornar--se mãe, de dar à luz, de criar um filho.

O Código Penal não pode ser um repositório de condutas morais e religiosas. A legislação penal tem por fim tutelar bens jurídicos definidos nos marcos de um Estado laico. Um Estado que precisa observar os direitos fundamentais, em particular, na seara criminal, para justamente poder afirmar-se como democrático.

Concordo com a jurista italiana Tamar Pitch, quando diz que, para pensar o direito das mulheres, é preciso rever o campo de atuação do direito penal, e implodir velhas estruturas. A hipótese de não criminalização do aborto, proposta pela Comissão de Juristas, contudo, não implodiu a estrutura cerceadora da autonomia feminina que *sempre* marcou nossa legislação. Era necessário ir além.

À vista de todos os argumentos que anteriormente expus, o anteprojeto era, no mínimo, tímido, ao condicionar a possibilidade de interrupção da gravidez ao aval médico ou psicológico desconsiderando a autodeterminação da mulher, como indivíduo capaz de, por si, decidir sobre a sua condição de arcar com a maternidade. E, reafirmando o que já dizia, no todo, é constitucionalmente insustentável em um Estado Democrático o aborto ainda ser considerado crime.

Em síntese, o anteprojeto foi apresentado e passou a tramitar junto ao Senado Federal, como o PLS n. 236, de relatoria do então

Senador Pedro Taques, e não tardou para que, mesmo a tímida quarta hipótese de exclusão da ilicitude, por muitos(as) considerada como a "politicamente possível" para o momento, fosse retirada do texto. Como eu já antevia, a proposta, além de estar longe de expressar ideais constitucionais que indicam a construção de uma sociedade livre, justa e solidária para todos(as), sequer teria prosseguimento em um Parlamento com fortes bancadas conservadoras como o nosso.

Contudo, mais recentemente um novo alento surgiu com uma decisão proferida pela Primeira Turma do Supremo Tribunal Federal. Em síntese, a Primeira Turma do Supremo afastou a prisão preventiva de dois réus, denunciados pelo Ministério Público do Estado do Rio de Janeiro, pela suposta prática do crime de aborto com o consentimento da gestante (art. 126 do Código Penal), nos autos do HC 124.306.

De acordo com o Relator, o Ministro Luís Roberto Barroso, em posição que alcançou a maioria, além de não estarem presentes no caso os requisitos que autorizavam a prisão cautelar, a criminalização do aborto é incompatível com diversos direitos fundamentais, entre eles os direitos sexuais e reprodutivos e a autonomia da mulher, a integridade física e psíquica da gestante, e o princípio da igualdade.

Como disse o Ministro Barroso, em seu voto:

A criminalização viola, em primeiro lugar, a autonomia da mulher, que corresponde ao núcleo essencial da liberdade individual, protegida pelo princípio da dignidade humana (CF/1988, art. 1º, III). A autonomia expressa a autodeterminação das pessoas, isto é, o direito de fazerem suas escolhas existenciais básicas e de tomarem as próprias decisões morais a propósito do rumo de sua vida. Todo indivíduo – homem ou mulher – tem assegurado um espaço legítimo de privacidade dentro do qual lhe caberá viver seus valores, interesses e desejos. Neste espaço, o Estado e a sociedade não têm o direito de interferir.

Como fiz referência linhas atrás, sem dúvida, liberdade é uma palavra com certa conotação *emotiva*, posto que geralmente quem designa algo como "livre" não somente descreve, mas expressa uma valoração positiva, e cria em seus ouvintes um estímulo para compartilhar esta valorização. Contudo, é de reafirmar que, embora "liberdade" possua um caráter polissêmico, é possível, por outro lado, dizer que uma pessoa só é livre na medida em que não lhe estejam vedadas possibilidades de escolha.

Liberdade, assim compreendida, adquire um relevo ainda maior na perspectiva feminina, pois configura direito de autodeterminação e autorrealização que consubstanciam o direito de decidir dado a cada uma, sem imposições morais ou religiosas distanciadas da realidade vivida particularmente. A autodeterminação, especificamente quanto ao direito de decidir sobre ser ou não mãe, é um direito fundamental e exclusivo das mulheres, que se configura em um primeiro momento como uma liberdade negativa, ou seja, uma alternativa de ação. E, indo além da liberdade negativa é de ver-se que, diferentemente de outras proibições penais, a criminalização do aborto equivale a uma obrigação que é de tornar-se mãe, suportar a gravidez, dar à luz, criar um filho. E que isso contrasta com todos os princípios liberais do direito penal.

Como já tive oportunidade de demonstrar aqui, desde a primeira edição desta obra, a liberdade é elemento fundamental de limitação da atuação penal em relação às mulheres, posto que se define no contexto de vidas concretas, e na exata medida destas mesmas vidas em suas alternativas de escolha. Este é o contexto em que se deve colocar a discussão, no campo do direito penal, sobre a (des)criminalização do aborto.

Defendo, repito, a tese de que, nos marcos de um Estado (laico) Democrático de Direito, em que está garantida a liberdade, como direito à autodeterminação, a criminalização do aborto, tal como hoje prevista no Código de 1940, sequer foi recepcionada pela Constituição de 1988. E, ao que parece, finalmente chegou a hora de encarar este debate por meio de arguição de descumprimento de preceito fundamental (ADPF 442), intentada recentemente em 7 de março de 2017, na qual o objeto do pedido principal é justamente a declaração de não recepção dos arts. 124 e 126 do

Código Penal, garantindo às mulheres a possibilidade de interrupção da gravidez até a sua 12ª semana.

Seguramente, mesmo ante os diversos precedentes (cito aqui o HC 84.025, a ADI 3.510, a ADPF 54 e o HC 124.306), o debate nas esferas jurídica e política que a interposição da ADPF 442 provocará não será em tom suave. Por outro lado, o caráter contramajoritário de uma Corte Constitucional há de colocar-se, como sói acontecer, em copa superior.

A compatibilidade entre a legislação penal e a Constituição, de modo que as leis não sejam veículos para realizar desejos de imposição de condutas morais e religiosas responsáveis pela morte de milhares de mulheres negras e pobres que, sem alternativa, submetem-se a abortos clandestinos em nosso país. A legislação penal tem por fim tutelar subsidiária e fragmentariamente bens jurídicos definidos nos marcos de um Estado laico. Um Estado que precisa observar os direitos fundamentais, em particular, na seara criminal, para justamente poder afirmar-se como democrático.

4.6.2. *O direito à proteção*

O reconhecimento dos direitos fundamentais é, como vimos, uma exigência da dignidade da pessoa humana, que impõe ao Estado um dever maior do que o de meramente abster-se de afetar, de modo desproporcional e desarrazoado, a esfera patrimonial das pessoas sob a sua autoridade. São exigíveis do Estado, também, ações positivas[32] no sentido de assegurar a dignidade humana. E

---

32 Como exemplos da conduta positiva exigida do Estado são recorrentes em nossa literatura constitucional as citações referentes ao sistema previdenciário, ao de seguridade social, à proteção da infância e ao adolescente ou ao idoso. Entretanto, se de um lado prisão não é (e não pode ser) política pública, de outro lado, o sistema carcerário não pode ser excluído das responsabilidades do Estado decorrentes da dignidade da pessoa humana. Considerar de forma diversa, com base no pressuposto de que o cerceamento de liberdade é uma indignidade por si só, é remeter a questão prisional para um limbo discursivo e constitucional. Exige-se do Estado, nesta ordem de obrigações, minimamente, que o sistema carcerário feminino não sofra das mazelas inerentes ao gênero, pois, no caso das mulheres, além de todos os malefícios decorrentes de um sistema prisional falido (BITENCOURT, 2004),

dentre estas ações está o dever de proteção que outorga ao indivíduo o correspondente direito de exigir do Estado que este o proteja (ALEXY, 2002).

São variados os modos de realização desta proteção. Segundo Alexy (2002), a ação protetiva estatal pode concretizar-se tanto por meio de normas penais, de normas procedimentais, de atos administrativos ou até mesmo por uma atuação concreta dos poderes públicos. De um modo geral, incumbe ao Estado zelar, inclusive preventivamente, pela proteção dos indivíduos, não somente contra ingerências indevidas de parte dos poderes públicos, mas também contra agressões provenientes de particulares. Essa esfera protetiva toma especial relevo quando se trata de definir o que se deve exigir do Estado para que proteja a mulher vítima, ré ou condenada.

É dever estatal proteger todo/a aquele/a que está sob sua guarda. O que impõe o dever de adotar ações concretas para que normas de execução penal subterrânea[33] não submetam as presas ao tratamento desumano de, por exemplo, permanecerem algemadas no momento do parto[34].

---

acrescem-se outros específicos da condição feminina, muito bem relatados por Olga Espinoza (2004), Ela Wiecko (2007), Barbara Soares e Iara Ilgenfritz (2002) e Carla Maria Petersen Herrlein Voegeli (2008). Conforme dados do Departamento Penitenciário Nacional – DEPEN, em dezembro de 2011 existiam 29.347 mulheres custodiadas no sistema penitenciário em todo o Brasil. Eram 79 estabelecimentos penais, dos quais somente 49 contavam com creches e berçários e somente 34 com módulo de saúde feminino para o atendimento de gestantes e parturientes. Para todo este contingente de mulheres encarceradas eram somente, friso, em todo o país, 16 médicos ginecologistas. No Distrito Federal, por exemplo, eram 583 mulheres. Destas, 72 eram presas provisórias, 180 cumpriam pena em regime fechado e 170 em regime semiaberto. Não existe módulo de saúde feminino e havia somente um ginecologista.

33 Conforme Lola Aniyar de Castro, embora proibidos pelo sistema penal aparente, há procedimentos caracterizados por sofrimentos físicos e morais que ultrapassam os previstos em lei e que se desenvolvem dentro de um sistema penal subterrâneo, ou seja, à margem da execução penal e dos direitos humanos (ANIYAR CASTRO, 2005, p. 132). O tema do direito penal subterrâneo é objeto de análise neste trabalho quando do estudo do controle social.

34 Em 27 de setembro foi publicado no *Diário Oficial da União* o Decreto n. 8.858, de 26 de setembro de 2016 que, disciplinando o art. 199 da Lei de Execução Penal

De outra banda, o dever de proteção também se concretiza com a edição de normas penais e/ou processuais penais, como se deu com a Lei n. 11.340[35] de 7 de agosto de 2006, assim como pela Lei n. 13.104, de março de 2015, que incluiu o feminicídio como uma das qualificadoras do crime previsto no art. 121 do Código Penal.

4.6.2.1. Lei Maria da Penha, poder e submissão

A Lei Maria da Penha[36], como ficou conhecida, é fruto de um longo período de gestação, mas que foi positivamente destacado

---

(Lei n. 7.210/84), regulamentou o uso de algemas no âmbito do sistema carcerário brasileiro, sem que, contudo, tenha previsto punições para o descumprimento das regras que impõe. E, mais recentemente, a Lei n. 13.434, de 12 de abril de 2017, vedou o uso de algemas em mulheres grávidas durante o parto e em mulheres durante a fase de puerpério imediato. Como tive oportunidade de dizer em minha coluna no Empório do Direito, para onde remeto o(a) leitor(a) ("Parto sem algemas: o óbvio ululante!", disponível em: <http://emporiododireito.com.br/parto-sem- -algemas-o-obvio-ululante-por-soraia-da-rosa-mendes/>), não algemar uma mulher em trabalho de parto é o óbvio, mas precisa ser lembrado. Assim como ainda é preciso lembrar ser fundamental reconhecer que o trabalho de parto de mulheres presas tem de ser, nos termos das Regras de Bangkok, e também de nossa legislação processual penal, no que concerne à prisão preventiva (art. 318, IV, do CPP), uma situação de excepcionalidade extrema, pois devem (sim, devem!) os(as) magistrados(as) priorizar medidas alternativas ao encarceramento de gestantes. É desconcertante que a proibição do uso de algemas para parturientes precise ser disciplinada em uma lei. Que precisemos lembrar a delicadeza de tratamento que o parto exige e que a prisão é um espaço desumano elevado à máxima potência neste momento.

35 A Lei n. 11.340/2006, Lei Maria da Penha, está assim ementada: Cria mecanismos para coibir a violência doméstica e familiar contra a mulher, nos termos do § 8º do art. 226 da Constituição Federal, da Convenção sobre a Eliminação de Todas as Formas de Discriminação contra as Mulheres e da Convenção Interamericana para Prevenir, Punir e Erradicar a Violência contra a Mulher; dispõe sobre a criação dos Juizados de Violência Doméstica e Familiar contra a Mulher; altera o Código de Processo Penal, o Código Penal e a Lei de Execução Penal; e dá outras providências.

36 Maria da Penha Maia, como tantas outras, é uma brasileira vítima da violência doméstica. Seu ex-marido, um professor universitário, tentou matá-la duas vezes. Na primeira vez atirando contra ela, e na segunda tentando eletrocutá-la. Por conta das agressões sofridas, Penha ficou paraplégica. Seu agressor foi condenado a oito anos de prisão. Permaneceu preso por dois anos. Foi solto em 2002 e hoje está em liberdade. O caso chegou à Comissão Interamericana de Direitos Humanos da Organização dos Estados Americanos (OEA) que, em 2001, condenou

pelo amplo debate na esfera pública que lhe antecedeu, e pelo processo legislativo participativo impulsionado e acompanhado pela sociedade civil em todas as suas etapas. Como lembra Ela Wiecko V. de Castilho (2007):

> A ideia que norteou o grupo de mulheres que, individualmente ou representando organizações, numa reunião realizada em agosto de 2002, no Rio de Janeiro, se comprometeu a lutar por uma lei que regulasse o enfrentamento à violência, era a de produzir uma legislação que reconhecesse este tipo de violência como uma violação aos direitos humanos e que instrumentalizasse o Estado brasileiro em prol das vítimas da violência de gênero.

A iniciativa legislativa do projeto de lei coube ao Executivo a partir de um anteprojeto elaborado por um grupo de organizações feministas. E, ao longo da tramitação no Congresso Nacional, o movimento de mulheres provocou a participação popular em diversas audiências públicas, em vários Estados brasileiros, assim como mobilizou a sociedade através de correspondências encaminhadas para as duas Casas Legislativas solicitando a aprovação do projeto.

Nos termos do § 8º do art. 226 da Constituição Federal de 1988, compete ao Estado assegurar a assistência à família mediante mecanismos que coíbam a violência no âmbito de suas relações. E a Lei n. 11.340/2006 é a norma que reconhece a violência doméstica e familiar contra a mulher como impeditiva ao exercício efetivo, dentre outros, dos direitos à vida, à segurança, ao acesso à justiça, à cidadania, à liberdade, à dignidade, ao respeito e à convivência familiar e comunitária, prevendo, a partir deste reconhecimento, a criação de medidas de assistência e proteção às mulheres em situação de violência doméstica e familiar, assim como a instalação de Juizados de Violência Doméstica e Familiar contra a Mulher.

---

o Estado brasileiro ao pagamento de indenização de 20 mil dólares à Maria da Penha, responsabilizando-o por negligência e omissão em relação à violência doméstica, e recomendando, ainda, adoção de várias medidas, dentre elas a de *simplificar os procedimentos judiciais penais a fim de que possa ser reduzido o tempo processual.*

A Lei que, como visto, é o resultado de um amplo debate na esfera pública protagonizado pelo movimento feminista a partir de inúmeros casos como o de Maria da Penha ainda avança, ao dispor que, em sua interpretação, *serão considerados os fins sociais a que ela se destina e, especialmente, as condições peculiares das mulheres em situação de violência doméstica e familiar.*

A partir da discussão sobre a Lei Maria da Penha, também o tema do direito de proteção foi objeto de julgamento, perante a Suprema Corte brasileira, nos autos da Ação Direta de Inconstitucionalidade n. 4.424/DF e da Ação Declaratória de Constitucionalidade n. 19/DF[37]. Na ADI n. 4.424, ajuizada pelo Procurador-Geral da República, sustentou-se a tese de que a única interpretação compatível com a Constituição é aquela que entende ser o crime de ação penal pública incondicionada. Nos exatos termos da petição inicial, afirmou o Ministério Público que:

A interpretação que faz a ação penal depender de representação da vítima, por outro lado, importa em violação ao princípio constitucional da dignidade da pessoa humana (art. 1º, III), aos direitos fundamentais

---

37 A Ação Declaratória foi ajuizada pelo então Presidente da República, Luiz Inácio Lula da Silva, em 19 de dezembro de 2007, com pedido de liminar, referente a preceitos da Lei n. 11.340/2006, conhecida por "Lei Maria da Penha". A relatoria coube ao Ministro Marco Aurélio. Em síntese, a ação visou a declaração de constitucionalidade dos seguintes preceitos: Art. 1º Esta Lei cria mecanismos para coibir e prevenir a violência doméstica e familiar contra a mulher, nos termos do § 8º do art. 226 da Constituição Federal, da Convenção sobre a Eliminação de Todas as Formas de Violência contra a Mulher, da Convenção Interamericana para Prevenir, Punir e Erradicar a Violência contra a Mulher e de outros tratados internacionais ratificados pela República Federativa do Brasil; dispõe sobre a criação dos Juizados de Violência Doméstica e Familiar contra a Mulher; e estabelece medidas de assistência e proteção às mulheres em situação de violência doméstica e familiar. Art. 33. Enquanto não estruturados os Juizados de Violência Doméstica e Familiar contra a Mulher, as varas criminais acumularão as competências cível e criminal para conhecer e julgar as causas decorrentes da prática de violência doméstica e familiar contra a mulher, observadas as previsões do Título IV desta Lei, subsidiada pela legislação processual pertinente. Art. 41. Aos crimes praticados com violência doméstica e familiar contra a mulher, independentemente da pena prevista, não se aplica a Lei n. 9.099, de 26 de setembro de 1995. Foram admitidos como *amici curie* o Conselho Federal da Ordem dos Advogados do Brasil, Themis – Assessoria Jurídica e Estudos de Gênero, Ipê – Instituto para a Promoção da Equidade, o Instituto Antígona e o Instituto Brasileiro de Direito de Família – IBDFAM.

191

de igualdade (art. 5º, I) e de que a lei punirá qualquer discriminação atentatória dos direitos e liberdades fundamentais (art. 5º, XLI), à *proibição de proteção deficiente dos direitos fundamentais*[38], e ao dever do Estado de coibir e prevenir a violência no âmbito das relações familiares (art. 226, § 8º).

O Supremo Tribunal Federal, em fevereiro de 2012, por maioria e nos termos do voto do Relator, julgou procedente a ação direta para, dando interpretação conforme aos arts. 12, inc. I, e 16, ambos da Lei n. 11.340/2006, assentar a natureza incondicionada da ação penal em caso de crime de lesão, pouco importando a extensão desta, praticado contra a mulher no ambiente doméstico. Nesta ação ficou vencido o Ministro Cezar Peluso, então Presidente da Corte.

Na oportunidade do julgamento conjunto, nos autos da ADC, manifestou-se o Ministro Luiz Fux dizendo que:

Uma Constituição que assegura a dignidade humana (art. 1º, III) e que dispõe que o Estado assegurará a assistência à família na pessoa de cada um dos que a integram, criando mecanismos para coibir a violência no âmbito das suas relações (art. 226, § 8º), não se compadece com a realidade da sociedade brasileira, em que salta aos olhos a alarmante cultura de subjugação da mulher. A impunidade dos agressores acabava por deixar ao desalento os mais básicos direitos das mulheres, submetendo-as a todo tipo de sevícias, em clara afronta ao princípio da proteção deficiente (Untermassverbot). Longe de afrontar o princípio da igualdade entre homens e mulheres (art. 5º, I, da Constituição), a Lei n. 11.340/2006 estabelece mecanismos de equiparação entre os sexos, em legítima discriminação positiva que busca, em última análise, corrigir um grave problema social. Por óbvio, todo *discrímen* positivo deve se basear em parâmetros razoáveis, que evitem o desvio de propósitos legítimos para opressões inconstitucionais, desbordando do estritamente necessário para a promoção da igualdade de fato. Isso porque somente é possível tratar desigualmente os desiguais na exata medida dessa desigualdade.

No âmbito do Supremo Tribunal Federal, o princípio da proteção deficiente já era aventado desde o Recurso Extraordinário n. 418.376/MS, que teve como relator para o acórdão o Ministro

---

38 Grifei.

Joaquim Barbosa, julgado em fevereiro de 2006. Nestes autos, a partir de voto vista da lavra do Ministro Gilmar Mendes, com base neste princípio, assentou a incidência do direito penal no caso. Em linhas gerais, buscava-se com o RE extinguir a punibilidade de um agente condenado por atentado violento ao pudor, praticado contra uma menina de nove anos, de quem havia abusado por quatro anos e que, aos doze anos engravidou, momento a partir do qual iniciou-se, no dizer do recorrente, uma "união estável". A partir desta trágica situação de fato, em seu voto o Ministro Gilmar Mendes assim asseverou sobre o princípio da proibição de proteção deficiente:

> Quanto à proibição de proteção deficiente, a doutrina vem apontando para uma espécie de garantismo positivo, ao contrário do garantismo negativo (que se consubstancia na proteção contra os excessos do Estado) já consagrado pelo princípio da proporcionalidade. A proibição de proteção deficiente adquire importância na aplicação dos direitos fundamentais de proteção, ou seja, na perspectiva do dever de proteção, que se consubstancia naqueles casos em que o Estado não pode abrir mão da proteção do direito penal para garantir a proteção de um direito fundamental. Nesse sentido, ensina o Professor Lênio Streck: *Trata--se de entender, assim, que a proporcionalidade possui uma dupla face: de proteção positiva e de proteção de omissões estatais. Ou seja, a inconstitucionalidade pode ser decorrente de excesso do Estado, caso em que determinado ato é desarrazoado, resultando desproporcional o resultado do sopesamento (Abwägung) entre fins e meios; de outro, a inconstitucionalidade pode advir de proteção insuficiente de um direito fundamental--social, como ocorre quando o Estado abre mão do uso de determinadas sanções penais ou administrativas para proteger determinados bens jurídicos. Este duplo viés do princípio da proporcionalidade decorre da necessária vinculação de todos os atos estatais à materialidade da Constituição, e que tem como consequência a sensível diminuição da discricionariedade (liberdade de conformação) do legislador.* (Streck, Lênio Luiz. A dupla face do princípio da proporcionalidade: da proibição de excesso (Übermassverbot) à proibição de proteção deficiente (Untermassverbot) ou de como não há blindagem contra normas penais inconstitucionais (*Revista da Ajuris*, ano XXXII, n. 97, p. 180, março/2005).

Como diz Heleieth Saffioti (1995), as mulheres recebem desde o nascimento um treinamento específico para conviver com a impotência. Ou seja, a mulher aprende a suportar a violência específica que lhe é dirigida, principalmente no lar. As mulheres são educadas para ter um papel fundamental na manutenção da vida familiar. Como ressalta Glaucia Starling Diniz (2006, p. 238), as mulheres são:

ensinadas a se sacrificar e a negligenciar suas necessidades para apoiar as necessidades dos outros e para potencializar os projetos de vida do marido e dos filhos. O esquecimento de si e o cuidado com o outro passam a ser marcas registradas do comportamento das mulheres. Seu trabalho cotidiano é invisível, e com isso, aos poucos sua história e sua identidade vão se tornando também invisíveis, diluídas na vida dos outros membros da família.
Esse é o modelo prevalente de funcionamento, traçado para a mulher no contexto do patriarcado.

Impotência, nos termos de Saffioti, ou dependência, nos termos de Diniz, entretanto, não são características intrínsecas da mulher. Elas são decorrências de uma construção de gênero apoiada por uma estrutura social, econômica e legal da qual resulta uma forma de relação entre homens e mulheres marcada pela dominação de um sobre o outro (DINIZ, 2006).

Segundo Maria Amélia Teles e Mônica de Melo (2002) é de entender por violência de gênero a relação de poder de dominação do homem e de submissão da mulher. Essa relação demonstra que os papéis impostos às mulheres e aos homens, consolidados ao longo da história e reforçados pelo patriarcado e sua ideologia, induzem relações violentas entre os sexos e indica que a prática desse tipo de violência não é fruto da natureza, mas sim do processo de socialização das pessoas (TELES e MELO, 2002, p. 18). Segundo as autoras, a violência de gênero pode ser entendida como violência contra a mulher.

A dinâmica da violência contra a mulher é extremamente complexa. Observe-se, por exemplo, que segundo o Comitê responsável pelo monitoramento da Convenção para a Eliminação de Todas as Formas de Discriminação contra a Mulher, na Recomendação Geral n. 19, sobre violência contra a mulher, a discriminação inclui a violência de gênero entendida como a violência dirigida especificamente contra a mulher por ser mulher ou que a afeta de maneira desproporcional. Essa violência inclui atos que causem ou possam causar dano ou sofrimento físico, sexual, ou psicológico às mulheres, incluindo ameaças, coerção e outras formas de liberdade.

A violência torna-se ainda mais complexa quando os agressores são homens com os quais as mulheres se relacionam afetiva e sexualmente. Os autores, nesses casos, conhecem bem as vítimas e seus pontos mais vulneráveis. Dominam a situação e sabem como e onde ameaçá-las, como espancá-las, humilhá-las e cometer outras práticas de agressão e lesão. Sob esta ótica específica tem-se a violência doméstica e familiar que, entre nós, nos termos da Lei n. 11.340/2006, Lei Maria da Penha, ocorre tanto quando há violência física, psicológica, sexual, patrimonial ou moral[39].

A prática ou o uso da violência contra a mulher se constitui em um elemento fundamental para entender as desigualdades que caracterizam homens e mulheres em nossa sociedade (BANDEIRA e THURLER, 2009, p. 162). No caso da violência doméstica o objetivo fundamental não é nem tanto, prioritariamente, o de ferir, mas o demarcar poder e autoridade, pois segundo BANDEIRA e THURLER (2009, p. 163):

---

39 Conforme a Lei Maria da Penha (art. 7º), são formas de violência doméstica e familiar contra a mulher, entre outras: I – a violência física, entendida como qualquer conduta que ofenda sua integridade ou saúde corporal; II – a violência psicológica, entendida como qualquer conduta que lhe cause dano emocional e diminuição da autoestima ou que lhe prejudique e perturbe o pleno desenvolvimento ou que vise degradar ou controlar suas ações, comportamentos, crenças e decisões, mediante ameaça, constrangimento, humilhação, manipulação, isolamento, vigilância constante, perseguição contumaz, insulto, chantagem, ridicularização, exploração e limitação do direito de ir e vir ou qualquer outro meio que lhe cause prejuízo à saúde psicológica e à autodeterminação; III – a violência sexual, entendida como qualquer conduta que a constranja a presenciar, a manter ou a participar de relação sexual não desejada, mediante intimidação, ameaça, coação ou uso da força; que a induza a comercializar ou a utilizar, de qualquer modo, a sua sexualidade, que a impeça de usar qualquer método contraceptivo ou que a force ao matrimônio, à gravidez, ao aborto ou à prostituição, mediante coação, chantagem, suborno ou manipulação; ou que limite ou anule o exercício de seus direitos sexuais e reprodutivos; IV – a violência patrimonial, entendida como qualquer conduta que configure retenção, subtração, destruição parcial ou total de seus objetos, instrumentos de trabalho, documentos pessoais, bens, valores e direitos ou recursos econômicos, incluindo os destinados a satisfazer suas necessidades; V – a violência moral, entendida como qualquer conduta que configure calúnia, difamação ou injúria.

Fica evidente que o objetivo de tal conduta é a de introduzir o controle, o medo e, até mesmo, o terror na companheira, caso ela não siga as regras de conduta e dos mandatos que lhe são impostos pelo marido/companheiro. Em tais situações o fiel da balança centra-se nas ameaças constantes para manter o equilíbrio da situação de controle na conjugalidade. As consequências são imediatas e visíveis, com sofrimentos físicos e psíquicos (...)

Prosseguem BANDEIRA e THURLER (2009, p. 164) dizendo que:

a especificidade das práticas de violência contra a mulher é lhes deixar bem explicitado quem é o detentor da autoridade no espaço doméstico-familiar e que a "sua" mulher deve estar submetida a tais normas, sabendo, inclusive, que a qualquer momento poderá prestar contas a seu marido/companheiro, caso ele assim o desejar.

Pensar seriamente a questão da violência contra a mulher em todos os seus aspectos, e especialmente nos casos em que esta se caracteriza por ser doméstica e familiar, implica o desfazimento do caráter culturalmente construído de "intimidade" da violência, reconhecer as relações de poder e submissão existentes entre homens e mulheres e, dentre tantas outras ações, também demandar a intervenção efetiva do Poder Judiciário desde uma perspectiva garantista e feminista.

4.6.2.2. Feminicídio e crime passional

No dia em que a notícia do assassínio de uma mulher, em vez de esmiuçar os antecedentes quasi (*sic*) sempre desfigurados da sua vida íntima, constituir-se, apenas, um libelo desassombrado contra a covardia da besta humana que se revelou no crime, os homicídios passionais decrescerão (*sic*) de noventa por cento. (...) Será lindo que o mundo saiba que temos poetisas, declamadoras, cientistas, escultoras, pianistas, engenheiras, professoras, médicas, advogadas, e, em futuro não muito distante, até constituintes. Mas seria infinitamente mais nobre que se lhe pudesse dizer que a mulher, entre nós, mesmo quando não declame, nem pinte, nem toque, nem trabalhe, nem vote, tem, ao menos, o direito rudimentaríssimo (*sic*) de viver...

O texto que afixei em epígrafe, revelador de uma surpreendente e infeliz realidade ainda atual, está publicado na obra *O amor e a responsabilidade criminal* de Roberto Lyra, em um capítulo intitulado Crimes passionais, e escrito há quase 90 anos, precisamente em 28 de abril de 1931. O "rudimentar direito de viver" ainda não é garantido às mulheres, mesmo que já de muito tempo votemos, sejamos constituintes, e que até uma mulher já tenha sido eleita presidente de nosso país. Por outro lado, é também aterradora a atualidade da denúncia de Lyra ao abordar o julgamento moral a que a mulher, vítima do crime, é submetida no contexto de pretensos crimes passionais.

Ainda olhando para o tanto que já foi dito e escrito sobre isso, lembro que há trinta anos, no seminal trabalho *Morte em família: representações jurídicas de papéis sexuais*, a antropóloga Mariza Corrêa buscou entender como nossa sociedade define as mulheres; delimita o lugar que lhes cabe na estrutura social; e que tipo de exclusão social e sexual é produzido pelas práticas jurídicas. A pesquisadora analisou processos de homicídios "passionais" ocorridos em Campinas nas décadas de 50 e 60 e, com esta análise, constatou a forma com a qual o Poder Judiciário atuava em tais delitos.

Segundo Corrêa, era analisada a conduta moral masculina e feminina em detrimento da análise específica do fato delituoso. E eis aí o ponto no qual Roberto Lyra tocava, e que me inspira a buscar o porquê de insistirmos em falar em passionalidade e não em violência de gênero quando a vida de uma mulher é ceifada por seu marido, ou ex-marido, companheiro, namorado, ou ex-namorado, ou mesmo um pretendente repelido.

Não pretendo adentrar os meandros da diferença entre amor e paixão, que me parece muito mais dada a psicólogos/as ou pesquisadores da área. Mas me cabe como jurista buscar compreender por que a conduta criminosa do homem que agride e mata "sua" mulher ainda pode ser tomada pela sociedade, e não raro pelo Judiciário, como signo de um amor irracional. Uma forma de compreender que tem sido revista, é fato, mas que ainda está distante de ser completamente superada. Penso que a inclusão do feminicídio entre nós tenha sido um bom elemento incluído no debate a respeito dos rótulos lançados sobre mulheres vítimas de violência e as "razões" de crimes de morte de que são alvo.

A promulgação da Lei n. 13.104, de 9 de março de 2015, mediante a qual restou inserido o inciso VI no § 2º do art. 121 do

Código Penal, qualificando a conduta típica de matar uma "mulher por razões da condição de sexo feminino", provocou inúmeros debates na esfera pública e no espaço público jurídico, em especial.

Já conhecido em diversos outros países da América, tais como Costa Rica, Guatemala, Argentina, México, Chile e Peru, o feminicídio ou femicídio[40] carrega em si a compreensão de que a morte de mulheres em dadas circunstâncias é um fenômeno que está intrinsecamente relacionado aos papéis socioculturais a elas designados ao longo do tempo, e que pode ocorrer de diversas formas, incluindo assassinatos perpetrados por parceiros íntimos, com ou sem violência sexual, crimes em série, violência sexual seguida de morte, ou mesmo o extermínio.

No Brasil optou-se pela inclusão do feminicídio não como um tipo penal autônomo (o que também é recorrente em outros países), mas por uma qualificadora cuja incidência está condicionada à existência de violência doméstica e familiar ou ao menosprezo ou discriminação à condição de mulher. Nos termos da Lei, restou qualificada a conduta típica de matar uma "mulher por razões da condição de sexo feminino".

No âmbito deste novo contexto normativo (e já nem tão novo assim, pois a lei do feminicídio acaba de completar seu segundo ano de existência), crimes cometidos nas circunstâncias supradescritas, alguns muitas vezes ainda nominados como passionais, são, em verdade, a mais extrema expressão da violência de gênero. Ou seja, um ato de violência que não é fruto da natureza ou sentimento, mas sim do processo de socialização a que estamos todos e todas submetidos.

É preciso que se reconheça, sem recursos retóricos, que o motivador das ameaças, lesões corporais (muitas gravíssimas) e feminicídios decorrem da estrutura patriarcal que sustenta, na

---

40 O termo femicídio, por vezes utilizado como sinônimo de feminicídio, foi empregado pela primeira vez por Diana Russel em 1976 perante o primeiro Tribunal Internacional de Crimes Contra a Mulher, em Bruxelas, para se referir à "forma mais extrema de terrorismo sexista" consistente em "assassinatos de mulheres por homens, porque elas são do sexo feminino".

relação entre os seres humanos de sexos opostos, a existência, ainda hoje, de poderes selvagens, tal como aponta Ferrajoli em *Direito e razão*, ao mencionar a não atuação estatal no espaço familiar. Daí por que a inclusão do feminicídio em nossa legislação apontar subliminarmente para a necessidade de que a vítima deixe de ser julgada, em juízo e fora dele, e que medidas efetivas sejam adotadas para prevenir a violência contra a mulher.

Como uma forma especial de considerar a eliminação violenta da vida feminina, o feminicídio pressupõe a compreensão de que a morte de uma mulher em dadas circunstâncias está intrinsecamente relacionada aos papéis socioculturais a elas designados ao longo do tempo, razão pela qual o algoz, não raro, é um parceiro ou ex-parceiro (o que podemos conceituar como feminicídio íntimo em contraposição ao feminicídio não íntimo, no qual a relação atual ou anterior entre vítima e agressor não está presente).

O reconhecimento da existência do fenômeno da morte violenta de uma mulher pelo fato de ser mulher não é novo. Diana Russell utilizou a expressão "femicídio" (ou *femicide*, em inglês), ainda nos anos 70 do século passado, como uma alternativa ao termo neutro "homicídio", e com o objetivo político de fazer reconhecer e dar visibilidade à discriminação, à opressão, à desigualdade e à violência sistemática, que, em sua forma mais extrema, culmina na morte de milhares de mulheres.

Na esteira do conceito anterior, mais tarde, a pesquisadora mexicana Marcela Lagarde cunhou o termo "feminicídio", definindo-o também como o ato de matar uma mulher pelo fato de pertencer ao sexo feminino, mas ampliando seu sentido para atingir o propósito de denunciar a falta de resposta do Estado nesses casos e o descumprimento de suas obrigações internacionais de proteção, inclusive, e principalmente, do dever de investigar e de punir.

Críticas à lei que introduziu o feminicídio entre nós, contudo, não faltaram. De fato, sobraram (e sobram) ataques de todos os lados. Tanto de setores paladinos da expansão penal, para os quais a criação de novos delitos e o recrudescimento de penas é sempre uma alternativa de controle, como, também, de abolicionistas mais radicais.

O feminicídio foi atacado pelo primeiro grupo, entre outros, sob o argumento de que a lei, tal como encontrava-se, já abarcaria a morte de mulheres, muito especialmente, sob a qualificadora do motivo fútil ou torpe, e de que a tutela penal não pode partir de uma valoração diferenciada quanto a um mesmo bem nos mesmos contextos fáticos.

Por outra via, o feminicídio é também bombardeado pelo segundo grupo (aqui englobando as mais diversas nuances) por representar mais uma expressão do engrandecimento do poder punitivo ao qual alguns feminismos renderiam graças quando se trata de proteção às mulheres.

Em síntese, não falta(ra)m armas e munições contra a lei.

É bem verdade que o texto sofreu modificações substanciais no Congresso Nacional, onde, desafortunadamente, em uma manifestação de claro viés religioso-conservador, foi substituída a expressão "razões de gênero" por "sexo", sob o argumento de que com a primeira estariam abarcadas também situações outras que não a de mortes de mulheres biológicas, mas também as de transexuais e de travestis. De fato, um retrocesso vergonhoso em um Estado pretensamente laico e não discriminatório.

Por outro lado, de tudo o que se tem lido até o momento em textos, todos, diga-se, merecedores da mais alta consideração (em que pese o tom pouco respeitoso de alguns nos quais, por exemplo, tratam o feminicídio como é definido como uma "corruptela pelo cacófato"), há de se ponderar o significado da lei desde uma renovada racionalidade garantista e feminista.

Ao primeiro grupo é possível dizer que o olhar lançado sob as mortes de mulheres sob novas lentes inevitavelmente fará reconhecer-se que o feminicídio não se equipara ao homicídio, pois não se trata somente da privação da vida de um ser humano. É mais do que isso.

É a última expressão da violência contra as mulheres que pressupõe, no mais das vezes, múltiplos outros atos atentatórios a sua integridade física, moral e psíquica. O bem jurídico ofendido em um ato feminicida, portanto, carrega consigo outras lesões que chegam à própria dignidade da pessoa humana, compreendida sob o aspecto do direito a uma vida livre de violência.

Poderiam também argumentar (como argumentam) alguns/ as que em certos lugares do Brasil pesquisas mostram que, sob a qualificadora que for, a morte de mulheres não tem restado impune perante o Tribunal do Júri. *Concessa venia*, a questão posta não é meramente técnica e, a partir daí, quantificável. A lei do feminicídio, ao conferir um *nomen juris* ao mais grave aspecto da violência de gênero, por essência, não permite tal equiparação.

Pelo contrário, a qualificação do crime como feminicídio exigirá dos atores e das atrizes do sistema de justiça mais do que uma elaboração técnica. Cobrará, sim, a construção de uma narrativa que não poderá deixar à margem o fato de que a morte de uma mulher não é somente a morte de "uma" mulher. É a morte de um "sujeito" histórico, social e culturalmente destinado à submissão, e que por tal condição teve ceifada sua própria vida.

Trata-se agora de reconhecer que, embora não sejam as mulheres um grupo quantitativamente minoritário, o conjunto as apresenta como um grupo vulnerado[41]. De justificar, da denúncia, aos debates orais e à sentença, que subsistem condições de subjugação sob a ficção de uma igualdade tão somente formal perante a lei.

Por certo esta não será uma tarefa fácil, pois todas e todos nós, somos "criadas" e "criados" sob um sistema de relações de poder desiguais invisíveis e, nos bancos das faculdades, nunca nos defrontamos seriamente com temas que dizem respeito aos estereótipos de gênero no Direito como um todo, e no direito penal em particular.

Já ao segundo grupo é preciso lembrar que tornou-se lugar comum a cantiga de que o movimento feminista e suas bandeiras, quando referentes à violência contra a mulher, são pleitos punitivistas, na melhor das hipóteses ingênuos ante o caráter sexista

---

41 Sobre o conceito de vulneração recomendo a leitura de minhas obras *Processo Penal Feminista* (2ª edição, Atlas, 2021) e/ou *Feminicídio de Estado* (2ª edição, Blimunda, 2023).

do sistema penal. Assim foi quando da aprovação da Lei Maria da Penha. Assim é quanto ao feminicídio.

Ora, o mais elementar critério justificador de uma proibição penal deve sempre ser a necessidade de obstaculizar ataques concretos a bens fundamentais. Sendo que para ser válida a criminalização de uma conduta esta deve seguir o traçado no Texto Constitucional[42].

A demanda pela inclusão do feminicídio não é um requerimento arbitrário, caprichoso ou desmensurado, pois o Estado também não pode violar a Constituição ao não resguardar adequadamente bens, valores ou direitos, por conferi-lhes uma proteção deficiente.

Os feminismos, em teoria e movimento, são por herança genética libertários. E, em sua esmagadora maioria, estão cientes e conscientes de tudo o que o sistema penal é capaz quando se trata de criminalizar seletivamente a partir de critérios de classe, raça e gênero. E do quanto ele se recusa a proteger quando recorrentemente transforma vítimas em culpadas, a exemplo do que ocorre nos crimes sexuais; quando seleciona "indesejáveis" e superlota as penitenciárias femininas sob o pretexto da guerra às drogas; ou quando segue sua marcha inquisitorial atrás de mulheres negras e pobres que praticaram abortos nas mais abjetas condições.

Não se trata, pois, de acreditar que qualquer norma, menos ainda uma norma penal, tenha o condão de modificar mentes e de, num passe de mágica, desconstruir a violência milenar a que as mulheres estão submetidas, para repetir aqui uma constatação de Heleith Saffioti.

Defender a igualdade e a liberdade, entretanto, é também compreender que violência é uma ação que transforma diferenças em desigualdades hierárquicas com o fim de dominar, explorar e oprimir; que impera dentro dos lares brasileiros um sistema de poder selvagem[43], e que o resultado da ação deste poder não é

---

42 FERRAJOLI, 2002.
43 FERRAJOLI, 2002.

"fútil" (ou mesmo "torpe"), em qualquer acepção, jurídica ou não, que este termo há de assumir.

A "ação" é matar uma mulher por ser mulher, o "resultado" é a morte de uma mulher e o "nexo de causalidade" é um sistema de opressão que não só criminaliza seletivamente, mas também seleciona aqueles/as que merecem a proteção. É a última expressão da violência contra as mulheres que pressupõe, no mais das vezes, múltiplos outros atos atentatórios a sua integridade física, moral e psíquica. O bem jurídico ofendido em um ato feminicida, portanto, carrega consigo outras lesões que chegam à própria dignidade da pessoa humana, compreendida sob o aspecto do direito a uma vida livre de violência.

A lei penal deve ser a lei do mais fraco, ou seja, da pessoa acusada, da condenada e também da vítima. Sim, da vítima. Da vítima que, neste caso, não é um ente abstrato, adorado por fiéis que rezam pelos livros sagrados do populismo penal. É um ser social, cultural e historicamente construído a partir de estereótipos de gênero e que, por tal razão, sua eliminação em lugar algum ressona.

A morte de mulheres pelo próprio fato de serem mulheres não é um fenômeno desconhecido: mas é obscurecido. E qualificar o feminicídio não é um adendo desnecessário ou um exagero punitivista. É expressão de um direito de proteção que o Estado deve às mulheres neste país.

Mais do que um garantismo abstrato, que como aponta Vera Regina Pereira Andrade, segue orientando a Dogmática enquanto paradigma dominante na Ciência Penal (ANDRADE, 2012, p. 99), minha perspectiva de análise toma como fundamento um garantismo crítico e criminologicamente fundamentado, entendido como a vigilância sobre o (des)respeito aos direitos humanos no marco do funcionamento efetivo (em minha concepção em termos minimalistas justificacionistas) do sistema penal.

Reafirmo: certo é que nenhuma norma, menos ainda se de natureza penal, tem o dom de modificar mentes e de, num passe de mágica, desconstruir a violência milenar a que as mulheres estão submetidas. Contudo, invisibilizar a existência dessa norma é uma violência que se sobrepõe de um modo amplo àquela já sofrida pela vítima.

4.6.2.3. A Legítima Defesa da Honra

4.6.2.3.1. Das trevas à dignidade humana

Como escrevi capítulos atrás ao tratar da epistemologia feminista, um dos elementos próprios do feminismo enquanto teoria crítica está na politização de seus conceitos. Daí por que, de um modo bem particular, no que toca a violência letal em razão do gênero, vem muito a calhar, na altura em que se encontra esse texto relembrar que enquanto, por exemplo, o assassinato de mulheres por seus maridos ou companheiros foi definido como um "crime passional", estes crimes sequer eram contabilizados, pois eram tomados como se fossem casos isolados, diversos e descontínuos.

Contudo, na medida em que estes casos passaram a ser conceituados dentro do paradigma feminista como um tipo específico de violência de caráter estrutural, posto que decorrente do patriarcado, foi possível perceber a dimensão do que algumas pensadoras feministas denominam – com acerto, em meu entender – de necropolítica de gênero[44]. De fato, como bem diz Célia Amorós (2008, p. 15), *somente quando este conceito se tornou disponível e incorporou-se ao vocabulário público, foi possível voltar ao tema de debate e assumir a necessidade de tomar medidas públicas para erradicar este "flagelo social"*[45].

Como se observa pelo tanto que escrevi no ponto anterior, a politização do conceito sobre a morte de uma mulher por ser mulher e a consequente inclusão do feminicídio como uma qualificadora do crime de homicídio foi de tal importância que se tornou impossível sobre ele não me debruçar e, inclusive,

---

44 Para um maior aprofundamento deste tema sugiro a leitura de minha obra *Feminicídio de Estado*, já em 2ª edição, pela editora Blimunda.

45 Tradução livre. No original: Sólo cuando este concepto estuvo disponible se incorporó al vocabulario público, se volvió tema de debate y se asumió la necesidad de tomar medidas políticas para erradicar esa "lacra social".

atualizar esta obra, após a promulgação da Lei, por ocasião de sua segunda edição.

Entretanto, embora à época entendesse eu como satisfatória minha afirmação de que, como acima se lê, a incorporação legislativa do feminicídio demandaria dos atores e das atrizes do sistema de justiça criminal mais do que a mera competência técnica, pois exigível destes e destas também seria a capacidade de elaborar a morte feminina em razão do gênero a partir de um contexto histórico, social e culturalmente construído para que o direito à vida das mulheres tivesse a submissão como contrapartida, quiçá tenha eu falhado ao não deixar ainda mais claro que no elenco atuante não se compunha somente de magistrados ou magistradas e de representantes do Ministério Público. Neste palco também contracena a Defesa, representada ora pela advocacia, ora pela Defensoria Pública.

Então, em uma espécie de *mea culpa*, no ano de 2020, ao ser procurada pelo reconhecido advogado constitucionalista Paulo Iotti, passei a debater com ele sobre a inacreditável e inaceitável jurisprudência que dava guarida à chamada "tese da legítima defesa da honra", enquanto estratégia discursiva defensiva perante o Tribunal do Júri em crimes de feminicídio.

Com singular generosidade intelectual, posteriormente, ao patrocinar arguição de descumprimento de preceito fundamental (na sequência tombada como ADPF 779) em nome do Partido Democrático Trabalhista – PDT, recebi do Dr. Iotti o convite para conjuntamente com ele firmar a peça inicial, tese com a qual anuí para nossa Suprema Corte conferisse interpretação conforme à Constituição quanto aos arts. 23, II, e 25, *caput*, e parágrafo único do Código Penal, e do art. 65 do Código de Processo Penal, de modo a serem considerados compatíveis com o Texto apenas se excluído de seu âmbito de proteção a medieval *tese jurídica da "legítima defesa da honra".*

Perceba-se que, em terras brasileiras, o "direito" conferido ao marido de matar a mulher apontada como adúltera, foi introduzido em conformidade com as Ordenações Filipinas, Livro V, Título XXV. Regramento jurídico esse cuja vigência perdurou até que, pós a proclamação da independência brasileira, pela vontade de D. Pedro I[46], deu-se ao conhecimento de seus súditos e de suas súditas a Lei de 16 de dezembro de 1830, conhecida como Código Criminal de 1830.

Não é menos interessante observar, dada a infesta persistência da mentalidade inquisitorial que apontei no primeiro capítulo, ao tratar da relação sujeito-objeto na criminologia, e que, para além do que – com meu total acordo – é reiterado por ilustres processualistas penais (dentre os quais estão os por mim admirados Geraldo Prado, Rubens Casara, Aury Lopes Jr. e Alexandre de Moraes da Rosa)[47] sobre o caráter inquisitório do processo penal mais (e pior) do que encontra-se positivado, mas, em sua episteme, também em relação às vítimas a *mentis* e o *modus operandi* medieval de maneira devastadora.

Nem as Ordenações Filipinas, tampouco o Código Criminal de 1830, encontram-se na linha do tempo da Idade Média. O primeiro conjunto de normas é moderno. Já o segundo contemporâneo.

Todavia, assim como já havia escrito eu logo no capítulo inicial desta obra, mais do que as fogueiras e as atrocidades cometidas sob o sistema inquisitorial no medievo, o que ele nos legou foi uma ideologia que atravessou séculos sem que sequer necessitasse de sustentação no direito positivo. E esse é o caso da dita *"defesa da honra"* como a mais nítida expressão do patriarcado que se consolida como estrutura social, econômica e cultural durante a, não sem razão, conhecida pelo epíteto de *Idade das Trevas*.

Interposta em 30 de dezembro de 2020, a ADPF 779 – dentre outras manifestações exaradas pela Corte em outros tempos – de modo particular, teve como nascedouro mais próximo dos debates que travamos até sua versão final, decisão da 1ª Turma no HC n. 178.777/MG.

---

46 Nos exatos termos da Lei assim se lê em seu prólogo: *D. Pedro por Graça de Deus, e Unanime Acclamação dos Povos, Imperador Constitucional, e Defensor Perpetuo do Brazil: Fazemos saber a todos os Nossos subditos, que a Assembléa Geral Decretou, e Nós Queremos a Lei seguinte. (...)*

47 Sobre a referência a nomes somente de homens doutrinadores em processo penal, recomendo fortemente a leitura do primeiro capítulo de meu livro *Processo Penal Feminista* (2ª edição, Atlas, 2021).

Proferida em setembro daquele mesmo ano, entendeu o colegiado não ser possível ao Ministério Público recorrer de decisão do Tribunal do Júri proferida com base em quesito absolutório genérico, dada a soberania dos vereditos, constitucionalmente assegurada.

No caso, a Turma cassou decisão do Tribunal de Justiça de Minas Gerais (TJ-MG) que havia determinado a realização de novo julgamento perante o Conselho Popular em relação aos fatos de que era acusado um homem por tentativa de feminicídio contra sua esposa.

De acordo com os autos, o *conatus* ocorreu no momento em que a mulher saía de um culto religioso. As agressões foram perpetradas com golpes de faca. A "justificativa" foi uma suposta e alegada traição. Réu confesso, entretanto, o feminicida foi absolvido pelo Tribunal do Júri.

Em grau de recurso, o Tribunal de Justiça de Minas Gerais (TJ-MG) reformou a decisão por entendê-la contrária ao conjunto probatório, determinando a realização de novo júri. O que, por sua vez, foi mantido pelo Superior Tribunal de Justiça (STJ).

Eis que, enfim, como dito, a questão chega ao STF, onde o Ministro Marco Aurélio – acompanhado do Ministro Dias Toffoli e da Ministra Rosa Weber – firmou a tese de que a Constituição Federal prevê a soberania do Júri tanto para condenação quanto para absolvição.

Os ministros Alexandre de Moraes e Luís Roberto Barroso votaram pelo indeferimento do pedido com base em precedentes da Turma (RHC 170.559).

Enfim, em 15 de março de 2021, acordo com o decidido monocraticamente e referendado pelo Pleno do Tribunal[48], assim chamada firmou-se o entendimento de que tese da "legítima defesa da honra":

Um, não é, tecnicamente, legítima defesa, sendo injustificável o ato feminicida ou uso de sob o pretexto de reprimir um

---

48 Até o fechamento desta 3ª edição, a decisão permanecia em vigor.

adultério. O agressor que assim age *não está a se defender, mas a atacar uma mulher de forma desproporcional, covarde e criminosa.*

Dois, trata-se de *recurso argumentativo/retórico odioso, desumano e cruel,* que não encontra guarida na Constituição de 1988, constituindo-se como um *ranço, na retórica de alguns operadores do direito de institucionalização da desigualdade entre homens e mulheres e de tolerância e naturalização da violência doméstica.*

Três, viola a dignidade da pessoa humana, os direitos à vida e à igualdade entre homens e mulheres (art. 1º, inciso III, e art. 5º, *caput* e inciso I, da CF/88), reconhecidos como os pilares da ordem constitucional brasileira. Resultando, em razão da ofensa a tais direitos, *sobretudo, no estímulo à perpetuação da violência contra a mulher e do feminicídio.*

Quatro, a plenitude de defesa, própria do tribunal do júri, *não pode constituir instrumento de salvaguarda de práticas ilícitas,* devendo *prevalecer a dignidade da pessoa humana, a vedação a todas as formas de discriminação, o direito à igualdade e o direito à vida, tendo em vista os riscos elevados e sistêmicos decorrentes da naturalização, da tolerância e do incentivo à cultura da violência doméstica e do feminicídio.*

Cinco, na hipótese de a defesa lançar mão, direta ou indiretamente, da dita tese *(ou de qualquer argumento que a ela induza), seja na fase pré-processual, na fase processual ou no julgamento perante o tribunal do júri, caracterizada estará a nulidade da prova, do ato processual ou, caso não obstada pelo presidente do júri, dos debates por ocasião da sessão do júri, facultando-se ao titular da acusação recorrer de apelação na forma do art. 593, III, a, do Código de Processo Penal.*

E, por fim, *seis,* a medida cautelar foi, por unanimidade, parcialmente concedida para:

(i) firmar o entendimento de que a tese da legítima defesa da honra é inconstitucional, por contrariar os princípios constitucionais da dignidade da pessoa humana (art. 1º, III, da CF), da proteção à vida e da igualdade de gênero (art. 5º, *caput*, da CF);

(ii) conferir interpretação conforme à Constituição aos arts. 23, inciso II, e 25, *caput* e parágrafo único, do Código Penal e ao art. 65 do

Código de Processo Penal, de modo a excluir a legítima defesa da honra do âmbito do instituto da legítima defesa; e (iii) obstar à defesa, à acusação, à autoridade policial e ao juízo que utilizem, direta ou indiretamente, a tese de legítima defesa da honra (ou qualquer argumento que induza à tese) nas fases pré--processual ou processual penais, bem como durante o julgamento perante o tribunal do júri, sob pena de nulidade do ato e do julgamento.

A decisão não passou incólume ao debate na esfera pública criminal – como, aliás, me parece seja o necessário suceder em qualquer parte e em relação a qualquer ato de uma Corte com a missão constitucional equivalente conferida ao STF.

Sendo assim, no intuito de ratificar minha posição pública no debate, pretendo deduzi-la nos textos a seguir em dois pontos (extremos), que são: um, a defesa da oportunidade da ADPF 779 e do acerto da decisão proferida; e, dois, a discordância com a razão político criminal que informou a interposição do aditamento mediante o qual, dentre outros pedidos, requereu-se à Corte fosse admitida conexão ou continência com o ARE n. 1.225.185/MG (Tema 1.068) em que se discute a constitucionalidade da absolvição por clemência.

4.6.2.3.2. O debate na esfera pública criminal e as retóricas da intransigência

Em um Estado Democrático de Direito é inadmissível prosperarem quaisquer decisões, obrigatoriamente fundamentadas ou não, na medida em que direta ou indiretamente as razões que a elas conduziram estejam em contrariedade explícita com o Texto Constitucional.

Vistos com lupa, os recursos discursivos até o momento utilizados na tentativa de teratologizar a decisão proferida em sede cautelar nos autos da ADPF 779 no campo aberto do debate na esfera pública jurídica em nada mais reafirmam o que Albert Hirschman definiu como retórica da intransigência.

Em síntese, ao analisar os discursos conservadores ao longo dos três últimos séculos, Hirschman identificou similitudes argumentativas que lhe permitiram categorizar três recursos retóricos que chamou de tese da perversidade, tese da futilidade e tese da ameaça.

A primeira, a **tese da perversidade**, caracteriza-se por ataques ardentes contra movimentos de ideias ou de proposição de novas práticas que questionam velhas estruturas.

De acordo com o que Hirschman pode identificar nos três séculos estudados, sempre houve quem defendesse que as mudanças políticas, econômicas e sociais ao invés de transformar positivamente a sociedade, trariam consequências negativas.

Ele aponta que, durante o período da Revolução Francesa, Edmund Burke notabilizou-se por pregar que as promessas de mais direitos para o povo, alardeadas pelo novo regime, somente acabariam entregando repressão contra o próprio povo. E, como economista que foi[49], o autor destaca a filosofia moral individualista de Adam Smith como uma forte influência para que qualquer ação de auxílio ou de intervenção na economia passa a ser vista como negativa em um mundo onde a estrutura econômica que pretendia-se tornar predominante deveria se dar a partir da concepção de autorregulação do mercado.

Em linhas gerais, sob a tese da perversidade, novas propostas representam sempre um *"tiro no próprio pé"*. Nada de novo no *front*.

Rotular grupos que reivindicam direitos como meramente identitários e punitivistas e jogar sobre suas costas a responsabilidade por todas as decisões da Corte já se tornou comum.

Nada que já não tenha sido tratado nesta obra quando tive a oportunidade de tratar sobre esse tipo de argumento supostamente progressista quando da promulgação da Lei Maria da Penha, da inclusão do feminicídio como qualificadora ou da decisão da Corte sobre a criminalização da lgbti+fobia.

Sim, sabemos e defendemos nós, a plenitude de defesa é como aquela atribuída ao acusado de crime doloso contra a vida, no Plenário do Júri.

---

49 O professor Hirschman faleceu em 2012.

Sim, sabemos e defendemos nós que ela continue a ser, como é, "plena", ou seja, mais abrangente do que a ampla defesa garantida a todos os litigantes e a todas as litigantes em processos judiciais ou administrativos.

E, sim, sabemos e defendemos nós que no espectro da plenitude de defesa, a defesa técnica e a autodefesa possuam total liberdade de argumentos, não se limitando aos jurídicos, *desde que tais argumentos não violem a dignidade da pessoa humana, a proteção da vida e a igualdade entre os gêneros garantidos no Texto Constitucional.*

Os discursos marcados pela **tese da futilidade**, por sua vez, buscam invalidar a importância das transformações propostas, pois estas não seriam mais do que cosméticas, ilusórias, na medida em que as estruturas profundas permanecerão intactas.

Embora também exemplifique essa tese a partir da análise dos escritos de Tocqueville acerca da Revolução Francesa, mais interessante é focar na obra de Gaetano Mosca cujo principal ponto está na revitalização quase total do direito ao voto.

Na perspectiva de Mosca, se há uma tendência histórica de que determinados grupos capturem e centralizem processo decisório político, como mostra a teoria das elites, não haveria razoabilidade alguma na expansão dos direitos políticos. O voto não seria eficiente tendo em vista que o poder permaneceria distante do povo. E, a democracia, em um contexto como esse, ganharia tão somente contornos cênicos e cínicos.

O autor ainda argumenta que a tese da futilidade carrega consigo uma certa concepção de processo histórico marcado pela desesperança. E que o espaço de intervenção humana é reduzido ao mínimo, de modo que aqueles e aquelas que planejam ações de transformação de alguma esfera social são hipócritas e maquinadores, muitas vezes agindo em razão própria.

Sob a tese da futilidade, identifico dois tipos de discursos contrários à ADPF 779. O primeiro que remete à violência contra as mulheres ao campo da cultura. E o segundo que diz que nada impedirá que as concepções íntimas misóginas dos jurados e das juradas venham a preponderar ainda que impedida esteja a utilização do argumento da "legítima defesa da honra" e outro que a ele se assemelhe.

Quanto à primeira oposição, como não pretendo me tornar repetitiva, sugiro a leitura do que acima escrevi acerca da inclusão da qualificadora do feminicídio. Aqui tão só acrescento que não, não estamos diante da fábula de Zaffaroni sobre o quitandeiro e o direito penal[50].

Já em relação a que concepções íntimas misóginas dos jurados e das juradas venham a preponderar ainda que impedida esteja a utilização do argumento da "legítima defesa da honra" e outro que a ele se assemelhe, o que posso afirmar é que, sim, é possível.

Vivemos em um país alicerçado no patriarcado, estrutura na qual a misoginia é a face letal. Sendo assim, de fato, e por óbvio, que a vedação à tese da "legítima defesa da honra", por si só, não será o suficiente para que crimes de ódio, como é o feminicídio, deixem de ser normalizados por alguns e por algumas que venham a compor o Conselho de Sentença. Contudo, nos limites do que se espera de uma defesa técnica, ética e comprometida com os direitos humanos é que não se preste a incitar o ódio.

A defesa pode muito, mas não pode tudo!

E o que ela não pode é induzir ou instigar o Júri a concluir que a vida de uma mulher é descartável porque não serviu o jantar no horário, decidiu separar-se do réu ou porque ele alega uma suposta traição e justifica seu crime por "ciúmes" como uma forma de "amor"[51].

---

50 Escreveu Zaffaroni em *O inimigo no direito penal*: *"Se uma pessoa vai a uma quitanda e pede um antibiótico, o quitandeiro lhe dirá para ir à farmácia, porque ele só vende verduras. Nós, penalistas, devemos dar este tipo de resposta saudável sempre que nos perguntam o que fazer com um conflito que ninguém sabe como resolver e ao qual, como falsa solução, é atribuída natureza penal"*.

51 De acordo com Ávila e Pessoa (2020) em pesquisa na qual foram analisados processos envolvendo 30 tentativas de feminicídios ocorridos no ano de 2016, 83% das vítimas descreveram comportamentos de controle do autor associados ao aumento de atos violentos graves ou letais, sendo o isolamento social uma das condutas.

Em um dos casos estudados, por exemplo, *"no dia do crime o autor se incomodou com o fato de a vítima conversar com outras pessoas através do celular e tomou o objeto da vítima. O filho da vítima relatou que o autor ficava com raiva quando a vítima conver-*

Por fim, segundo a **tese da ameaça**, transformações, ainda que talvez desejáveis, têm custos ou consequências inaceitáveis. Trata-se de uma retórica segundo a qual qualquer avanço pode pôr em risco o que já se tem.

Como exemplos, Hirschman cita o debate sobre os rumos da política do Welfare State, em que Friedrich Hayek argumentava que qualquer expansão da participação do Estado tenderá a ameaçar a liberdade; e, Samuel Huntington, por sua vez, dizia que a crise de governabilidade estaria intimamente ligada ao aumento irresponsável de gasto público, fruto das políticas do Estado de Bem-Estar Social.

Ambos, como assinala o autor, utilizavam, cada um à sua maneira, a tese da ameaça em relação às estruturas econômicas e sociais dos Estados Unidos do pós-II Guerra frente ao aumento de gasto público.

No campo da política criminal, criminologia e dogmática penal e processual penal nada é mais eficiente do que o discurso da ameaça. De modo que, sobre a "legítima defesa da honra" nada pareceu mais ameaçador do que a alardeada notícia de que, a partir da ADPF, o Supremo haveria encontrado uma forma de satisfazer a sua "sanha punitivista" abrindo as portas do guarda-roupas de onde, à noite, sairão as mais monstruosas nulidades que em breve calarão definitivamente a defesa!

Antes de mais nada, a questão das nulidades, desde muito tempo, deixou de estar condicionada a uma leitura estreita do art. 564 do CPP. Assim como, tampouco deve estar ao sabor da jurisprudência.

O ponto nevrálgico da questão é que nenhuma nulidade pode ser considerada sem uma análise à luz da Constituição. De maneira que, ante tudo o que aqui já foi dito, no caso da legítima defesa

---

sava com colegas do trabalho e da escola". Também de acordo com o autor e a autora: "A separação ou tentativa de separação, especialmente quando é recente, é um fator de risco do feminicídio. Perigo, aumentado em cinco vezes quando a mulher se separa para se relacionar com outra pessoa ou quando é motivada pelo ciúme do agressor".

da honra, violadora que é dos princípios da dignidade da pessoa humana, da proteção da vida e da igualdade de gênero, não houve qualquer tentativa de fraudar o sistema processual a serviço do punitivismo.

Pelo contrário, o que houve foi a tentativa de colocar a dogmática no rumo de um **processo penal constitucional!**

Desprovida que é de qualquer suporte legal, a tese da "legítima defesa da honra" foi perfeitamente compreendida pela Corte como um recurso argumentativo/retórico carregado de ódio, potencialmente incentivador da violência contra as mulheres e, pelo conjunto destas razões, por suposto, violador dos princípios constitucionais da dignidade da pessoa humana, da proteção à vida e da igualdade de gênero considerados balizas fundamentais de nossa ordem constitucional.

Daí por que entendeu por determinar sejam considerados nulos, nas fases pré-processual ou processual penais, bem como durante o julgamento perante o tribunal do júri, a eventual utilização, direta ou indiretamente, da "tese" – ou de qualquer outro argumento que a ela induza – seja pela defesa, a acusação, a autoridade policial e o juízo.

À toda vista, o Supremo não interditou indiscriminadamente o discurso da defesa, em violação à plenitude. O que fez – e muito bem feito – foi **interditar o discurso de ódio!**

Hirschman defende que as três teses podem aparecer misturadas no debate público. E é exatamente desta maneira que elas vêm aparecendo, como arsenal reacionário, em relação à inconstitucionalidade do argumento da "legítima defesa da honra".

Ao longo das últimas décadas, muito em função da criação e fortalecimento de esferas públicas contra-hegemônicas (ou espaços públicos subalternos) nas quais grupos até então silenciados passaram a articular pautas de reivindicação de direitos passíveis de serem demandados, por inúmeros entraves encontrados junto, principalmente, ao Legislativo o Poder Judiciário, em particular a Corte Constitucional, tem cada vez mais sido provocada a debruçar-se sobre temas que, tal como entendo, não resultam em deci-

214

sões simploriamente definidas como "ativismo judicial"[52] mas que, pelo contrário, exigem do STF decidir questões complexas de modo igualmente complexo.

Eis o caso da tese da "legítima defesa da honra", impossível de ser decidido como quer alguma parcela do pensamento criminal, de modo cartesiano, ou seja, nos termos do 2º postulado do método de Descartes segundo o qual para a resolução de uma questão difícil o melhor seria dividi-la em quantas partes menores fossem necessárias.

Visões compartimentadas de um problema complexo, contudo, invariavelmente conduzem a resultados apresentados pelo senso comum teórico[53], que no campo do Direito, em particular da dogmática penal e processual penal, se mostram desconectados da realidade vivida que lhe causa pavor. E, como sói acontecer, tais respostas aferram-se a dogmas vigentes em um universo paralelo onde os princípios constitucionais da dignidade da pessoa humana, da proteção à vida e da igualdade de gênero se existentes, são meros adornos textuais.

De maneira que, para uma resolver uma questão tão complexa, quanto a que envolve um secular sistema de subjugação do outro pela violência a partir da qual fortemente sustenta-se o patriarcado como estrutura, por mais que vestido de citações em alemão ou de poemas russos, linhas e mais linhas cantando as glórias da soberania dos veredictos ou da plenitude de defesa, isoladamente considerados, são (pausa dramática...) insuficientes.

Ainda que critiquem a parcela (majoritária) do pensamento jurídico que ainda tem *Caio* e *Tício* como seus brinquedos favoritos, a zona de conforto de boa parte da ala criminal progressista também quer garantir a tranquilidade de seu sono dogmático.

---

52 Sugiro a leitura nesta mesma obra de minhas considerações acerca da ADPF 442.

53 Segundo Warat, o senso comum teórico baseia-se em valores, seus critérios para a compreensão dos dados são morais e "o uso dos dados como álibi consolidador de valores permite detectar uma função mítica para o senso comum. O mito (...) fará remissão ao real como mero suporte material de um processo de reforço dos valores aceitos" (WARAT, 1993, p. 102).

Mas... *(in)*felizmente, cá estamos nós e nossas epistemologias feministas, trans, antidiscriminatórias, negras, indígenas... a fazer barulho na rua, embaixo de suas janelas. A partir do século XXI, no mundo do Direito, ninguém mais dorme.

4.6.2.3.3. O garantismo feminista, a soberania dos veredictos e a clemência como garantia

Decisões teratológicas, violadoras da dignidade humana, infelizmente, não são comuns somente em casos envolvendo feminicídio. De fato, em relação às pessoas LGBTI+, por exemplo, em processos de competência do Tribunal do Júri, não é raro que também pesem argumentos metajurídicos (em especial, quando as vítimas são transexuais e travestis) com o fim de inocentar acusados de homicídios com motivação lgbtifóbica.

À vista dessa realidade reportada na jurisprudência, com legítima preocupação, o requerente, viu por bem, então, promover o aditamento da inicial da ADPF, as desafortunadamente, mediante a postulação de que fosse admitida a conexão ou a continência com o ARE n. 1.225.185/MG (Tema 1.068) em que se discute a constitucionalidade da absolvição por clemência.

Contudo, lembremos: *"Nada sobre nós, sem nós"*. Assim afirmam os movimentos sociais e populares. O que, em termos teóricos, significa dizer – como já referi anteriormente nesta obra – que os direitos fundamentais, cuja tarefa é garantir às mulheres um delineamento autônomo de suas vidas, não podem ser formulados de modo adequado à revelia das próprias envolvidas. Ou seja, sem que elas articulem e fundamentem os aspectos considerados relevantes para o tratamento igual ou desigual nos casos que nos tocam (Habermas, 2003b).

Com isso quero afirmar que, por mais que a ADPF 779 tenha encontrado consenso no movimento de mulheres, qualquer tentativa de correlação desta com outras ações em curso na Corte seriam, em princípio, inadmissíveis visto que estranhas às discussões travadas na esfera pública feminista. De maneira que a conexão processual entre a arguição referente ao expurgo da tese da legítima defesa da honra, ainda que a causa de pedir assim autorizasse, e o desejo de eliminação da possibilidade de clemência pelo Júri jamais poderia ter sido sequer cogitada.

Ainda que com críticas já publicadas em relação à epistemologia verificacionista[54], reafirmo, pois, minha adesão ao garantismo penal enquanto estrutura minimalista fundamental em uma sociedade democrática. O garantismo feminista é, avesso, por suposto, a um avanço punitivista como é o desejo de cercear de modo generalizante o poder soberano do júri popular.

Se, portanto, de um lado, não me encontro entre as colunas do abolicionismo penal, como me posiciono desde sempre nesta obra e outras; de outro, entendo que somente tem razão de ser o pensamento crítico feminista na medida em que político-criminalmente afaste-se de intentos punitivistas e sobre eles posicione-se contrária e veementemente, sob pena de a eles sucumbir. Esse é, pois, o debate aberto como o aditamento à ADPF 779 que envolveu a possibilidade de *clemência* pelo corpo de sentença.

O Tribunal do Júri deve ser entendido como uma forma de exercício da democracia (AVELAR e SILVA, 2020, p. 96). E, tal como o entendo, em última e superior instância, uma verdadeira expressão da soberania popular.

Em um Estado Democrático a maior e mais sublime prerrogativa no que toca ao poder punitivo é o perdão conferido a quem – ainda réu confesso ou ré confessa – tenha sido condenado ou condenada por um crime. Algo tão importante que somente é conferido a quem ocupa a presidência da República (como representante eleito ou eleita pelo povo) ou, ao próprio povo, diretamente, no Tribunal do Júri. Retirar do Conselho de Sentença a possibilidade de clemência, é, a meu juízo, retalhar a própria soberania popular donde todo poder emana em uma república democrática.

Como disse acima, não se há de fechar os olhos para o fato de que não somente o feminicídio, como crime de ódio que é, chega

---

54 Nesse sentido, recomendo a leitura do meu *Processo Penal Feminista*, já em sua 2ª edição pela Editora Atlas.

ao Tribunal do Júri. Reafirmo que, como demonstram os acórdãos acostados ao aditamento, são inúmeros os outros casos em que decisões injustas são emitidas pelo corpo de jurados e juradas. Mais uma vez estamos diante de questões complexas para as quais não existem respostas fáceis. Razão pela qual entendo que o êxito junto ao STF acerca do afastamento da legítima defesa da honra precisa ser tomado nos mais estreitos limites da dogmática processual penal constitucional que as consequências decorrentes de sua infração impõem. De maneira que, se a soberania dos veredictos não admite julgamentos arbitrários, como notadamente são as absolvições em crimes de ódio cometidos contra pessoas negras, lgbti+ e/ou acusadas de crimes, o expurgo de teses defensivas igualmente baseadas no ódio, nestes casos, devem ser objeto de análise específica também em sede de controle concentrado perante o Supremo Tribunal Federal.

Felizmente, de modo sensato, na inauguração das atividades do segundo semestre de 2023, o plenário da Corte fez a necessária distinção entre o tema posto em mesa referente à "tese da legítima defesa da honra" e o da "clemência", tendo sido o ARE n. 1.225.185 retirado de pauta a requerimento do Ministro Gilmar Mendes.

De outro lado, com maior felicidade ainda, nesta mesma sessão, o Supremo Tribunal Federal, por unanimidade, declarou inconstitucional o uso da tese da legítima defesa da honra conferindo, portanto, procedência integral ao pedido apresentado pelo Partido Democrático Trabalhista (PDT) na ação.

O primeiro dia do mês de agosto de 2023 ficará marcado como um dia histórico. Um dia de avanço civilizatório, um dia que o STF julgou definitivamente a ADPF 779, que versava sobre a legítima defesa da honra, este entulho patriarcal que violava a dignidade da pessoa humana, a igualdade e o direito à proteção que todas nós mulheres fazemos jus.

Uma conquista sem precedentes que precisa ser registrada com agradecimentos.

Primeiro, como advogada que fui nos autos desta ação, ao querido colega Paulo Iotti, pelo brilhantismo, pela competência, pela generosidade, com que conduziu esse processo ao longo de todos esses anos.

Segundo ao Partido Democrático Trabalhista – PDT, por nos ter franqueado o uso da sua legenda e legitimidade constitucional, o que, particularmente, faço em memória de Miguelina Vecchio, um dos maiores expoentes do movimento de mulheres, vinda das fileiras das mulheres trabalhistas, cujo falecimento ocorreu pouquíssimo tempo antes.

Por fim, e sobretudo, a todas as mulheres que compõem o movimento feminista, pelas décadas em marcha nas ruas carregando cartazes dizendo *"quem ama não mata"*, pela resiliência e pela resistência. A vitória "no hoje" é uma vitória do movimento de mulheres que luta "desde ontem". Viva o movimento feminista brasileiro!

4.6.2.4. Violência de gênero e direito à proteção

O caráter histórico, social, cultural e familiar perverso da violência de gênero justifica seja o direito à proteção contra este tipo de violação um direito fundamental exclusivo das mulheres, no mesmo sentido do direito à autodeterminação, no que concerne ao aborto. É sob esse ponto de vista que devem circunscrever-se os limites de atuação da lei penal em relação às mulheres.

O direito penal mínimo – que é o único direito penal possível em acordo com os princípios constitucionais (BARATTA, 2006, p. 149) – não retira do Estado e da sociedade a obrigação de empenharem-se na busca de soluções relativas a situações de violência e de violações de direitos, ou de resolver conflitos e problemas sociais que necessitam de respostas *justas* e *adequadas* (BARATTA, 2006, p. 149). Dentro dos limites constitucionais, a resposta punitiva não pode ser mais do que um elemento excepcional e possível.

Penso que a legitimação do direito penal é, antes de qualquer coisa, o discurso sobre sua adaptação material à Constituição. Assim como concordo com Baratta que a resposta punitiva há de se dar em um marco conceitual a partir do qual será também possível contribuir com a construção de uma cultura garantista, entendida não somente como uma limitação formal que concerne unicamente à área penal, mas, sobretudo, como um projeto substancial, estendido a toda a política de proteção dos direitos, própria da sociedade democrática (BARATTA, 2006, p. 151)[55]. De fato, a legitimidade do direito penal não é democrática no sentido de que provenha da maioria. Ela é, sim, *garantista,* na linha de que se assenta nos vínculos impostos pela lei à função punitiva e à tutela dos direitos de todos. Creio, como Ferrajoli, que somente concebendo desta forma o objetivo do direito penal seja possível obter uma adequada doutrina de justificação e, conjuntamente, uma teoria garantista dos vínculos e dos limites – e, consequentemente, dos critérios de deslegitimação – do poder punitivo do Estado.

Nesse contexto, considerando que o direito (em nosso caso o penal) reflete relações de poder hegemônicas, não é possível desconsiderar que os direitos tenham de ser tomados como uma proteção dos mais fracos contra os mais fortes dentre os quais está o Estado, mas não somente este. Por menos efetivos que sejam os direitos fundamentais, perder direitos é perder poder ou proteção.

Com tudo o que foi supraexposto não é a intenção deste arrazoado de, acriticamente, legitimar o direito penal. Penso como Paulo Queiroz (1998, p. 31), sem exagero:

> que o direito penal não é só a mais violenta forma de intervenção do Estado na vida dos cidadãos, mas é também, seguramente – e talvez por isso mesmo –, a mais desastrosa forma de intervenção do Estado na vida social. Reduzir, pois, tanto quanto seja possível, o marco de intervenção do sistema penal, é uma exigência de racionalidade.

Entretanto, de forma crítica e realista, tratar o discurso feminista que recorre ao direito penal, a partir da violência concreta vivida historicamente pelas mulheres, é uma etiqueta injustificável e injustificada. É tanto possível, quanto necessário, que os direitos fundamentais das mulheres sejam os fios condutores de um programa que se construa nos marcos de um direito penal mínimo.

---

55 Tradução livre. No original: "como un proyecto sustancial extendido a toda la política de protección de los derechos, propia de la sociedad democrática".

CONSIDERAÇÕES FINAIS

(...) discursos recorrentes (míticos, místicos, científicos, normativos, sábios ou populares) em que por vezes é necessária muita atenção para discernir modulações e desvios, enraízam-se numa episteme comum. Eles provêm de homens que dizem "nós" e falam de "elas". (...) E elas, o que dizem? A história das mulheres é, de uma certa forma, a história do modo como tomam a palavra. (Michelle Perrot e Georges Duby)

Comecei o primeiro capítulo desta obra com uma análise do *Malleus Maleficarum,* ou *Martelo das Feiticeiras,* entendendo-o como um marco do nascimento da criminologia. Abordei os objetos do conhecimento criminológico do século XVIII até o século XX. Com olhar crítico busquei em cada uma das linhas gerais do conhecimento criminológico encontrar o papel que a mulher desempenhou em cada uma delas.

No segundo capítulo analisei as linhas fundamentais de cada uma das três principais matrizes epistemológicas do feminismo. Estudei o conceito de gênero, compreendendo-o como uma revolução epistêmica. Situei a teoria feminista como uma teoria crítica a partir da qual se constitui um novo paradigma em ciência, aplicável, em meu entender, ao campo criminológico.

No terceiro capítulo, recortei da história das mulheres momentos capazes de demonstrar a custódia, que conceituei como o conjunto de tudo o quanto faz para reprimir, vigiar e encerrar a mulher – no público e no privado –, mediante mecanismos de exercício de poder do Estado, da sociedade, de forma geral, e da família. Com isso, encontrei argumentos para mostrar como se dá o exercício do poder punitivo em relação às mulheres. Uma política multifária em atores e formas de atuação, mas monolítica no que tem de vigilante, perseguidora e repressiva.

Estes três primeiros capítulos tiveram uma finalidade mais instrumental em função do quarto e último capítulo, que considero, mais propriamente, como as considerações finais desta obra. No último capítulo estão as reflexões que fiz sobre a(s) criminologia(s), seu(s) paradigma(s), a epistemologia feminista, a história das mulheres em face do poder punitivo. Nele está uma proposta de criminologia ancorada no paradigma feminista, e um programa minimalista de garantia da liberdade e proteção das mulheres no âmbito do direito penal.

Considero desnecessário, portanto, alongar-me em argumentos que sustentem a incapacidade explicativa e os compromissos da criminologia tradicional. Assim como soa repetitivo rememorar que o paradigma da reação social foi a chave para o questionamento do paradigma etiológico, ao tratar do sistema de justiça criminal sob a perspectiva de classe.

Entretanto, válido é reafirmar que, em qualquer um destes vieses, a criminologia se constitui como um saber parcial. Mesmo quando fundadas na crítica sistemática dos conceitos, do método e da ideologia da criminologia tradicional, as vertentes criminológicas radicais não conseguiram apresentar bases analíticas de produção de conhecimento que não fossem em sua essência sexistas.

Neste sentido, até mesmo a criminologia crítica, que adota um ponto de vista das classes subalternas como garantia de uma práxis teórica e política alternativa, fixa sua atenção em situações definidas pelo que é o espaço público, limitando seu conceito de atores sociais aos que são visíveis na esfera pública, tal como ocorre com as classes sociais. Tomando a perspectiva de gênero, no máximo, em termos aditivos.

É certo que, aí, o substrato ideológico não é o da estigmatização da mulher, como entre os etiológicos. Contudo, ainda persiste o ocultamento do feminino como sujeito de uma realidade própria, que ultrapassa o sistema de justiça criminal.

No mundo inteiro as mulheres insistem na importância de suas experiências como mulheres, e não como indivíduos diluídos dentro de classes, ou quaisquer grupos de gênero invisível. Assim, *uma* criminologia feminista brasileira, da qual pretendo ser parte, necessariamente será marcada pelas experiências históricas específicas, pelo contexto socioeconômico, pelos necessários recortes de raça e etnia, dentre outros aspectos inerentes à realidade vivida pelas mulheres no Brasil, ou na América Latina.

Penso que este conjunto de fatores, levados em consideração em todos os momentos da pesquisa em criminologia, inevitavelmente converter-se-á em *um* conhecimento próprio que não será refém da referência central da ciência moderna, enquanto padrão a partir do qual são avaliados e validados os outros saberes.

Não existe criminologia desligada de uma concepção política, social, econômica e cultural de uma sociedade. E a criminologia estará cada vez mais limitada na medida em que resista recepcionar as realidades e perspectivas das mulheres. Só há futuro para a criminologia, se, e somente se, as necessidades e experiências femininas forem reconhecidas não em relação "a" ou de acordo "com" as perspectivas, experiências, necessidades e interesses que constituem o paradigma masculino.

A custódia das mulheres sustenta-se em um conjunto de interdições tanto no privado quanto no público. Daí por que ser fundamental compreender que a reciprocidade entre o "formal" e o "informal" é o que conforma um sistema de sujeição, do qual a atuação ou a não atuação da esfera penal é parte integrante. O primeiro favorece as formas de poder "disciplinadas", e o segundo, as formas de poder selvagem. E isso foi (e ainda é) o que aconteceu ao longo de séculos. A selvageria patriarcal de um lado, e a ação repressora estatal de outro.

Penso que guiar-se por um outro paradigma, fundado na teoria crítica feminista, e confrontar aquilo que se concebe e/ou pressupõe como o "sistema", significa, hoje, tomar as relações de poder com a profundidade que isso merece na análise criminológica.

O reconhecimento da criminologia feminista como um referencial autônomo permite compreender os diferentes contextos de vitimização e de criminalização das mulheres. Como me instigou Sandra Harding, busquei ir além dos modelos conhecidos, projetar novas questões, e me colocar o desafio de construir um novo paradigma. Eis o que demonstrei ao longo dos quatro capítulos desta obra.

REFERÊNCIAS

AGUIAR, Neuma. Perspectivas feministas e o conceito de patriarcado na sociologia clássica e no pensamento sociopolítico brasileiro. In: AGUIAR, Neuma (org.). *Gênero e ciências humanas*: desafio às ciências desde a perspectiva das mulheres. Rio de Janeiro: Rosa dos Tempos, 1997.

AGUIRRE, Carlos. Cárcere e sociedade na América Latina. In: MAIA, Clarissa Nunes et al (orgs.). *História das prisões no Brasil*. v. 1. Rio de Janeiro: Rocco, 2009. p. 35-77.

ALEXANDRE, Monique. Do anúncio do Reino à Igreja: papéis, mistérios, poderes femininos. In: PERROT, Michelle; DUBY, Georges (orgs.). *História das mulheres no ocidente*. v. 1. A Antiguidade. Porto: Afrontamento, 1990. p. 511-563.

ALEXY, Robert. *Teoría de los Derechos Fundamentales*. Madrid: Centro de Estudíos Políticos y Constitucionales, 2002.

ALGRANTI, Leila Mezan. *Honradas e devotas*: mulheres da colônia: condição feminina nos conventos e recolhimentos do sudeste do Brasil, 1750-1822. Rio de Janeiro: José Olympio; Brasília: UnB, 1993.

_____. Famílias e vida doméstica. In: NOVAIS, Fernando A. *História da vida privada no Brasil*: cotidiano e vida privada na América portuguesa. São Paulo: Companhia das Letras, 1997. p. 83-154.

ALVAREZ, Marcos César. Controle social: notas em torno de uma noção polêmica. *São Paulo Perspec.*, São Paulo, v. 18, n. 1, mar. 2004. Disponível em: <http://www.scielo.br/scielo.php?script=sci_arttext&pid=S0102-88392004000100020&lng=en&nrm=iso>. Acesso em: 3 fev. 2012.

ALVES, Branca Moreira, PITANGUY, Jacqueline. *O que é feminismo*. São Paulo: Brasiliense, 2007.

AMORÓS, Celia. Conceptualizar es politizar. In: RUBIO, Ana; MAQUEDA, Maria Luisa; LAURENZO, Patrícia (coords.). *Género, violencia y derecho*. Valencia: Tirant lo Blanch, 2008. p. 15-25.

AMORÓS, Celia; MIGUEL ÁLVAREZ, Ana (eds.). *Teoría feminista*: de la ilustración a la globalización. De la ilustración al segundo sexo. v. 1. Madrid: Minerva, 2005.

ANDRADE, Vera Regina Pereira. Do paradigma etiológico ao paradigma da reação social: mudança e permanência de paradigmas criminológicos na ciência e no senso comum. *Revista CCJ/UFSC*, n. 30, ano 16, p. 24-36, junho de 1995. Disponível em: <http://www.egov.ufsc.br/portal/sites/default/files/anexos/10713-10713-1-PB.pdf>. Acesso em: 1º maio 2012.

_____. *A ilusão de segurança jurídica*: do controle da violência à violência do controle penal. Porto Alegre: Livraria do Advogado, 2003.

_____. *Sistema penal máximo x Cidadania mínima*: códigos de violência na era da globalização. Porto Alegre: Livraria do Advogado, 2003.

_____. A soberania patriarcal: o sistema de justiça criminal no tratamento da violência sexual contra a mulher. *Revista de Direito Público*, n. 17, jul.-ago.-set./2007. p. 52-75.

_____. *Pelas mãos da criminologia*: o controle penal para além da (des)ilusão. Rio de Janeiro: Revan, 2012.

ANITUA, Gabriel Ignacio. *História dos pensamentos criminológicos*. Rio de Janeiro: Revan, 2008.

ANIYAR DE CASTRO, Lola. *Criminologia da libertação*. Rio de Janeiro: Revan, 2005.

_____. *Criminología de los derechos humanos*: criminologia axiológica como política criminal. Buenos Aires: Del Puerto, 2010.

ARAUJO, Emanuel. A arte da sedução: sexualidade feminina na colônia. In: DEL PRIORE, Mary (org.). *História das mulheres no Brasil*. São Paulo: Contexto, 2008. p. 45-77.

ARISTÓTELES. *A política*. Rio de Janeiro: Ediouro, 1988.

ARNAUD-DUC, Nicole. As contradições do direito. In: PERROT, Michelle; DUBY, Georges (orgs.). *História das mulheres no ocidente*. v. 4. O século XIX. Porto: Afrontamento, 1990. p. 97-137.

AVELAR Daniel Ribeiro Surdi de; SILVA, Rodrigo Faucz Pereira. *Manual do tribunal do júri*. São Paulo: Thomson Reuters Brasil, 2020.

ÁVILA, Thiago Pierobom de; PESSOA, Larissa Muniz. Estudo exploratório sobre os fatores de risco nos inquéritos policiais de feminicídio em Ceilândia-DF. *Boletim Científico ESMPU*, Brasília, a. 19, n. 55, jan./dez. 2020.

BANDEIRA, Lourdes. A contribuição da crítica feminista à ciência. *Rev. Estud. Fem.*, Florianópolis, v. 16, n. 1, abr. 2008. Disponível em: <http://www.scielo.br/scielo.php?script=sci_arttext&pid=S0104-026X2008000100020&lng=en&nrm=iso>. Acesso em: 4 jul. 2012. http://dx.doi.org/10.1590/S0104-026X2008000100020.

BANDEIRA, Lourdes; SIQUEIRA, Deise. A perspectiva feminista no pensamento moderno contemporâneo. In: *Sociedade e estado*. Feminismos e gênero. Brasília: Departamento de Sociologia da Universidade de Brasília, 1997. p. 263-284.

BANDEIRA, Lourdes; THURLER, Ana Liési. A vulnerabilidade da mulher à violência doméstica: aspectos históricos e sociológicos. In: LIMA, Fausto Rodrigues; SANTOS, Claudiene. *Violência doméstica*: vulnerabilidades e desafios na intervenção criminal e multidisciplinar. Rio de Janeiro: Lumen Juris, 2009. p. 159-167.

BARATTA, Alessandro. *Criminologia crítica e crítica do direito penal*. Rio de Janeiro: Revan: Instituto Carioca de Criminologia, 2002.

_____. O paradigma do gênero: da questão criminal à questão humana. In: CAMPOS, Carmen Hein de. *Criminologia e feminismo*. Porto Alegre: Editora Sulina, 1999a. p. 19-80.

_____. La política criminal y el derecho penal de la Constitución: nuevas reflexiones sobre el modelo integrado de las ciencias penales. *Revista de La Facultad de Derecho de La Universidad de Granada*, n. 2, 1999b.

_____. *Criminología y sistema penal*: compilación in memoriam. Montevideo; Buenos Aires: BdeF, 2006.

BASTOS, Paulo Roberto da Silva. *Criminalidade feminina*: Estudo do perfil da população carcerária feminina da Penitenciária Professor Ariosvaldo de Campos Pires – Juiz de Fora (MG)/2009. *Âmbito Jurídico*, Rio Grande, n. 81, 1º out. 2010. Disponível em: <http://www.ambito-juridico.com.br/site/index.php?n_link=revista_artigos_leitura&artigo_id=8444>. Acesso em: 3 fev. 2012.

BATISTA, Vera Malaguti. *Introdução crítica à criminologia brasileira*. Rio de Janeiro: Revan, 2011.

_____. A nomeação do mal. In: MENEGAT, Marildo; NERI, Regina (orgs.). *Criminologia e subjetividade*. Rio de Janeiro: Lumen Juris, 2005. p. 41-46.

_____. O mesmo olhar positivista. *Boletim Instituto Brasileiro de Ciências Criminais* – IBCCRIM. São Paulo, v. 8, n. 95, esp., p. 8-9, out. 2000.

BECKER, Howard S. *Outsiders*: estudos de sociologia do desvio. Rio de Janeiro: Jorge Zahar, 2008.

BENHABIB, Seyla. *The claims of culture*: equality and diversity in the global era. Princeton: Princeton University Press, 2002.

BENHABIB, Seyla; CORNELL, Drucilla. *Feminismo como crítica da modernidade*: releitura dos pensadores contemporâneos do ponto de vista da mulher. Rio de Janeiro: Rosa dos Tempos, 1987.

BERGALLI, Roberto; RAMIREZ, Juan Bustos. *El pensamiento criminológico*. v. II. Estado y Control. Bogotá: Temis Librería, 1983.

BERGALLI, Roberto; RIVERA BEIRAS, Iñaki (coords.). *Género y dominación*: críticas feministas del derecho y el poder. Barcelona: Anthropos, 2009.

BERGALLI, Roberto; RIVERA BEIRAS, Iñaki; BOMBINI, Gabriel (comps.). *Violencia y sistema penal*. Buenos Aires: Del Puerto, 2008.

BIDEGAIN, Ana Maria. Recuperemos la historia de las mujeres con nuevas categorías de análisis. In: LAMPE, Armando (org.). *História e Libertação*: homenagem aos 60 anos de Enrique Dussel. Edição Bilíngue. Rio de Janeiro/São Paulo: Vozes/CEHILA, 1996. p. 154-171.

_____. *Mulheres*: autonomia e controle religioso na América Latina. Rio de Janeiro/São Paulo: Vozes/CEHILA, 1996.

_____. *História dos cristãos na América Latina*. Petrópolis: Vozes, 1993.

BITENCOURT, Cezar Roberto. *Falência da pena de prisão*: causas e alternativas. São Paulo: Saraiva, 2004.

BRASIL. Constituição (1988). *Constituição da República Federativa do Brasil*. São Paulo: Saraiva, 2012.

_____. Lei n. 11.340, de 7 de agosto de 2006. *Diário Oficial da União*, Brasília, DF, 8 ago. 2006.

_____. *Código Penal*. Decreto-Lei n. 2.848, de 7 de dezembro de 1940. Diário Oficial da União, Rio de Janeiro, 31 dez. 1940.

_____. Supremo Tribunal Federal. Recurso Extraordinário n. 418.376/MS. Plenário. Relator: Min. Marco Aurélio de Mello. Relator p/ acordão: Min. Joaquim Barbosa. Brasília, DF, 9 fev. 2006.

_____. Supremo Tribunal Federal. Ação Declaratória de Constitucionalidade n. 19/DF. Plenário. Relator: Min. Marco Aurélio Mello. Brasília, DF, 19 dez. 2007.

_____. Supremo Tribunal Federal. Ação Direta de Inconstitucionalidade n. 4.274/DF. Plenário. Relator: Min. Ayres Britto. Brasília, DF, 23 nov. 2011.

_____. Supremo Tribunal Federal. Ação Direta de Inconstitucionalidade n. 4.424/DF. Plenário. Relator: Min. Marco Aurélio Mello. Brasília, DF, 9 fev. 2012.

_____. Supremo Tribunal Federal. Arguição de Descumprimento de Preceito Fundamental n. 54/DF. Plenário. Relator: Min. Marco Aurélio Mello. Brasília, DF, 12 abr. 2012.

BRETAS, Adriano Sérgio Nunes. *Fundamentos da criminologia crítica*. Curitiba: Juruá, 2010.

BRITTO, Carlos Ayres. *O humanismo como categoria constitucional*. Belo Horizonte: Fórum, 2010.

BUGLIONE, Samantha. A mulher enquanto metáfora do direito penal. *E-Gov*, Portal de E-Governo, Inclusão Digital e Sociedade do Conhecimento. Disponível em: <http://www.egov.ufsc.br/portal/sites/default/files/anexos/11532-11532-1-PB.htm>. Acesso em: 14 maio 2012.

BUTLER, Judith. *Problemas de gênero*: feminismo e subversão da identidade. Rio de Janeiro: Civilização Brasilieira, 2003.

CALAINHO, Daniela Buono. *Agentes da fé*: familiares da inquisição portuguesa no Brasil colonial. São Paulo: EDUSC, 2006.

CAMPOS, Carmen Hein de; CARVALHO, Salo. Tensões atuais entre a criminologia feminista e a criminologia crítica: a experiência brasileira. In: CAMPOS, Carmen Hein de (org.). *Lei Maria da Penha*: comentada em uma perspectiva jurídico-feminista. Rio de Janeiro: Lumen Juris, 2011. p. 143-169.

CANO LÓPEZ, Francisca. La influencia del positivismo en la criminología y penología espanholas: origines y primeros pasos de prevención especial como fin de la punición. In: RIVERA BEIRAS, Iñaki (org.). *Mitologías y discursos sobre el castigo*: historias del presente y posibles scenarios. Barcelona: Universitat de Barcelona, 2004. p. 61-79.

CANOTILHO, José Joaquim Gomes. *Direito constitucional e teoria da Constituição*. Coimbra: Almedina, 2003.

CARDOSO, Lourenço. A branquitude acrítica revisitada e as críticas. *Revista da ABPN*, v. 6, n. 13, mar. jun. 2014. p. 88-106. Disponível em: <file:///Users/soraiadarosamendes/Downloads/152-1-294-1-10-20170220.pdf>. Acesso em: 2 jul. 2019.

CARRANZA, Elias; ZAFFARONI, Eugenio R. (orgs.). *Los derechos fundamentales en la instrucción penal en los países de América Latina*. Ciudad de México: Porrúa, 2007.

CARVALHO, Salo. *Pena e garantias*. Rio de Janeiro: Lumen Juris, 2008.

CASAGRANDE, Carla. A mulher sob custódia. In: PERROT, Michelle; DUBY, Georges (orgs.). *História das mulheres no ocidente*. v. 2. Idade Média. Porto: Afrontamento, 1990. p. 99-141.

CASTAN, Nicole. Criminosa. In: PERROT, Michelle; DUBY, Georges (orgs.). *História das mulheres no ocidente*. v. 3. Do Renascimento à Idade Moderna. Porto: Afrontamento, 1990. p. 535-551.

CASTILHO, Ela Wiecko Volkmer de. *Um ano de Lei Maria da Penha*. Disponível em: <http://ultimainstancia.uol.com.br/colunas/ler_noticia.php?idNoticia=42036>. Acesso em: 27 out. 2007.

_____. Execução da pena privativa de liberdade para mulheres: a urgência de regime especial. *Justitia*, São Paulo, n. 64, p. 37-45, jul./dez. 2007. Disponível em: <http://bdjur.stj.gov.br/xmlui/bitstream/handle/2011/25947/execucao_pena_privativa_liberdade.pdf?sequence=1>. Acesso em: 14 maio 2012.

CAVALCANTI, Maria José de Figueirêdo. *O lado feminino da Revolução Francesa*: uma outra revolução. Brasília: EGB, 2003.

CHAMPAGNE, Patrick. *Formar opinião pública*: o novo jogo político. Petrópolis: Vozes, 1996.

CHANTER, Tina. *Gênero*: conceitos-chave em filosofia. Porto Alegre: Artmed, 2011.

CHAUÍ, Marilena. *Cultura e democracia*: o discurso competente e outras falas. São Paulo: Cortez, 2007.

COHEN, Stanley. *Visions of social control*: crime, punishment, and classification. Cambridge: Polity, 2007.

COHEN, Stanley; SCULL, Andrew. Social control in history and sociology. In: COHEN, Stanley; SCULL, Andrew. *Social Control and the State*: historical and comparative essays. Oxford: Basil Blackwell, 1985. p. 1-14.

COLLINS, Patricia Hill. *Black feminist thought*: knowledge, consciousness, and the politics of empowerment. New York: Routledge, 2000.

COMPARATO, Fábio Konder. *A afirmação histórica dos direitos humanos*. São Paulo: Saraiva, 2008.

COSTA, Pietro. No alto e no centro: imagens da ordem e da soberania entre medievo e modernidade. In: COSTA, Pietro. *Soberania, Representação, Democracia*: ensaios de história do pensamento jurídico. Curitiba: Juruá, 2010. p. 131-158.

DAMÁZIO, Natália. *A necropolítica masculinista das prisões*: uma análise do litígio estratégico brasileiro no Sistema Interamericano de Direitos Humanos. Tese (doutorado) – Pontifícia Universidade Católica do Rio de Janeiro, Departamento de Direito, 2019. 381 f.

DECLARAÇÃO DOS DIREITOS DA MULHER E DA CIDADÃ. Disponível em: <http://www.direitoshumanos.usp. br>. Acesso em: 18 mar. 2011.

DE GIORGI, Alessandro. *A miséria governada através do sistema penal*. Rio de Janeiro: Revan, 2006.

DEL PRIORE, Mary. *A mulher na história do Brasil*. São Paulo: Contexto, 2008.

DELUMEAU, Jean. *História do medo no ocidente*: 1300 a 1800. São Paulo: Companhia das Letras, 1989.

DIAS, Jorge de Figueiredo; ANDRADE, Manuel da Costa. *Criminologia*: o homem delinquente e a sociedade criminógena. Coimbra: Coimbra Ed., 1984.

DINIZ, Glaucia Ribeiro Starling; PONDAAG, Miriam Cássia Mendonça. A face oculta da violência contra a mulher: o silêncio como estratégia de sobrevivência. In: DINIZ, Glaucia Ribeiro Starling et al (orgs.). *Violência, exclusão social e desenvolvimento humano*: estudos em representações sociais. Brasília: Editora Universidade de Brasília, 2006. p. 233-259.

DUBY, Georges; ARIÈS, Philippe. *História da vida privada*: da europa feudal à renascença. v. 2. São Paulo: Companhia das Letras, 1990.

DUTRA, Delamar José Volpato. A legalidade como forma de Estado de direito. *Kriterion*, Belo Horizonte, v. 45, n. 109, jun. 2004. Disponível em: <http://www.scielo.br/scielo.php?script=sci_arttext&pid=S0100-512X2004000100004&lng=en&nrm=iso>. Acesso em: 5 fev. 2012.

EHRENREICH, Barbara; ENGLISH, Deirdre. *Para seu próprio bem*: 150 anos de conselhos de especialistas para as mulheres. Rio de Janeiro: Rosa dos Tempos, 2003.

EICHLER, Margrit. *Nonsexist research methods*: a practical guide. New York: Routledge, 1999.

ESPINOZA, Olga. A prisão feminina desde um olhar da criminologia feminista. *Revista Transdisciplinar de Ciências Penitenciárias*. v. 1, n. 1. Universidade Católica de Pelotas, jan.-dez. 2002. p. 35-59.

_____. *A mulher encarcerada em face do poder punitivo*. São Paulo: IBCCRIM, 2004.

FACIO, Alda. *Cuando el género sueña cambios trae*: metodología para el análisis de género del fenômeno jurídico. San José: ILANUD, 1991.

_____. Feminismo, género y patriarcado. In: LORENA, Fries; FACIO, Alda (eds.). *Género y derecho*. Santiago de Chile: LOM Ediciones: La Morada, 1999.

FACIO, Alda; CAMACHO, Rosália. Em busca das mulheres perdidas: ou uma aproximação crítica à criminologia. In: CLADEM. *Mulheres*: vigiadas e castigadas. São Paulo, 1995. p. 39-74.

FEITLER, Bruno. *Nas malhas da consciência*: igreja e inquisição no Brasil. São Paulo: Alameda: Phoebus, 2007.

FELDENS, Luciano. A conformação constitucional do direito penal. In: WUNDERLICH, Alexandre (coord.). *Política criminal contemporânea*: criminologia, direito penal e direito processual penal. Porto Alegre: Livraria do Advogado, 2008. p. 207-229.

FERRAJOLI, Luigi. *Los fundamentos de los derechos fundamentales*. Madrid: Trotta, 2005.

_____. *Direito e razão*: teoria do garantismo penal. São Paulo: Revista dos Tribunais, 2006.

_____. *Epistemología jurídica y garantismo*. Ciudad de México: BE-FDP, 2008.

_____. *Derechos y garantías*: la ley del más débil. Madrid: Trotta, 2010.

_____. *Democracia y garantismo*. Madrid: Trotta, 2010.

_____. *Por uma teoria dos direitos e dos bens fundamentais*. Porto Alegre: Livraria do Advogado, 2011a.

_____. *Principia iuris*: teoría del derecho y de la democracia. v. 1. Teoría del derecho. Madrid: Trotta, 2011b.

_____. *Principia iuris*: teoría del derecho y de la democracia. v. 2. Teoría de la democracia. Madrid: Trotta, 2011c.

FLORESTA, Nísia. *Opúsculo humanitário*. São Paulo: Cortez, 1989.

FOUCAULT, Michel. *Vigiar e punir*: história da violência nas prisões. Petrópolis: Vozes, 1987.

_____. *História da sexualidade I*: a vontade de saber. Rio de Janeiro: Graal, 1988.

FRASER, Nancy. *Iustitia Interrupta*: Reflexiones críticas desde la posición "postsocialista". Santafé de Bogotá: Siglo del Hombre: Universidad de los Andes, 1997.

_____. O que é crítico na teoria crítica: o argumento de Habermas e o gênero. In: BENHABIB, Seyla; CORNELL, Drucilla. *Feminismo como crítica da modernidade*: releitura dos pensadores contemporâneos do ponto de vista da mulher. Rio de Janeiro: Rosa dos Tempos, 1987. p. 38-65.

_____. *Unruly practices*: power, discourse and gender in contemporary social theory. Minneapolis: University of Minnesota Press, 1989.

_____. Rethinking the public sphere: a contribution to the critique of actually existing democracy. In: CALHOUN, C. (org.). *Habermas and the public sphere*. Cambridge: MIT Press, 1992.

_____. Da redistribuição ao reconhecimento? dilemas da justiça na era pós-socialista. In: SOUZA, Jessé (org.). *Democracia hoje*: novos desafios para a teoria democrática contemporânea. Brasília: UnB, 2001. p. 245-282.

_____. Redistribuição, reconhecimento e participação: por uma concepção integrada da justiça. In: PIOVESAN, Flávia; IKAWA, Daniela; SARMENTO, Daniel (coords.). *Igualdade, diferença e direitos humanos*. Rio de Janeiro: Lumen Juris, 2008.

FRASER, Nancy; BARTKY, Sandra Lee (orgs.). *Revaluing French Feminism*: critical essays on difference, agency, & culture. Bloomington: Indianapolis: Indiana University Press, 1992.

FRASER, Nancy; HONNETH, Axel. *Redistribution or recognition?* A political-philosophical exchange. London: Verso, 2003.

FRASER, Nancy; NICHOLSON, Linda. Social criticism without philosophy: an encounter between feminism and postmodernism. In: NICHOLSON, Linda. *Feminism/Postmodernism*. New York/London: Routledge, 1990. p. 19-38.

FREITAG, Barbara. *Dialogando com Jürgen Habermas*. Rio de Janeiro: Tempo Brasileiro, 2005.

_____. *A teoria crítica ontem e hoje*. São Paulo: Brasiliense, 2004.

FREYRE, Gilberto. *Sobrados e mucambos*. São Paulo: Global, 2003.

FUNDO BRASIL DE DIREITOS HUMANOS. *Grupo de Mulheres Cidadania Feminina*. Apitaço: Mulheres enfrentando a violência. Pernambuco. Disponível em: <http://www.fundodireitoshumanos.org.br/viewConteudoOut.no-filter?pager.offset=0&catTipo=PRO&conID=17&lw-YEAR=2007>. Acesso em: 12 dez. 2010.

GERGEN, Mary Mc Canney. *O pensamento feminista e a estrutura do conhecimento*. Rio de Janeiro: Rosa dos Tempos; Ed. UnB, 1993.

GIDDENS, Anthony. *A transformação da intimidade*: sexualidade, amor e erotismo nas sociedades modernas. São Paulo: UNESP, 1993.

_____. *As consequências da modernidade*. São Paulo: UNESP, 1991.

GINSZBURG, Carlo. *Mitos, emblemas, sinais*: morfologia e história. São Paulo: Companhia das Letras, 1989.

GOFFMAN, Erving. *Manicômios, prisões e conventos*. São Paulo: Perspectiva, 1999.

GOMES, Mário Soares Caymmi; YORK, Sara Wagner; COLLING, Leandro. Sistema ou CIS-tema de justiça: Quando a ideia de unicidade dos corpos trans dita as regras para o acesso aos direitos fundamentais. *Revista Direito e Práxis*, v. 13, p. 1097-1135, 2022.

GONZALES, Lélia. Por um feminismo Afro-latino-americano. In: *Cadernos de Formação Política do Círculo Palmarino*, n. 1, 2011. Disponível em: https://edisciplinas.usp.br/pluginfile.php/271077/mod_resource/content/1/Por%2 0um%20feminismo%20Afro-latino-americano.pdf. Acesso em: 13 fev. 2018.

HABERMAS, Jürgen. *Direito e democracia – Entre facticidade e validade*. v. I. Rio de Janeiro: Tempo Brasileiro, 2003.

_____. *Direito e democracia – Entre facticidade e validade*. v. II. Rio de Janeiro: Tempo Brasileiro, 2003.

_____. *Mudança estrutural da esfera pública*. Rio de Janeiro: Tempo Brasileiro, 2003.

_____. *Further reflections on the public sphere*. In: *Habermas and public sphere*. Cambridge: MIT Press, 1992.

_____. *A inclusão do outro*: estudos de teoria política. São Paulo: Edições Loyola, 2004.

_____. *La constelação posnacional*: ensayos políticos. Barcelona: Paidós, 2000.

_____. *Teoría de la acción comunicativa*: racionalidad de la acción y racionalización social. v. I. Madrid: Taurus, 1999.

_____. *Teoría de la acción comunicativa*: racionalidad de la acción y racionalización social. v. II. Madrid: Taurus, 1999.

HARAWAY, Donna. *Ciencia, cyborgs y mujeres*: la reinvención de la naturaleza. Madrid: Catedra, 1995.

HARAWAY, Donna; KUNZRU, Hari. *Antropologia do ciborgue*: as vertigens do pós-humano. Belo Horizonte: Autêntica, 2009.

HARDING, Sandra. *Ciencia y feminismo*. Madrid: Moratas, 1996.

_____. *Whose Science? Whose Knowledge?*: thinking from women's lifes. New York: Cornell University, 1996.

_____. *¿Existe un método feminista?* In: BARTRA, Eli (org.). *Debates em torno a uma metodologia feminista*. Ciudad de México: Universidad Nacional Autónoma de México, 2002.

_____. *A instabilidade das categorias analíticas na teoria feminista*. In: *Revista de Estudos Feministas*. v. 1, n.1, 1993, Rio de Janeiro: CIEC/ECO/UFRJ. p. 7-31.

HERCULANO, Alexandre. *História da origem e estabelecimento da inquisição em Portugal*. Porto Alegre: Pradense, 2002.

HIRATA, Helena et al. (orgs.). *Dicionário crítico do feminismo*. São Paulo: UNESP, 2009.

HONNETH, Axel. Escola de Frankfurt. In: OUTHWAITE, Willian; BOTTOMORE, Tom. *Dicionário do pensamento social do século XX*. Rio de Janeiro: Jorge Zahar, 1996. p. 242-245.

HOOKS, bell. Mujeres negras: dar forma a la teoría feminista. In: hooks, bell; BRAH, Avatar et al. *Otras inapropiables*: feminismos desde las fronteras. Madrid: Traficantes de Sueños, 2004. p. 33-50.

_____. Choosing the margin as a space of radical openness. In: HARDING, Sandra. *The feminist standpoint theory reader*: intellectual and political controversies. New York: Routledge, 2004. p. 153-160.

_____. *Yearning*: race, gender, and cultural politics. Boston: South end Press, 1990.

_____. *Black looks, race and representation*. Boston: South end Press, 1992.

_____. *Feminism is for everybody*: passionate politics. Boston: South end Press, 2000.

_____. *Where we stand*: class matters. New York: Routledge, 2000.

HORKHEIMER, Max. *Teoria crítica I*. São Paulo: Perspectiva; EDUSP, 1990.

HUNGRIA, Nélson. *Comentários ao Código Penal*. v. VIII. Rio de Janeiro: Forense, 1959.

JAPIASSÚ, Hilton. *Como nasceu a ciência moderna*: e as razões da filosofia. Rio de Janeiro: Imago, 2007.

KOLLER, Silvia Helena; NARVAZ, Martha Giudice. Famílias e patriarcado: da prescrição normativa à subversão criativa. *Psicologia & Sociedade*, 18 (1): 49-55. jan./abr. 2006.

KRAMER, Heinrich; SPRENGER, James. *O martelo das feiticeiras*. Rio de Janeiro: Rosa dos Tempos, 2010.

KUHN, Thomas S. *A estrutura das revoluções científicas*. São Paulo: Perspectiva, 1978.

LAPA, J. R. Amaral. *Livro da visitação do santo ofício da inquisição ao Estado do Grão-Pará*: 1763-1769. Petrópolis: Vozes, 1978.

LARA, Silvia Hunold (org.). *Ordenações filipinas*: Livro V. São Paulo: Companhia das Letras, 1999.

LARRAURI, Elena. *La herencia de la criminología crítica*. Madrid: Siglo Vientiuno, 2000.

_____. *Mujeres y sistema penal*: violencia doméstica. Buenos Aires; Montevideo: IBdeF, 2008.

LAZO, Gemma Nicolás. Debates en epistemología feminista: del empirismo y el standpoint a las críticas postmodernas sobre el sujeto y el punto de vista. In: BERGALLI, Roberto; RIVERA BEIRAS, Iñaki (coords.). *Género y dominación*: críticas feministas del derecho y el poder. Barcelona: Anthropos, 2009. p. 25-62.

LEIGH, Richard; BAINGENT, Michael. *A inquisição*. Rio de Janeiro: Imago, 2001.

LEMOS, Rosália de Oliveira. A face negra do feminismo: problemas e perspectivas. In: WERNECK, Jurema; MENDONÇA, Maisa; WHITE,

Evelyn C. *O livro da saúde das mulheres negras*: nossos passos vêm de longe. Rio de Janeiro: Pallas; Criola, 2000. p. 62-67.

LEVACK, Brian P. *A caça às bruxas na Europa moderna*. Rio de Janeiro: Campus, 1988.

LOMBROSO, Cesare; FERRERO, Guglielmo. *Criminal woman, the prostitute, and the normal woman*. Durham: Duke University Press, 2004.

LONGINO, Helen. Epistemologia Feminista. In: GRECO, J.; SOSA, E. *Compêndio de epistemologia*. São Paulo: Loyola, 2012.

LOURO, Guacira Lopes. *Gênero, sexualidade e educação*: uma perspectiva pós-estruturalista. Petrópolis: Vozes, 1999.

MACEDO, Ana Gabriela. Pós-feminismo. *Revista Estudos Feministas*, Florianópolis, 14(3): 813-817, set./dez., 2006.

MACEDO, José Rivair. *A mulher na Idade Média*. São Paulo: Contexto, 2002.

MACHADO, Lia Zanotta. Gênero, um novo paradigma? *Cadernos Pagu* (11). 1998: p. 107-125. Disponível em: <http://www.pagu.unicamp. br/sites/www.pagu.unicamp. br/files/pagu11.10.pdf>. Acesso em: 6 fev. 2012.

_____. *Perspectivas em confronto*: relações de gênero ou patriarcado contemporâneo? Brasília, [s. n.], 2000. Disponível em: <http://www. bibliotecafeminista.org.br/index.php?option=com_remository&Itemid=56&func=fileinfo&id=353>. Acesso em: 26 fev. 2011.

_____. *Feminismo em movimento*. São Paulo: Francis, 2010.

MALEVAL, Maria do Amparo Tavares. Representações diabolizadas da mulher em textos medievais. In: DAVID, Sérgio Nazar (org.). *As mulheres são o diabo*. Rio de Janeiro: UERJ, 2004.

MARIANO, Silvana Aparecida. O sujeito do feminismo e o pós-estruturalismo. *Revista Estudos Feministas*, Florianópolis, 13(3) 483-505, setembro/dezembro, 2005. Disponível em: <http://www.scielo.br/ scielo.php?script=sci_arttext&pid=S0104-026X2005000300002& lng=pt&nrm=iso&tlng=pt>. Acesso em: 30 nov. 2007.

MARTINEZ PERONI, Patrícia; NORIEGA LACALLE, María (coords.). *La ideología de género*: reflexiones críticas. Madrid: Ciudadela Libros, 2009.

MARTINS, Argemiro Cardoso Moreira. O direito romano e seu ressurgimento no final da Idade Média. In: WOLKMER, Antonio Carlos (org.). *Fundamentos de história do direito*. Belo Horizonte: Del Rey, 2011. p. 195-230.

MARTINS, Simone. A mulher junto às criminologias: de degenerada à vítima, sempre sob controle sociopenal. *Fractal, Rev. Psicol.*, Rio de Janeiro, v. 21, n. 1, abr. 2009. Disponível em: <http://www.scielo.br/

scielo.php?script=sci_arttext&pid=S1984-02922009000100009&lng =en&nrm=iso>. Acesso em: 14 maio 2012.

MELOSSI, Dario; PAVARINI, Massimo. *Cárcere e fábrica*: as origens do sistema penitenciário. Trad. Sérgio Lamarão. Rio de Janeiro: Revan, 2006.

MENDES, Soraia da Rosa. *Esfera pública e direitos fundamentais*: estudos sobre a liberdade de comunicação. Passo Fundo: Instituto Superior de Filosofia Berthier, 2008.

_____. *Feminicídio de Estado*. 2. ed. São Paulo: Editora Blimunda, 2023.

_____. *Processo Penal Feminista*. 2. ed. São Paulo: Editora Atlas, 2021.

MENDES, Soraia da Rosa; ROCHA, Isadora Dourado. *Lawfare de gênero*: o uso do direito como arma de guerra contra mulheres. Agência Patrícia Galvão. 2022. Disponível em: https://agenciapatriciagalvao.org. br/violencia/lawfare-de-genero-o-uso-do-direito-como-arma-de--guerra-contra-mulheres-por-soraia-mendes-e-isadora-dourado/.

MENDES, Soraia da Rosa; COSTA, Elaine Cristina Pimentel; ROCHA, Isadora Dourado. *Lawfare de gênero*: a necessária e urgente construção de um protocolo para a atuação ética e profissional de integrantes da advocacia sob a perspectiva de gênero a partir da pesquisa nacional para identificação de casos de violência de gênero contra advogadas em razão do exercício da profissão. Carmim – Feminismos Jurídicos. Universidade Federal de Alagoas. PPGD: Maceió, 2023. Disponível em: https://linktr.ee/lawfare_de_genero.

MEROLLI, Guilherme. *Fundamentos críticos de direito penal*. Rio de Janeiro: Lumen Juris, 2010.

MICHELET, Jules. *A feiticeira*. São Paulo: Editora Aquariana, 2003.

MILLET, Kate. *Política sexual*. Lisboa: Publicações Dom Quixote, 1974.

MIRALLES, Tereza. La Mujer: el control informal. In: BERGALLI, Roberto; BUSTOS RAMIREZ, Juan. *El pensamiento criminológico*. v. II. Estado y Control. Bogotá: Temis Librería, 1983. p. 121-147; 149-178.

MOTT, Luiz. Cotidiano e vivência religiosa: entre a capela e o calundu. In: NOVAIS, Fernando A. *História da vida privada no Brasil*: cotidiano e vida privada na América portuguesa. São Paulo: Companhia das Letras, 1997. p. 155-220.

MUÑOZ CONDE, Francisco; HASSEMER, Winfried. *Introdução à criminologia*. Rio de Janeiro: Lumen Juris, 2008.

MURARO, Rose Marie. Breve introdução histórica. In: KRAMER, Heinrich; SPRENGER, James. *O martelo das feiticeiras*. Rio de Janeiro: Rosa dos Tempos, 2010. p. 5-17.

NAHOUM-GRAPPE, Véronique. A mulher bela. In: PERROT, Michelle; DUBY, Georges (orgs.). *História das mulheres no ocidente*. v. 3. Do Renascimento à Idade Moderna. Porto: Afrontamento, 1990. p. 121-139.

NAVAZ, Liliana Suárez. Colonialismo, governabilidad y feminismos postcoloniales. In: NAVAZ, Liliana Suárez; HERNANDEZ, Rosalva Aída (eds.). *Descolonizando el feminismo*: teorías y prácticas desde los marginales. Feminismos. Madrid: Catedra, Universidad de Valencia, Instituto de la Mujer, 2008. p. 31-73.

NAVAZ, Liliana Suárez; HERNANDEZ, Rosalva Aída. Introducción. In: NAVAZ, Liliana Suárez; HERNANDEZ, Rosalva Aída (eds.). *Descolonizando el feminismo*: teorías y prácticas desde los marginales. Feminismos. Madrid: Catedra, Universidad de Valencia, Instituto de la Mujer, 2008. p. 11-28.

NICHOLSON, Linda. Interpretando o gênero. *Rev. Estudos Feministas*, CFH/CCE/UFSC, v. 8, n. 2, Santa Catarina, 2000, p. 8-41. Disponível em:<http://www.cnm.gov.ar/generarigualdad/attachments/article/281/Interpretando_o_genero.pdf>. Santa Catarina, 2000, p. 8-41. Acesso em: 5 maio 2012.

NICHOLSON, Linda J. *Feminism/ postmodernism*. New York: London: Routledge, 1990.

NOVINSKY, Anita Waingort. *Inquisição*: prisioneiros do Brasil, séculos XVI a XIX. São Paulo: Perspectiva, 2009.

_____. *Rol dos culpados*: fontes para a história do Brasil, século XVIII. Rio de Janeiro: Expressão e Cultura, 1992.

NUNES, Maria José Rosado. Freiras no Brasil. In: DEL PRIORE, Mary (org.). *História das mulheres no Brasil*. São Paulo: Contexto, 2008. p. 482-509.

NYE, Andrea. *Teoria feminista e as filosofias do homem*. Rio de Janeiro: Record, Rosa dos Tempos, 1995.

OBANDO, Ana Elena. Mujer, Justicia Penal y Género. In: CARRANZA, Elias; ZAFFARONI, Eugenio R. (orgs.). *Los derechos fundamentales en la instrucción penal en los países de América Latina*. Ciudad de México: Porrúa, 2007. p. 99-133.

OMARTIAN, Stormie. *A bíblia da mulher que ora*. São Paulo: Mundo Cristão, 2009.

OPTIZ, Claudia. O quotidiano da mulher no final da Idade Média (1250-1500). In: PERROT, Michelle; DUBY, Georges (orgs.). *História das mulheres no ocidente*. v. 2. Idade Média. Porto: Afrontamento, 1990. p. 353-435.

PÉREZ LUÑO, Antonio-Enrique. *Los derechos fundamentales*. Madrid: Tecnos, 2011.

238

PERROT, Michelle. *Os excluídos da história*: operários, mulheres e prisioneiros. São Paulo: Paz e Terra, 1988.

PILOSU, Mario. *A mulher, a luxúria e a Igreja na Idade Média*. Lisboa: Editorial Estampa, 1995.

PIMENTEL, Elaine; VASCONCELOS, Ruth. *Violência e criminalidade em Mosaico*. Maceió: UFAL, 2009.

PINTO, Céli Regina. *Teorias da democracia*: diferenças e identidades na contemporaneidade. Porto Alegre: EDIPUCRS, 2004.

PINTO, Céli Regina; BRUSCHINI, Cristina (orgs.). *Tempos e lugares de gênero*. São Paulo: Fundação Carlos Chagas; Editora 34, 2001.

PITCH, Tamar. *Un derecho para dos*: la construcción jurídica de género, sexo y sexualidad. Madrid: Trotta, 2003.

_____. *Responsabilidades limitadas*: actores, conflictos y justicia penal. Buenos Aires: AD-HOC, 2003.

_____. Justicia penal y libertad feminina. In: BERGALLI, Roberto; RIVERA BEIRAS, Iñaki (coords.). *Género y dominación*: críticas feministas del derecho y el poder. Barcelona: Anthropos, 2009. p. 117-126.

POTTER, Hillary. An argument for black feminist criminology: understanding african american women's experiences with intimate partner abuse using an integrated approach. *Feminist criminology*. v. 1 n. 2, abril 2006. p. 106-124. Disponível em: <http://fcx.sagepub.com/cgi/content/abstract/ 1/2/106>. Acesso em: 1º jul. 2012.

PRADO, Luiz Régis. *Curso de direito penal brasileiro*. v. 1: parte geral, arts. 1º a 120. São Paulo: Revista dos Tribunais, 2010.

QUIJANO, Aníbal. Colonialidade do poder, eurocentrismo, América Latina. In: LANDER, Edgar (org.). *A colonialidade do saber*: eurocentrismo, ciências sociais, perspectivas latino-americanas. Buenos Aires: CLACSO, 2005. p. 117-142. Disponível em: <https://edisciplinas.usp.br/pluginfile.php/2591382/mod_resource/content/1/colonialidade_do_saber_eurocentrismo_ciencias_sociais.pdf>. Acesso em: 3 jul. 2019.

RAGO, Margareth. Epistemologia feminista: gênero e história. In: GROSSI, Mirian Pillar. PEDRO, Joana Maria. (orgs.). *Masculino, feminino, plural*: gênero na interdisciplinaridade. Florianópolis: Editora Mulheres, 2006. p. 21-41.

RELATÓRIO DE ANÁLISE CRIMINAL N. 48/2008. Departamento de Atividades Especiais da Polícia Civil do Distrito Federal. Divisão de Estatística e Planejamento Operacional – DEPO, 2008.

RELATÓRIO DE TRAUMAS DA ESTATÍSTICA DO PRONTO-SOCORRO DO HOSPITAL DE BASE DO DISTRITO FEDERAL (HBDF). Secretaria de Estado da Saúde do Distrito Federal. Disponível em: <http://www.

saude.df.gov.br/003/00301015.asp?ttCD_CHAVE=86197>. Acesso em: 12 jun. 2009.

RIBEIRO, Matilde. O feminismo em novas rotas e visões. *Revista Estudos Feministas*, Florianópolis, 14(3): 801-812, set./dez., 2006.

RUSCHE, Georg; KIRCHHEIMER, Otto. *Punição e estrutura social*. Rio de Janeiro: Revan, 2004.

SAFFIOTI, Heleieth I. B. *A mulher na sociedade de classes*: mito e realidade. Petrópolis: Vozes, 1976.

_____. *Emprego doméstico e capitalismo*. Petrópolis: Vozes, 1978.

_____. *Do artesanal ao industrial*: a exploração da mulher. São Paulo: HUCITEC, 1981.

_____. *Gênero, patriarcado, violência*. São Paulo: Editora Fundação Perseu Abramo, 2004.

SAFFIOTI, Heleieth I. B; ALMEIDA, Suely Souza de. *Violência de gênero*: poder e impotência. Rio de Janeiro: Revinter, 1995.

SALLMANN, Jean-Michel. Feiticeira. In: PERROT, Michelle; DUBY, Georges (orgs.). *História das mulheres no ocidente*. v. 3. Do Renascimento à Idade Moderna. Porto: Afrontamento, 1990. p. 517-533.

SANTOS, Boaventura de Sousa. Para além do pensamento abissal: das linhas globais a uma ecologia de saberes. In: SANTOS, Boaventura de Sousa; MENEZES, Maria Paula (orgs.). *Epistemologias do sul*. São Paulo: Cortez, 2010. p. 31-83.

SANTOS, Boaventura de Sousa; MENEZES, Maria Paula. Introdução. In: SANTOS, Boaventura de Sousa; MENEZES, Maria Paula (orgs.). *Epistemologias do sul*. São Paulo: Cortez, 2010. p. 15-27.

SANTOS, Juarez Cirino dos. *A criminologia radical*. Rio de Janeiro: Lumen Juris, 2006.

SARLET, Ingo W. *A eficácia dos direitos fundamentais*. Porto Alegre: Livraria do Advogado, 2001a.

_____. *Dignidade da pessoa humana e direitos fundamentais na Constituição de 1988*. Porto Alegre: Livraria do Advogado, 2001b.

SCHECARIA, Sérgio Salomão. *Criminologia*. São Paulo: Revista dos Tribunais, 2011.

SCHIEBINGER, Londa. *O feminismo mudou a ciência?* São Paulo: EDUSC, 2001.

_____. *Tiene Sexo la Miente?*. Feminismos. Madrid: Catedra, Universidad de Valencia, Instituto de la Mujer, 2004.

SCOTT, Joan W. A mulher trabalhadora. In: PERROT, Michelle; DUBY, Georges (orgs.). *História das mulheres no ocidente*. v. 4. O século XIX. Porto: Afrontamento, 1990. p. 443-475.

240

_____. *Gênero e história*. México: FCE, Universidad Autónoma de la Ciudad de México, 2008.

SEGATO, Rita Laura. Crimes de gênero em tempos de "paz" e de guerra. In: STEVENS, Cristina et al (org.). *Gênero e feminismos*: convergências (in)disciplinares. Brasília: Ex Libris, 2010. p. 49-62.

SISSA, Giulia. Filosofias do gênero: Platão, Aristóteles e a diferença dos sexos. In: PERROT, Michelle; DUBY, Georges (orgs.). *História das mulheres no ocidente*. v. 1. A Antiguidade. Porto: Afrontamento, 1990. p. 79-123.

SMART, Carol. *Women, Crime and criminology*: a feminist critique. London; New York: Routledge, 1976.

_____. *Feminism and the power of law*. London; New York: Routledge, 1995.

_____. *Law, crime and sexuality*: essays on feminism. London: SAGE Publications, 1999.

SMAUS, Gerlinda. Abolicionismo: el punto de vista feminista. Trad. Mary Beloff. In: *No hay derecho*, Año III (7), 10-12. Buenos Aires: Departamento de Publicaciones de la Facultad de Derecho de la UBA. Disponível em: <http://www.pensamientopenal.com.ar/dossier/0202%5B1%5D._Smaus.pdf>. Acesso em: 18 jun. 2008.

STELLITA, Heloisa. Paternalismo, moralismo e direito penal: alguns crimes suspeitos em nosso direito positivo. *Boletim IBCCRIM*, São Paulo, ano 15, n. 179, p. 17-18, out. 2007.

STUART MILL, John. *A sujeição das mulheres*. Coimbra: Almedina, 2006.

SWAANINGEN, René van. *Perspectivas europeas para una criminología crítica*. Montevideo; Buenos Aires: IBdeF, 2011.

TELES, Maria Amélia de Almeida; MELO, Mônica de. *O que é violência contra a mulher*. São Paulo: Brasiliense, 2002.

THOMAS, Yan. A divisão dos sexos no direito romano. In: PERROT, Michelle; DUBY, Georges (orgs.). *História das mulheres no ocidente*. v. 1. A Antiguidade. Porto: Afrontamento, 1990. p. 127-199.

THOMASSET, Claude. Da natureza feminina. In: PERROT, Michelle; DUBY, Georges (orgs.). *História das mulheres no ocidente*. v. 2. Idade Média. Porto: Afrontamento, 1990. p. 65-97.

THOMPSON, J. B. A Metodologia da interpretação. In: *ideologia e cultura moderna*: teoria social crítica na era dos meios de comunicação de massa. Petrópolis: Vozes, 1995. p. 354-421.

VAINFAS, Ronaldo. *Trópico dos pecados*: moral, sexualidade, inquisição no Brasil. Rio de Janeiro: Civilização Brasileira, 2010.

VOEGELI, Carla Maria Petersen Herrlein. *Criminalidade & violência no mundo feminino*. Curitiba: Juruá, 2008.

WAISELFISZ, Julio Jacobo. *Mapa da Violência 2012*: os novos padrões da violência homicida no Brasil. São Paulo: Instituto Sangari, 2011

WARAT, Luís Alberto. O senso comum teórico dos juristas. In: SOUSA JÚNIOR, José Geraldo de. (org.). Introdução crítica ao direito. Série *O Direito Achado na Rua*, v. 1. Brasília: Universidade de Brasília, 1993.

WEMPLE, Suzanne Fonay. As mulheres do século V ao século X. In: PERROT, Michelle; DUBY, Georges (orgs.). *História das mulheres no ocidente*. v. 2. Idade Média. Porto: Afrontamento, 1990. p. 228-271.

YOUNG, Iris Marion. Comunicação e o outro: além da democracia deliberativa. In: SOUZA, Jessé (org.). *Democracia hoje*: novos desafios para a teoria democrática contemporânea. Brasília: UnB, 2001. p. 365-386.

_____. *Justice and the politics of difference*. Princeton: Princeton University Press, 1990.

_____. *Inclusion and democracy*. Oxford: Oxford University Press, 2002.

YORK, Sara Wagner; OLIVEIRA, Megg Rayara Gomes; BENEVIDES, Bruna. Manifestações textuais (insubmissas) travesti. *Revista Estudos Feministas*, v. 28, 2020.

ZAFFARONI, E. Raúl. A mulher e o poder punitivo. In: CLADEM. *Mulheres*: vigiadas e castigadas. São Paulo, 1995. p. 23-38.

_____. Discurso feminista e poder punitivo. In: PIERANGELI, José Henrique (coord.). *Direito criminal*. Belo Horizonte: Del Rey, 2001. p. 49-84.

_____. *O inimigo no direito penal*. Trad. Sérgio Lamarão. 3. ed. Rio de Janeiro: Revan, 2011.

ZAFFARONI, E. Raúl; BATISTA, Nilo. *Direito penal brasileiro, I*. Rio de Janeiro: Revan, 2003.

ZAFFARONI, E. Raúl; PIERANGELI. *Manual de direito penal brasileiro*. v. 1. Parte Geral. São Paulo: Revista dos Tribunais, 2008.